山东政法学院出版基金资助出版

荀子

语言哲学思想研究

余多星 ◎ 著

人民出版社

目　录

导　言

　　中华文明是世界文明的重要组成部分,在我们的文明发展历程中,中国的古人为此文明的开创和发展作出了卓越贡献。本书是春秋战国时期诸子关于"名实"关系问题和"言意"关系问题争辩的背景下,对荀子的名称理论、概念理论和"言意"观的系统性研究。

　　事实上,荀子所处的时代,是一个诸侯争霸、战乱频繁的时代。战争带来了一系列的变革,就社会形态而言,战争导致了奴隶的逃亡而部分奴隶由于在战争中的英勇表现而摆脱了奴隶地位。因此,奴隶制瓦解成为不可阻挡的历史潮流,故而从奴隶制向封建制的过渡,是这一时期的重要特色。此外,在文化上,由于秦国统一的步伐越来越快,因而从原来的百家争鸣、诸子争辩到整齐划一的封建文化建构趋向越来越明显。

　　值得注意的是,自春秋以来,诸侯异政、百家异说,孔子所推崇的礼乐征伐自天子出的理想,在这个时期由于周室的衰微和诸侯势力的增强已不可推行。因而,身处这个阶段的诸子从本学派立场出发,各执一词,企图匡时去乱,以获天下太平。

　　处在这个时代的荀子,胸怀为天下苍生谋幸福的韬略,渴望天下一统,在对春秋战国诸子百家思想进行批判吸收的基础上,建构了综合百家的思想体系。此种思想体系的建构不仅为确立和维护封建统一提供了理论依据,还回应了重构价值信仰和文化秩序的时代课题。

关键是,这种重构从何处入手? 事实证明,荀子将目光优先放在了名实关系上。换言之,如何重建业已被诸侯争霸所破坏了的名实关系这一极具现实意义的课题首先摆在荀子的面前。所以,荀子不得不对"名"这一源于礼官而到孔子那里获得了理论品质的概念进行仔细的考察和研究,以达到"名"与"实"相符相衬。

需要强调的是,既然要对诸子的思想进行批判和继承,那么与诸子的学说交锋就不可避免。所以,荀子对道、墨、名诸家学说都给予了无情的批判,对当时名实不符、名实乱象的情况进行了总结与概括,进而给予了系统的反驳。荀子将当时名实乱象概括为"三惑",并从乱用名称和混淆概念两个角度,对"三惑"问题进行了分类并提出了解决之道。

客观地说,作为先秦时期诸子思想的集大成者,对荀子语言哲学思想的探究不仅具有深远的学术价值,而且由于荀子对语言作了既严密又深刻的分析,所以其语言哲学思想更具有现实启发意义。然而遗憾的是,作为我国先秦哲学思想的集大成者,荀子的语言哲学与逻辑哲学思想尚未得到全面系统研究与把握。在当代语言哲学与逻辑哲学获得长足发展的大背景下,重新观照与研究人类文化"轴心"时代主要学者的有关思想,无疑是一项必要、重要和迫切的工作。

当下的中国逻辑学界,对古代中国有没有逻辑这一问题的争论从未停过,但中国古代的语言逻辑和语言哲学的存在却是不容置疑的事实。因此,我们抛开"古代中国有没有逻辑"这一严肃而带有颇多争议的问题不论,一心一意地探究中国语言哲学或语言逻辑中的思想并讨论其中蕴含的问题。如果能对这些思想进行独到的领会,并对这些问题进行认真的解答,也能为目前逻辑学界正在进行上述问题的争论提供一种极富启发意义的参考。

就中国古代语言哲学或语言逻辑来说,目前对之进行研究以至详细而系统的研究不多,尤其对荀子在语言哲学方面的思想进行系统的阐释和研究,国内外还不多见。尤为重要的是,西方哲学在经历了从本体论到认识论、从认识论到语言学的转向后,哲学的分析风格越来越显现其"澄清概念、分辨层次"的功能,对语词意义的考察、对语词在语境中的分析,特别是用现代语言哲学的观念来分析《荀子》一书中所涵盖的语言哲学思想,这对我们理解和掌握荀子是一个全新的视角。借助语言哲学的工具,认真地解读荀子及其作品,不仅有助于我们理解其中蕴含的语言哲学思想,而且更能领会我们传统文化的博大精深,从而增加我们的民族自豪感和荣誉感。

在当代以语言分析为风格的哲学背景下,考察荀子时若能充分挖掘其在语言哲学中的独特贡献,不但能更好地理解和掌握荀子的思想精髓,更能站在古人已经搭建的阶梯继续前进。因此,若能对荀子语言哲学进行系统研究,不仅具有重要的学术价值,还可以在继承和弘扬中国古代文化上作出应有的贡献。此项研究具有以下意义:

第一,通过讨论荀子的名称理论与克里普克(Saul Kripke)

因果历史命名理论的差异,揭示约定俗成理论在名称使用中的理论优势,从而展现荀子名称理论的特质,进而有助于解决当前语言哲学中名称理论遇到的难题。

第二,研究有益于把握先秦时期语言哲学的研究脉络,关注"名实之辩""言意之辩"等先秦语言哲学讨论的热点话题,讨论"名""实"之间的关系,"言""意"之间的关系等语言和实在之间的关联,语言与思想之间的关联以及思想与实在之间的关联。这些探究可以为解决当代语言哲学中语言、思想和世界的关系这一哲学重难点问题,提供理论范式。

第三,依据荀子的第一手资料,深刻剖析、挖掘荀子对语言哲学思想的诠释与建构,有助于正视和弥补中国语言哲学理论上的薄弱环节,从而进一步丰富中国语言哲学理论。

第四,以荀子为中轴探讨荀子与先秦诸子语言哲学之间的关联与互动,厘清与前期道家、前期儒家、前期墨家和名家学派的理论传承。这样能够完善对荀子语言哲学的全景性认识,突出荀子在先秦语言哲学史中的重要地位,进而可拓展中国逻辑和中国语言哲学研究的广度与深度。同时,对继承和弘扬中国古代优秀文化,参与国际学术对话,都将产生重要的推动作用。

第一章　荀子名实观的思想渊源

　　先秦时期语言哲学思想异常丰富,当时各个学派从不同角度都参与到与语言有关的讨论之中。在先秦时期,以道、儒、墨、名等学派为代表的诸子,不约而同地参与到了中国语言哲学中的一场著名盛宴——"名实之辩"之中。名实关系问题,是春秋战国时期诸子讨论的核心问题之一。对此问题的探讨,是那个时代的时髦话题。实际上,对名实关系的关注,在我国古代由来已久。诚如葛晋荣所说:"名和实,不但是中国逻辑学的基本概念,而且也是中国哲学思想体系的重要范畴。"[①]

　　既然"名"和"实"在中国古代哲学中备受关注,那么,"名"在中国古代特别是先秦时期哲学的语境中到底具有何种意涵,是必须要厘清的。因此,有必要对"名"的意义进行考察。

　　关于"名"的意义,不同的学者对其有不同的理解与认识。周昌忠认为:"'名'的本义,从邓析和尹文的'形名说'可以探知。它申明,'物'的形态即'形'必有其'名'。可知名学关涉

---

①　葛晋荣:《先秦"名实"概念的历史演变》,《江淮论坛》1990 年第 5 期。

'物'的命名问题即'物'和'名'的关系问题。"①由此可见,周昌忠强调了"形"与"名"的关系,但对"名"的实际含义没有进行解释。

温公颐从社会伦理论的角度来理解"名"。他提出:"孔丘首先提出正名,创立政治伦理的逻辑,孟轲继之,稷下唯物派的学者们也标榜正名以正政之说,最后完成于战国晚期的荀况和韩非。"②温公颐这里对"名"的理解,实际上是把"名"限定在名分等级的视域中。

唐君毅对"名"作了扩大化理解。他强调,"'名'之一名,可统'名'与'言'二名。"③不过,成中英认为,"名"和"言"是有区别的。他指出,在先秦时期,特别是公元前6世纪至前3世纪这段时期,诸子们都对"名"的关注和研究表现出了强烈的兴趣。在成中英看来,先秦诸子的"名"有三层含义:一是表示语言的构成单元,相当于语词;二是实际存在的事情;三是客观存在之物。

值得注意的是,成中英认为,"名"到了荀子这里,被分成若干不同的层次和种类。特别是荀子这里,也只在这个时期,关于"名"的起源与"名"的性质理论才真正引起大家的研究兴趣。不过,成中英也着重指出,荀子在讨论"名"时,特意从三个方面区分了"名"与"言"的不同之处:

其一,"名"实际上是与"实"相对而言的。从这个层面上,

①　周昌忠:《先秦名辩学及其科学思想》,科学出版社2005年版,第4—5页。

②　温公颐:《先秦逻辑史》,上海人民出版社1983年版,第5页。

③　唐君毅:《中国哲学原论(原道篇)》,中国人民大学出版社1987年版,第25—26页。

说明"名"具有本体论的意涵;对于言说者或说话者来说,"言"要体现出真实性特征,故而"言"具有意向性意蕴。

其二,强调"名"的认识论基础。对"名"加以把握,需要一定的基础。从认识的过程来看,若给事物命名,必须先认识事物,进而把握事物,因此,"名"以人拥有的知识为基础;对于"言"来说,因为"言"有意向性意蕴,所以,"言"一般是为社会生活和社会行为服务的,"言"具有极强的实用目的。

其三,"名"在指称事物时,有自己特定的指称对象,因此,在制定名称时必须要以某种事物存在为基本前提;而"言"所涉及的未必要有特定的物体或事态,它可以是一些具有抽象属性的东西,这些东西有的无法命名,也就是无名。①

成中英的论述,阐明了荀子之前"名"的特征是芜杂的、没有层次性。到了荀子这里,"名"的层次性非常清晰,"名"表示了多种不同层次的含义。

孙中原也对先秦时期的"名"进行了考察,并提出这个时期的"名"具有语词和概念两层含义。他指出:

> 名首先是名称、语词。……发挥名(名称、语词)的指谓功能,用名(名称、语词)概括对象的本质,形成概念。……"名"即语词和概念。语词和概念是对立统一的整体,是一个统一体的两个侧面。语词和概念,是表与里的关系。语词是概念的物质外壳,概念是思维的意识内容。②

---

① 参见成中英:《成中英自选集》,山东教育出版社 2005 年版,第 361—363 页。

② 孙中原:《逻辑哲学讲演录》,广西师范大学出版社 2009 年版,第 14—15 页。

　　孙中原对语词之"名"与概念之"名"作了很好的区分与解释,并对两者的关系进行了论述。因此,孙中原的阐释拓宽了对荀子"名"的理解思路。

　　刘培育关于先秦时期"名"的看法与孙中原观点一致。他说:"名的主要含义是概念,有时也有名称或语词的意思。"①

　　张岱年把先秦诸子关于"名"的概念的含义进行了总结。他认为,在先秦哲学中,孔子、管子、庄子以及公孙龙子所讨论的"名",都是在名称的指称用法上使用的,都是对事物的称谓,表达的含义都是名称。在《墨经·经上》中,将"名"分成"达、类、私",其中,"达名"指普遍性概念;"类名"是关于一类事物,所以也是概念;而"私名"不是概念,它指称个别人的名字。荀子的"大共名"就是墨家所讲的"达名","大别名"相当于墨家的"类名"。②

　　对张岱年关于"私名"不是概念的观点,葛晋荣和周云之等学者持有不同的看法。葛晋荣和周云之等学者认为,墨家"私名"指的是单独概念。葛晋荣指出:"从概念分类上,达名是普遍概念,类名是特殊概念,私名是单独概念或个别概念,它的外延最小,只含一个对象。"③周云之提出:"'达名'就是指最一般的概念,即哲学上称为范畴的'名'。……'类名'就相当于逻辑上的普遍概念。……'私名'相当于逻辑上的单独概念。"④

―――――――――

　　①　转引自张家龙主编:《逻辑学思想史》,湖南教育出版社2004年版,第14页。

　　②　参见张岱年:《论中国古代哲学的范畴体系》,《中国社会科学》1985年第2期。

　　③　葛晋荣:《先秦"名实"概念的历史演变》,《江淮论坛》1990年第5期。

　　④　周云之主编:《中国逻辑史》,山西教育出版社2004年版,第112—113页。

那么，墨家的"私名"到底表示名称(语词)意义还是概念意义，这需要从《墨经》中进行探寻。

首先，从《墨经》对"达名""类名""私名"的讨论方式来看，《墨经·经上》对这三个概念进行讨论时，将它们放在同一个层次上："名，达、类、私。"根据学界的共识，"达名"是普遍性概念，"类名"是特殊性概念。由于墨家将"私名"与"达名""类名"放在一起讨论，所以"私名"也应该表达概念，即单独概念。墨家这种讨论方式，正好表达了概念外延由大到小的顺序：普遍概念——特殊概念——单独概念。

其次，墨家对"达""类""私"从名称的角度给予了解释：

(名)，物，达也，有实必待之名也命之。马，类也，若实也者必以是名也命之。臧，私也，是名止于是实也。①

墨家认为，"达""类""私"三个语词可以从语言层面进行理解。"达"是对一切世间万物名称的称谓；"类"是对一类事物的名称的称谓；"私"是对一个单独个体的命名。从语词与概念的关系分析，所有的概念都需要用语词来表达。从这个角度看"达""类""私"，它们既可以表达概念之"名"，又可以表达语词之"名"。其中，"达"是对一切事物的表达，相当于普遍概念；"类"是对特殊事物的表达，相当于特殊概念；"私"是对单独个体"臧"的表达，是单独概念。

因此，墨家的"达""类""私"三个语词所表达的意义，既可以从语词角度进行理解，也可以从概念角度进行理解。张岱年强调，在中国古代没有"概念"这个语词的名称，表达概念通过

———————

① 《墨经·经说上》。

"名"这样的语词进行。若对墨家哲学中的"达名"和"类名"从概念方面理解,是可以的。

从现代哲学观点看,概念隶属于思维,它既是思维的细胞,也是思维形式最基本的层次。从思维与语言的关系分析,思维可以看作内容,语言可以看作形式,两者是内容与形式的关系。所有的思维形式(概念、命题和推理)都需要语言来表达,思维是离不开语言的。因此,从这个角度来说,名(语言)与概念(思维)是统一的。①

虽然语言与思维密不可分,但语言与思维是有区别的。语言属于物质层面的东西,思维属于思想层面的东西,两者需要分清。因此,对一个先秦哲学中不确定意义的"名"进行分析时,必须分清层面,只有这样才能明确其真实的意义。当需要从语言角度对该词进行分析时,就应该在语言这个层面,在同一层次上对之进行分析;当需要从思维层面进行分析时,就应该在思维层面,在同一层次上对之进行分析,不能混淆语言和思维的差别与层次。

故而,有必要从词源学上考察"名"的来历及其功能,以期弄清"名"的确切意义。从有文字记载以来,我们就发现,最早对"名"的记录出现在商朝。在殷墟里出现的甲骨文中,有对"名"字的记载。按照甲骨文上的记载,"名"字作左"夕"右"口"或左"口"右"夕"。在金文中,"名"字写法和今天的"名"字写法是一样的,都是上"夕"下"口"。根据东汉许慎《说文解

———————

① 参见张岱年:《论中国古代哲学的范畴体系》,《中国社会科学》1985 年第 2 期。

字》的解释:"名,自命也,从口夕。夕者冥也。冥不相见,故以口自命。"清代段玉裁也对"名"进行了解释,认为"故从口夕会意"。

综合许慎和段玉裁的解释,可以得出:"名"字是一个会意字,其中,上"夕"这个字的本意是表示月牙的形状,其寓意夜晚、黑暗的意思;"口"字是仿造人的口部形状。所以,"夕"字和"口"字组合在一起构成"名"字,其意思是在黑暗的夜晚,由于人的眼睛看不到或者看不清事物,需要通过口(嘴巴)说出事物的名称,以区分不同的事物。

从上面研究者对"名"的词源学解释来看,"名"字一开始就具有一种特殊功能,即"称谓事物和交流思想的功能。"①梁启雄认为:"若无名,就不能辨形指实、不能明贵贱、不能别同异。"②可见,梁启雄也认为名具有指实的功能。

随着人们使用"名"这个词的日益频繁,"名"逐渐被赋予了许多新的功能。曾祥云和刘志生对"名"的新功能进行了总结。他们指出,"名"这个词经历了一个重要的跨越过程:语音形式到文字符号。此跨越体现了人类的进步,因为这个跨越意味着"名"由之前仅仅表示听觉系统跨越到视觉和听觉并用的系统。如此一来,"名"实现了一个巨大的跨越:由单纯的听觉文字到声音和形状兼有的视听文字。由此,"名"的命名功能逐渐提高、命名的范围逐渐扩张,从而名称成了命名世间万物的工具符号。③

---

① 葛晋荣:《先秦"名实"概念的历史演变》,《江淮论坛》1990 年第 5 期。
② 梁启雄:《荀子简释》,中华书局 1983 年版,第 311 页。
③ 参见曾祥云、刘志生:《中国名学》,海风出版社 2000 年版,第 48 页。

曾祥云和刘志生基于"名"字的词源学角度,对"名"的作用进行考察,得出"名"具有三种功能:一是指称事物的功能;二是交流思想感情的功能;三是认识事物的功能。① 两位学者对"名"的这三种功能的认识无疑是正确的,但随后他们提出"名"没有"概念"的含义观点。笔者认为,他们可能是为了论证"名"的符号性特征,而忽略了"名"在古代也具有概念的含义。

通过探查学者们对"名"的含义的解释以及对"名"的词源学的考察,我们发现,春秋战国时期诸子讨论的"名"的意涵确实非常丰富,但他们在阐发自己的理论观点时主要集中在"名"的两层意蕴:一是表示与语词有关的名称;二是指反映对象特有属性或本质属性的概念。前期墨家对"名"的讨论,就是在这两种含义中进行的。

由于"名"的意涵在先秦时期异常丰富,为了方便后面的讨论,需要限定"名实之辩"的研究视域。从"名实之辩"的视域来看"名",它作为动词存在的逻辑在先性先于其作为名词存在。成中英对此种情形进行了解释:"在事物之名发生之前,世界上并没有名。人们之所以要命名,目的在于辨别具体的事物、关系或者不同类型的特殊之事、关系与状态。"②许慎在《说文解字》中将"名"解释为"自命也",这种解释佐证了成中英对"名实之辩"视域下的"名"的正确性理解。命名的目的"在于把名和实相互区别开来。这样,为什么说'名'作为命名的结果描绘了世界万物之图景也就清楚了。"③此外,"名实之辩"视域下的"名"

① 曾祥云、刘志生:《中国名学》,海风出版社 2000 年版,第 48 页。
② 成中英:《成中英自选集》,山东教育出版社 2005 年版,第 362 页。
③ 成中英:《成中英自选集》,山东教育出版社 2005 年版,第 362 页。

还有名词的含义，它主要包含："头衔、责任、名誉、社会角色、公开宣称的品德、成就和职称等。"①

关于"实"的含义，它主要包括："人的表现、活动、人类的道德或情感品质、个人性格，或者动植物等生物的状况，无生命的东西在礼仪制度中的安排规则等等。"②而我们的讨论，着重从"名"对"实"的规定性与描述性角度考虑。因此，探究诸学派的名实观，需要着重探查诸子们关于名称与事物（语言与世界）之间的关系、概念与客观事物之间的关系以及语言与行为（言语与实践）之间的关系的观点。

纵观春秋战国时期各学派在上述论域中"名实之辩"的贡献发现，诸子都结合自己学派思想的特征，发挥所长，纷纷在"名实之辩"中从自己所在的学派立场，发出了自己的声音、表达了各自的观点。按照各学派在讨论名实关系展现出的特点，可以将先秦时期的"名实之辩"进行如下分类：

一是以老庄为代表的道家"道无名"观念和"道无言"思想；二是以孔孟为代表的儒家"名实二元并立"观；三是以墨子为代表的墨家逻辑"以实定名"观；四是以名家四子③为代表的名家"名实互相制约"观。本书将对这些学派的名实观作简要的探讨，以期发现作为先秦时期思想集大成者的荀子，在名实观上对诸子们的扬弃与超越，探查荀子"名实之辩"的思想渊源。

① ［德］汉斯·格奥尔格·梅勒、［美］德安博：《游心之路：庄子与现代西方哲学》，郭鼎玮译，北京联合出版公司2019年版，第67页。
② ［德］汉斯·格奥尔格·梅勒、［美］德安博：《游心之路：庄子与现代西方哲学》，郭鼎玮译，北京联合出版公司2019年版，第67页。
③ 名家四子指邓析子、惠施、尹文子和公孙龙子。

第一节　先秦道家名实观及
荀子的继承与批判

　　道家是公认的中国哲学的第一个哲学流派,其在先秦时期的两位代表性人物是老子与庄子。之所以将以老庄为代表的道家赋予"本体"的特征,是因为道家在参与春秋战国时期的"名实之辩"时,着重以本体论为特色来讨论名实关系,阐发他们的哲学思想。

　　道家之所以对"道"有浓厚的兴趣,源于"道"字的历史悠久以及人们对其频繁的使用。据相关文献的记载,"道"这个词在中国古代出现较早。对中国古代的文献古籍进行田野式考察以及对有记录的铭文进行探索,可以发现,"道"字在金文、钟鼎文中就出现了;在《易经》中,"道"已经被非常频繁地使用了。

　　从学界的研究结果来看,到目前为止,考古学家和文字学家还没有从甲骨文中发现"道"字。不过,在殷商的金文中,已经确认有了这个词。西周时《貉子卣》上的"道"字,由"行"和"首"两个部分构成。《散盘》上的"道"字,由行、首、止三个部分构成。春秋战国时期的器物铭文上也有"道"字,其中,在《曾伯蓝》和《侯马盟书》中就出现了很多"道"字。① 在《尚书》中,"道"字的意义更加广泛,归纳起来有如下几种意思:引导、道路、途径、方式、方法、艺术、教导和解释等。需要强调的是:

---

① 　参见宫哲兵:《唯道论的创立》,《哲学研究》2004 年第 7 期。

"道"在《尚书》中,最常见的用法,是指开通渠道并引导河流以防止河水泛滥。

老子之前,人们使用"道"的最基本意涵是"铺设道路"。在此基础上,将其引申为"已经铺设好从而能够旅行的道路。"①东汉时期的许慎,在《说文解字》中把"道"解释为:"从行从首,一大谓之道"。此处"行"具有"走路"的意义,"首"具有"引导"的意义。

事实上,"道"字的使用由来已久,特别是到了春秋战国时期,人们对"道"的使用更加频繁,意义也在进一步扩大。有研究者统计:

> 《论语》中出现了 90 次(指"道"的出现次数——笔者注),《易经》中出现了 106 次。其中,在《易经》成篇较早的《乾》《坤》两卦中,"道"的意义都与"道路"有关,其中已包含有自然运行规律的意义。在《国语》中,"道"则有近似言说之意:"道之以文,行之以顺。"②

由此可见,"道"这个词在春秋战国时期是使用频率很高的词,当时的诸子几乎都使用了"道"字。历史表明,先秦时期,几乎所有的思想家都强调了自己的"道",而且每个学术流派都试图证明,自己的"道"才是通向理想世界的唯一正道和大道。

问题是,为什么先秦时期思想家们普遍表现出对"道"的强烈兴趣?高专诚对此给予了解答。他认为,"道"这个概念在先秦时期之所以引起诸子的高度关注,跟"道"的字义起源是分不

---

① 李志强:《先秦和古希腊语言观研究》,学苑出版社 2008 年版,第 61 页。
② 李志强:《先秦和古希腊语言观研究》,学苑出版社 2008 年版,第 61 页。

开的。

高专诚提出，由于中国古代文字一般是一词多用、一词多义，特别是经常能看到一个词既可以用作名词，也可以用作动词。其体就"道"而言，该词的名词性用法是道路的意思，其动词性用法是人行走的意思，这两种含义是"道"这个词最初的含义。于是，根据类比，既然人们行走时需要沿着既定的道路，那么，人在考虑问题时当然也应该遵循一定的理路或原则。于是，无论是在物质生活中还是在精神生活中，"道"就与人们紧密相连了。[①] 由于"道"字在先秦时期就已经与人密切相关，决定了其作为重点词语被当时的思想家所关注。

一、老子以"道"为本体的"道无名"观念

道家的创始人老子，是春秋战国时期第一个哲学家，也是中国哲学史上第一个从本体论视角阐释天人关系的思想家。在老子哲学体系中，他借用"道"这个概念来表示其哲学上的本体，并认为人与天的终极根据也是"道"。所以，"在老子哲学中，道既是一个宇宙论范畴，也是一个本体论范畴。"[②]老子之所以被誉为道家学派的始祖，是因为"老子的哲学以道为核心展开论证，道在其中具有提纲挈领的作用。"[③]"'道'是《老子》及老子哲学中的一个最主要的概念，一个核心性的观念，老子哲学的整

---

① 参见高专诚：《老子通说》，陕西人民出版社 2009 年版，第 1 页。
② 宋志明：《中国哲学的本体论思路》，《船山学刊》2004 年第 1 期。
③ 魏义霞：《七子世界——先秦哲学研究》，中国社会科学出版社 2005 年版，第 28 页。

个理论系统就是围绕'道'这个中心展开的。"①

"道"字早在春秋战国之前就被人频繁地使用,然而具有本体意义和语言意义的"道"字第一次出现,却在老子的《道德经》中。老子提出:"道生一,一生二,二生三,三生万物。万物负阴而抱阳,冲气以为和。"②在此,老子向人们传递了一种思想,即"道"作为世界的第一存在,它孕育了世间万物。

那么,老子这里的"道"是如何孕育世间万物的呢?《淮南子·天文》篇,对老子的"道"孕育世间万物的方式进行了揭示:"道始于一,一而不生,故分而为阴阳,阴阳合和而万物生。"我们发现,《淮南子》所论证的道孕育万物的过程,经历了如下阶段:首先,道孕育出混沌未开之元气(道生一);随之元气幻化出阴与阳(一生二);然后由阴阳合和而产生三,亦被称为和气(二生三);最后由和气产生出世间万物。如果我们倒推《淮南子》对老子"道"孕育世间万物的历程,可以发现"老子推导出道是宇宙的最高本体和世间庶品的最终本原。从这个意义上说,道是万物产生的本体和动因,同时也是万物存在的依托和本质。"③

不难发现,老子的上述论述深刻揭示了"道"字在哲学体系中具备产生世间万物的本体性意义。"老子率先赋予了'道'在中国思想史上前所未有的本体观念,并将以往只表示道路、法则和方法等含义的'道'字提升为表示这一空前的本体观念的基

① 朱晓鹏:《老子哲学研究》,商务印书馆2009年版,第55页。
② 《老子·道德经》第四十二章。
③ 魏义霞:《七子世界——先秦哲学研究》,中国社会科学出版社2005年版,第28页。

本概念。"①在老子这里，"道"是不能被人的感官所直接感知的实在，它是宇宙万物的本体，"道"派生出相关的概念范畴。因此，老子第一个将"道"赋予了本体的意义，为"道"添加了新的意蕴。这是老子对中国古代哲学作出的非常重要的贡献：

> 老子道论的一个杰出贡献就是在此基础上（指老子之前相关哲人对"道"的哲学抽象过程——笔者注）把"道"由一个一般的哲学概念明确地上升和抽象为一个统摄宇宙和人生的最高本体概念，使"道"这一概念从表示具有一定的抽象色彩的一般存在演变为代表一切存在的终极性基础。②

本体之"道"何以把握？老子在《道德经》的开篇指出："道可道，非常道；名可名，非常名。无名天地之始，有名万物之母。"③由此表明，老子认为语言和"道"具有密切的联系，作为世界本原的"道"，它必须借助语言（说的方式）才能产生和规定世界。质言之，若想把捉"道"，必须通过语言。因而在老子的哲学体系里，语言具有本体发生和规定的双重意义。这种理念在"道可道"这句话中，得到了充分展现。老子所言"道可道"中第一个"道"表示世界的本体，或者称作终极实在。第二个"道"的含义，学者之间对其理解存在一定的争议，但比较一致的看法是把它理解为"言说"。因此，"道可道"翻译过来就是"可以言说（或可以说出）的终极实在（或本体）"。

---

① 朱晓鹏：《老子哲学研究》，商务印书馆 2009 年版，第 56 页。
② 朱晓鹏：《老子哲学研究》，商务印书馆 2009 年版，第 89 页。
③ 《老子·道德经》第一章。

因此,第二个"道"是在语言层面上来对第一个"道"进行述说、阐释。虽然老子认为"道可道,非常道",但他实际上保留了语言在表达其心目中"常道""大道"的重要地位。因为,毕竟老子在这里还是在借助语言在说"道",因而作为世界本原的"道",必须通过语言来对世界进行规定和产生万物。

需要追问的是,老子为何认为"道可道,非常道"(即"可以言说的道,不是常道")呢?实际上,这与老子对"道"的理解与认识有关。老子在《道德经》中对"道"的特征进行了如下描述:

> 道之为物,惟恍惟惚。惚兮恍兮,其中有象;恍兮惚兮,其中有物。窈兮冥兮,其中有精。视之不见,名曰夷;听之不闻,名曰希;搏之不得,名曰微。此三者不可致诘,故混而为一。大道泛兮,其可左右。①

通过这段话,老子向人们显示了"道"的两大特征:一是借助"惚恍",表达了"道"具有无限性和无定型性。所谓"惚恍",根据现代人对它的解释:一方面,指人的神志不清,神思不定;另一方面,指感觉模糊、不清晰。在老子看来,由于"道"具有无状、无象这样的特点,所以用"惚恍"来概括,意在表明其"常道"是没有具体规定性和确定性的特征。这种没有具体规定性与确定性的"道",当然无法用语言去表达、去言说。为了认识"道",人们只有按照"道"的真实状态来察看它,才能大致认识"惚恍"之"道"。二是老子通过对"道"的描述,即"寂兮寥兮,独立而不改,周行而不殆,可以为天下母"②和"大道泛兮",向人们显示,

---

① 参见《老子·道德经》第二十一章、十四章、三十四章。
② 《老子·道德经》第二十五章。

"道"具有无处不在、运行不止的特点。

综上所述,老子的本体之"道"具有的特点为:无限性、无定型性、无处不在和处在不断的运动之中。正是由于"道"具有这些性质特点,从而决定了其不可把握以及难以捕捉,当然更不可能用语言加以述说。老子认为,对于具有如此特征的"道",如果非要给其命名,只能"强字之曰'道'。"①

老子在此处用"强"字,表明他对本体之"道"无法用语言来指称的一种无奈和痛苦。老子的痛苦在陈鼓应看来,源于"道"的无形。因为"道"无形,所以它不可名。陈鼓应分析了老子为何设定"道"之无形的特征:假定"道"是有形的实体,那它一定会存在于具体的时空之中,存在于具体时空之中的"道"(事物)就具备生灭变化之特征。由于老子心目中的"道"是长久存在("常")的东西,故而他一定要设定"道"是无形之物。②

因为"道"具有无形、不断运动变化的性质,理所当然无法用语言对之进行言说。所以,老子的"常道"超越了任何具体的、可名状的、有限的存在物的本体域,进入一个超越万事万物的无限本体。

不过,也有学者从语言和终极实在的关系角度来解释"道可道,非常道"。本杰明·史华兹(Benjamin I.Schwartz)认为,在老庄的视域中,他始终认为语言无法言说以及表达终极实在。虽然在《老子》的作品中,作者没有公开否认自然语言具有描述自然秩序的功能,但老子曾经对这种自然语言表现出怀疑的态

---

① 《老子·道德经》第二十五章。
② 参见陈鼓应:《老子今注今译》,商务印书馆 2016 年版,第 24 页。

度。从老子最推崇的"道"来看,史华兹看到决定"道"的根本性的东西已经超越了所有语言的能力。史华兹强调,在《老子》中,能够被语言谈论的实在,是由确定性质的实在组成的非永久的、有限的自然。因此,史华兹指出:

> 日常经验到的世界似乎并不是由绝对向外投射出来的一种宇宙幻想(maya)。"道"中含有不可命名的部分,除此以外"道"之中存在着可以谈论的内容与可以命名的万物。的确,关于能被命名的世界,具体形象在《老子》中是相当"符合常识感的"(commensensical)。然而,不论它是多么的真实,这个世界的主要特征仍然是非永久性,这是世界的有限性所决定的。就其不可言说的永恒性而言,"道"是无法预先决定的和无法命名的,不能等同于任何可命名的事物,它是非存在(无)。①

史华兹对"道"本体论解释,非常符合老子对"道"的理解与限定。事实上,老子正是以"道"本体为基础,建构了其独特的道家"无名"的名实观。

通观《道德经》可以发现,老子对"道"的偏爱达到了如痴如醉的程度。短短几千言的《道德经》中,对"道"的提及就达到七十三次之多,这在先秦诸子中是少见的。老子是先秦诸子中使用"道"这一语词最多的哲学家。所以,老子无愧为道家"始祖"的称号。

老子如此频繁地使用"道"字,那么,《道德经》中的"道"到

———————

① ［美］本杰明·史华兹:《古代中国的思想世界》,程钢译,江苏人民出版社 2008 年版,第 266—267 页。

底有多少种意义呢？学者们对该问题的理解存在较大的争论。陈鼓应认为，老子哲学中的"道"的含义主要表达三层意思：一是指形而上的实存者，二是指规律，三是指人生的一种准则、指标或典范。①

陈鼓应所谓的"形而上的实存者"就是我们常说的"本体之道"。所谓"本体之道"，它包含两层含义：第一层含义是指形而上的存在本体，这是对自然等实在进行高度抽象概括的结果；第二层含义是指关于生成宇宙的动力源以及物质性的存在。

陈鼓应的规律之"道"是指规律法则，是对事物运动变化规律的把握。因此，此种意义下的"道"是关于人对事物的规律性认识，具体来说，包括人对事物的两种规律性认识：一是事物发展的根本规律——对立统一规律，二是事物的运动规律——循环运动。

陈鼓应对老子"道"的第三种解释——人生准则之"道"，实际上指的是人的生活方式，以及处事的方法。此种意涵下的"道"包括两层含义：其一是指人的生活方式，其二是指人与事物的状态。

陈鼓应视域中的老子三重意蕴下"道"的关系，是紧密相连的："本体之道是老子哲学的出发点，规律法则之道是老子哲学中的辩证法，人生准则之道是老子哲学的落脚点。三重意蕴下的道紧密相连，在老子哲学中贯通始终。"②

---

① 参见陈鼓应：《老子今注今译》，商务印书馆 2016 年版，第 23—35 页。

② 佘多星：《老子道概念的三重意蕴及其相互关系评析》，《贵州工程应用技术学院学报》2016 年第 5 期。

不过,有的学者对老子的"道"持另外一种理解。唐君毅将《道德经》中"道"的意义概括为六种:

第一种指"有通贯异理之用之道"①。此种意涵下的"道",唐君毅认为,它相当于我们今天所说的自然法则、宇宙原理或者是万物之普通共同之理。② 因此,他认为,老子"道"的第一层意义表示宇宙原理和事物的规律。此种意义下的"道",在《道德经》中有多处呈现。比如,"天之道,其犹张弓欤? 高者抑之,下者举之,有余者损之,不足者补之。天之道,损有余而补不足。"③在这段话里,"道"的规律性意义得到淋漓尽致的显现。不过,此种意义的"道"还不具有本体意涵。

第二种指"形上道体"④。此种意涵下的"道",彰显了老子思想中包含事物存在具有真实性的观点。关于"道"存在的真实性观点,从老子对"道"特点的描述中可见一斑。老子提出:"有物混成,先天地生。寂兮寥兮,独立而不改,周行而不殆,可以为天下母。吾不知其名,字之曰道。"⑤老子认为,"道"具有生养万物的作用(天下母),所以,"道"带有明显的形而上的本体意义。此种意义的"道"是老子"恒最重视之一义"⑥,最能体

---

①　唐君毅:《中国哲学原论(导论篇)》,中国社会科学出版社 2005 年版,第 225 页。

②　参见唐君毅:《中国哲学原论(导论篇)》,中国社会科学出版社 2005 年版,第 225 页。

③　《老子·道德经》第七十七章。

④　唐君毅:《中国哲学原论(导论篇)》,中国社会科学出版社 2005 年版,第 226 页。

⑤　《老子·道德经》第二十五章。

⑥　唐君毅:《中国哲学原论(导论篇)》,中国社会科学出版社 2005 年版,第 226 页。

现老子本体论语言哲学的中心思想。基于此种意义下谈论"道",在《道德经》中具有根本性的地位,也最能彰显老子本体论语言哲学的特点。

第三种指"道相之道"①(相,指各种事物的形状)。"道相之道"中的"道",是基于"道"本体之意蕴而言的。此种含义下的"道",是对世间万物形状的描绘。比如,《道德经》中提出:"反者道之动,弱者道之用。天下万物生于有,有生于无。"②在此段中,似乎看到《道德经》表述中的矛盾之处。正如前所言,老子认为"道"是孕育万物的根本。而这里怎么会有"天下万物生于有"呢? 实际上,在《道德经》中不存在这样的矛盾。这里涉及对老子"道"概念的第三种意思的理解。唐君毅对此进行了很好的解释:"言'天下万物生于有',则此'有'应指目道,而此'有'固只为上言之道之相之名,是以道相之名指道也。"③

第四种指"同德之道"④。老子给"道"赋予了前所未有的高度,怎么会有和"道"一样的东西与之相提并论呢? 老子认为,如果物体获得了"道",就表明其有德。因此,"道"是德的内容,德只有获得了"道",也才能称之为"德"。其实,老子看重的还是"道"。

---

① 唐君毅:《中国哲学原论(导论篇)》,中国社会科学出版社 2005 年版,第 227 页。

② 《老子·道德经》第四十章。

③ 唐君毅:《中国哲学原论(导论篇)》,中国社会科学出版社 2005 年版,第 228—229 页。

④ 唐君毅:《中国哲学原论(导论篇)》,中国社会科学出版社 2005 年版,第 230 页。

第五种指"修德之道及其他生活之道"①。该种"道"的具体意义，是指对人们日常生活的修行之法、生活方式以及处世应变的归纳总结。这种"道"在《道德经》中出现的地方也非常多。比如，"上士闻道，勤而行之；中士闻道，若存若亡；下士闻道，大笑之。不笑不足以为道。"②这些"道"是老子对日常生活中关于"道"的应用层面的一种归纳总结。

第六种指"事物及心境人格状态之道"③。此种意涵下的"道"，是用来表征人们获得对"道"的感悟或拥有了某种品德以及具备了某种人格之后显示出的面貌。老子说："上善若水，水善利万物而不争，处众人之所恶，故几于道。"④这就是对此种意蕴下的"道"的极好诠释。

若将陈鼓应和唐君毅关于老子"道"概念的理解加以比较，会发现两位先生对老子"道"的理解大同小异。从一致性的角度看，陈鼓应关于老子"道"的第一层含义的理解即"形而上的实存者"，与唐君毅关于老子"道"的第二层含义的理解即"形上道体"是一致的；陈鼓应关于老子"道"的第二层含义的理解即"规律"，与唐君毅关于老子"道"的第一层含义的理解即"有通贯异理之用之道"是一致的；陈鼓应关于老子"道"的第三层含义的理解即"人生的一种准则、指标或典范"，与唐君毅关于老

---

① 唐君毅：《中国哲学原论（导论篇）》，中国社会科学出版社2005年版，第231页。

② 《老子·道德经》第四十一章。

③ 唐君毅：《中国哲学原论（导论篇）》，中国社会科学出版社2005年版，第232页。

④ 《老子·道德经》第八章。

子"道"的第五层与第六层含义的理解是一致的。

尽管两位先生对老子"道"的理解存在一些细微差别,但若对两位先生的解释进行比较的基础上加以参考,可以帮助我们加深对老子思想意蕴的把握。

老子以"道"本体为自己哲学的立论基础,基于"道"的相关特征的讨论与描述,对"名"给予了观照,从而展现了其在"名实之辩"中早期道家的独特观点。对此,成中英指出:

> 从公元前 6 世纪到前 3 世纪,中国古代的哲学家通常都关心着名的问题。在他们看来,名不是语言的纯粹构成单元,而是实际存在之事与物体的代表。……一般而言,人们认为名是辨别事物的标签,即将名应用于实并和实保持相符。名和实之间的相互符合在人们看来属于这样一种性质:客观之实能被赋予一定之名,而名必定能够辨别客观之实。个中缘由,乃在于人们认为名是命名之结果,而命名的目的是对自然界、人类社会或某种价值体系中的事情、关系抑或状态给以标签。这个一般性的假设,即所有的事物均可以被人们命名,是中国哲学家最早具有的信念;并且,一直到公元前 5 世纪道家的崛起,人们始终对其确信不疑。①

参照老子对名实关系的态度,可以判断,成中英的观点是正确的。老子指出:"始制有名,名亦既有,夫亦将知止,知止可以不殆。"②老子认为万物产生以后,就制定了各种名称去称呼它。各种名称制定好了,人们就会知道有一定的限度,知道了相关的

---

① 成中英:《成中英自选集》,山东教育出版社 2005 年版,第 361 页。
② 《老子·道德经》第三十二章。

限度,就可以避免危险。在此,老子提出了名称与政治有极大关联的观点。如何理解? 这可以从老子提出"名称制定好了可以避免危险"的观点中找到答案。正如王弼注解《老子》所言,"始制,官长不可不立名分以定尊卑,故始制有名也。"傅山也从政治的角度对老子的这段话进行了理解,从而给出了解释。他指出:

> "始制有名","制"即"制度"之"制",谓治天下者初立法制……后世之据崇高者,只知其名之既立,尊而可以常有。天下者,非一人之天下,天下之天下也。①

楼宇烈提出了与王弼类似的看法,他也是从"制名"的政治立场出发,论证了老子的这段关于"制名"的观点:

> 始制,谓朴散始为官长之时也。始制官长,不可不立名分以定尊卑,故始制有名也。过此以往,将争锥刀之末,故曰"名亦既有,夫亦将知止"也。遂任名以号物,则失治之母也,故"知止所以不殆"也。②

需要注意的是:在老子这里,"名"何以产生? 老子指出:"无名,天地之始,有名,万物之母。"③老子非常巧妙地回答了名称产生的缘由:"在开天辟地的时候,'道'没有名称,后来万事万物有了各种不同的名称,就是由'道'这个'母'产生的。其实,老子认为'名'生于'道'。"④老子之所以认为"名可名,非常

---

① 《霜红龛集》卷三十二。
② 王弼:《老子道德经注》,楼宇烈校释,中华书局 2011 年版,第 84 页。
③ 《老子·道德经》第一章。
④ 转引自何九盈:《中国古代语言学史(第四版)》,商务印书馆 2013 年版,第 83 页。

名",一方面,如前所言是基于"道"的不可描述性;另一方面,是因为老子对一般事物的看法上持有名称无法表达事物的观点。老子认为,万事万物从本质上来说不能用语词给它们命名。如果给世界上的万千事物命名,那么,所给定的名称无法表达这些事物永恒的特征。正是从这个角度,学界把道家在名实观上所展现的观点称作"无名"或"无言"学派。

笔者认为,将道家称作"无名"或"无言"学派是合理的。老子一直要求人们要谨言善行。关于这方面的表述,在老子《道德经》中随处可见。比如,老子指出:"知者不言,言者不知""大辩若讷""信言不美,美言不信""善者不辩,辩者不善"①等等,都是对慎重使用语言的强调。老子之所以如此强调谨言善行,是为了更好地弘扬其心中的"常道"。在老子心中,"常道"是无法用语言言说的,所以,要"行不言之教"。"相对于利用各种言教的方式来解决社会问题的社会哲学思想而言,老子提出了'行不言之教'的切实的救世方法,这种方法其实就是以重'身教'的方式救治社会上的虚浮之病。"②

通过上面对老子"道"的诸种含义的考察可以发现,"道"在老子哲学体系中的内涵非常丰富,它几乎涵盖了后来人们使用的"道"的所有含义。尽管老子的"道"包含了丰富的内涵,然而其核心指向还是本体层面的"道"。因此,老子对"道"的本体意义的关注在其哲学体系中占有不可动摇的分量。有一点需要注意,老子在"名实之辩"中对名实关系的讨论清晰地向我们显示:

---

① 参见《老子·道德经》第五十六章、四十五章、八十章。

② 吴福友、吴根友:《论老庄道家的语言哲学思想》,《安徽大学学报(哲学社会科学版)》2009 年第 4 期。

只有我们放弃名，不去校正它们时，社会和政治秩序才可以得到恢复或永久地保证。当然，实际情况可能是他们首先发现了关于道的无言之本体论，然后试图将其应用于生活和社会之中。……道家注意到了名的分裂性和破坏性，故而建构了其本体论的理论。①

老子在讨论"名实之辩"时，他的运思理路在于：基于对"道"的本体论理解，通过否定的方式体认"道"（因为老子认为"道"生于"无"），进而以否定"名"；同时借助否定"名"以阐发其心中的本体之"道"无法用语言加以把捉。这是一种典型的"道无名"观点。

如果从现在语言哲学的视角来审视老子的"道无名"观点，我们发现，由于名称实际上是对确定事物的指称，或者标记，而老子终极实在的"道"或本体的"道"具有无限性、无定型性、无处不在和处在不断运动之中的特征。因此，如果人们想用确定的名称表达这种不确定性的"道"，一定是无能为力的。

故而，老子在名实观上所展现出来的特殊之处在于：基于"道本体"，以否定的形式呈现出自己的观点，即否定"道"的有名，从而否定用名称来把握"道"。这是我们探讨和把握老子名实观时必须要注意的。

二、庄子以"道"为本体的"道无言"思想

庄子是道家的另外一位代表性人物，其著作汪洋恣睢，气势磅礴。在名实观上，他既继承了由老子所开创的以"道"为核心

---

① 成中英：《成中英自选集》，山东教育出版社 2005 年版，第 391 页。

的本体论——"道无名"名实观思想,又将这一思想推向了新高度——迈向"道无言",从而彰显出其名实观的独有价值。

庄子的思想深邃,作为老子的继承者,庄子首先继承了老子关于"道"的本体论思想。宋志明认为,庄子比老子更加看重、强调"道"本体的特征。宋志明指出,在老子的哲学里,他将本体论与宇宙发生论放在一起讨论,而到了庄子这里,他将哲学重心转移到本体论。他坚决否认宇宙发生论意义上的"道",也从不在这一角度谈论"道",他只从本体论层面探讨"道",明确指出世界万物的"本源"乃是"道"。①

宋志明的观点符合庄子思想实际情况,庄子关于"道"的论述确实展现了"道"的本体特征。关于这一点,我们可以从庄子的作品中找到有力的证据。庄子关于"道"的讨论和论述集中在《大宗师》的一段话中:

> 夫道,有情有信,无为无形;可传而不可受,可得而不可见;自本自根,未有天地,自古以固存;神鬼神帝,生天生地;在太极之先而不为高,在六极之下而不为深,先天地生而不为久。长于上古而不为老……莫知其始,莫知其终。

在此,庄子对"道"进行了详细的描述和阐释,同时向人们展示了其心中的"道"是一种形而上的、固有的事物。这种"道"是不受时空限制的,是一切事物的根本和出发点。同时,庄子强调:

> 世界上的一切事物,如果就其表面上的局部差异来看,是能够区别的,但是,如果从其相同的一面来看,则万物皆

---

① 参见宋志明:《中国哲学的本体论思路》,《船山学刊》2004 年第 1 期。

一。……"道"本是没有界限，不可切分的。哪怕是完全不同的事物，从"道"的角度来看，都是一样的。①

相较老子而言，庄子更加全面且深入地从本体的角度讨论了"道"与"言"的关系，尤为重要的是他强调"道无言"观点。

如前所言，关于"道"与"言"的理解，老子坚持"道可道，非常道"的思想，也就是说，在老子的思想体系里他认为真正的"道"是不能用语言把握的。但老子没有拒斥对语言的使用，因为毕竟老子提出了"有名万物之母"的观点。庄子继承了老子的这种思想，并给语言预留了一定的位置，只是庄子更看重"道无言"。庄子提出：

> 道不可闻，闻而非也；道不可见，见而非也；道不可言，言而非也。知形形之不形乎！道不当名。②

庄子向人们显示，"道"无法去听，如果去听它，它没有任何声音；"道"无法被人看见，如果被看见就不是真正的"道"了；"道"也无法被描述，如果能被描述，它就不是真正意义的"道"了。那赋予有形物以形状的东西从"道"的意义上说，是没有形状可言的（道无言）。所以"道"不能用名称来指称。换言之，由于语言不能把握"道"的本质，从而将"道"赋予任何名称都不合适。这种将语言和"道"进行分离的做法是以老庄为代表的道家语言哲学的特征。

由于"道"不能被赋予名称，所以人们无法将其说出来。于是，庄子就顺理成章地得出：

---

① 李恕豪：《中国古代语言学简史》，巴蜀书社 2003 年版，第 16 页。

② 《庄子·知北游》。

道昭而不道,言辩而不及。……有有也者,有无也者。有未始有无者也。……俄而有无矣,而未知有无之果孰有孰无也。今我则已有谓矣,而未知吾所谓之果有谓乎? 其果无谓乎?①

庄子在此表明,明白清楚的东西不是人们真正把握的"道"(宇宙终极),真正的"道"不能靠语言来把握。由此,庄子进一步认为:存在着某个存在,不存在着存在。存在着不存在,然而它一开始呈现为非存在。突然之间,非存在却存在了,并且,关于存在和非存在,我们不知道哪个存在,哪个不存在。现在,我说了某种东西,但我并不真正知道我的话语是否说了某种东西,还是什么也没有说。庄子借这种富含哲理的阐述,想告诉人们"道无言",也就是"道"不能用语言来说。为什么"道"不能用语言来说? 对此,魏义霞给予了解释:

由于道只有本体没有现象、只有存在没有属性,所以,人们永远也无法用语言去描述、界定或接近道……值得注意的是,庄子不是认为语言不能认识和把握道,而是认为通过语言所认识和把握的道不是道的本身。如此说来,是语言掩盖了道的真相,对认识道形成破坏。②

魏义霞的分析符合庄子思想原意,从后面庄子对语言的态度来看,也能说明魏义霞的分析契合庄子关于语言的思想。庄子又提出:

道恶乎隐而有真伪? 言恶乎隐而有是非? 道恶乎往而

---

① 《庄子·齐物论》。
② 魏义霞:《七子世界——先秦哲学研究》,中国社会科学出版社 2005 年版,第388页。

不存？言恶乎存而不可？道隐于小成，言隐于荣华。①

庄子在此处将语言的诸种局限性表露无遗，因为语言的不辨是非、夸大其词并带有个人主观色彩等局限性，从而不能将事物的本性表露出来。由此，我们不难想象这种语言确实无法用来描述具有全面性和统一性的"道"。

在庄子这里，由于"道"是不能用名称来指称并且不能用语言来认识和把握，所以庄子进一步提出：

> 使道而可献，则人莫不献之于其君；使道而可进，则人莫不进之于其亲；使道而可以告人，则人莫不告其兄弟；使道而可以与人，则人莫不与其子孙。②

庄子想借此强调：如果"道"可以像宝物一样敬献，人们肯定会将"道"敬献给自己尊敬的君主；如果"道"可以像物品一样呈递，人们肯定会将"道"呈递给自己的父母；如果"道"可以用口头表述，人们肯定会将"道"告诉给自己的兄弟；如果"道"可以用来赠与他人，人们肯定会将"道"赠与给自己的子孙后代。

庄子用这种排比式的假言句式意在向人表明，由于"道"不能用名称进行指称、不能用语言来认识和把握，所以"道"不能敬献给自己的君主、不能呈递给自己的父母、不能告诉给自己的兄弟、不能赠与给自己的子孙后代。

庄子对"道"的表述说明"道不当名"、"道不可言"和"道不可闻"③，是否由此得出庄子彻底摒弃了对语言的使用呢？答案

---

① 《庄子·齐物论》。
② 《庄子·天运》。
③ 参见魏义霞：《七子世界——先秦哲学研究》，中国社会科学出版社2005年版，第388页。

当然是否定的。庄子不但没有否认对语言的使用,他还极力宣扬要积极使用语言。庄子提出"夫言非吹也,言者有言。"①庄子通过比喻向人们显示,人类的语言和自然界中的刮风大有不同,自然界的刮风随着一阵风刮过,可能不会留下任何痕迹;而人类在使用语言说话时,一定会表达相关的思想内容。由此可见,在庄子这里,他为语言留下了足够的空间,他肯定了语言的意义和价值。

尽管庄子积极倡导"筌者所以在鱼,得鱼而忘筌;蹄者所以在兔,得兔而忘蹄;言者所以在意,得意而忘言"②的理念,但是他明确肯定了对意义的获得或者说对思想的把握一定要通过语言这一中介或者桥梁。这说明,庄子对语言持肯定态度,特别是在人们认识事物的过程中,他承认语言的认知功能。对语言认知功能的态度,庄子发现这正如用筌捕鱼、用蹄抓兔一样,当我们捕到了鱼、抓到了兔就可以暂时将筌和蹄放到一边。当然,将筌和蹄这些工具放在一边,不是将这些工具丢弃,而是安放好,为了下次捕鱼和抓兔。

实际上,为了下次更好地捕鱼和抓兔,我们不仅要对这些工具进行完好的保存,而且要对之进行修缮。同样,人类对语言的使用,在庄子看来,语言就像筌和蹄一样,也起着工具性作用。所以,为了更好地表达思想,我们必须使用语言,同时还要完善语言的功能。

换言之,庄子虽然强调"得意而忘言",但他没有否定语言

---

① 《庄子·齐物论》。
② 《庄子·外物》。

把握思想的功能,他甚至认为要想达到对"意"的把握,必须借助语言这种工具才能进行。由此,我们看到庄子在语言的使用上持积极的态度,他也赞成使用语言这种工具,他只是在用语言能否把握"道"方面持否定的思想。正如魏义霞所说:

> 在言与道的关系层面,庄子是从宇宙本体——道的存在状态和本性展开论证的。这一视角不仅使其语言哲学具有了高屋建瓴的高度和气势,而且拥有了形而上的厚重内涵和神韵。然而,从"道不当名"到"道不可言"直至"道不可闻",无论是道的命名、言说还是道的交流、传授,庄子始终杜绝语言对道的介入。这表明,在本体哲学领域,庄子对语言完全持否定态度,基本上全盘否认语言对于得道的积极意义。①

笔者认为,魏义霞的分析比较中肯。因为在形而上层面,庄子和老子一脉相承,庄子继承了老子的形上本体之"道"的观念,并且强调"道"是无名的,无法用名称来指称"道"。

韩林合对庄子的不可言说之"道"也进行了解释,他是从悟道和体道两个层面进行的论证:

> "彼为己以其知,得其心以其心。得其常心"是对经验主体到至人的升格过程的描述:为了能够进行这样的升格,一个经验主体首先必须运用其心智,认识到他拥有的成心是人生问题的根源;为了解决这些问题,他必须对这样的心施以斋戒;经过这样的过程,他便可重新获得本然之心或常

---

① 魏义霞:《七子世界——先秦哲学研究》,中国社会科学出版社 2005 年版,第 115 页。

心,这时他便升格为至人了。……既然心斋是体道或者说获得关于道的真知的前提,那么真正说来道或体道的境界不可言说。①

"道或体道的境界不可言说"有两个方面原因:一是对于一种事物真正的言说(有意义的言说)要以心灵的正常运作为前提,也即以思和知之活动为前提。通过人的思考和对事物的认知获得了关于"道"的真知,然而人无法将"道"或其体道的情况通过语言说出来。二是对未体道的人而言,他既然没有获得关于"道"的真知,那么他关于"道"或体道境界的言说实际上根本就不是对"道"的描述。

虽然庄子在形而上的本体哲学领域(道)排斥语言,但是如果从形而下的角度来看庄子对语言的态度,那么结论大有不同。庄子在形而下层面为语言的认知功能留下了空间,他明确提出语言具有区分事物的功能:

> 因为在语言中,词语的意义必须对不同的事物进行切分,对同类事物进行概括,这样,在言语中便产生了诸如"八德"之类的种种界限与差别:"夫道未始有封,言未始有常,为是而有畛也;请言其畛:有左有右,有伦有义,有分有辩,有竞有争,此之谓八德。"(《庄子·齐物论》)庄子接着说:"故分也者,有不分也。辩也者,有不辩也。""辩"通"辨",是"别"的意思。"分"、"辩"指人们对世界上的事物进行区分,"不分"、"不辩"则是指这些事物的根本即"道"

---

① 韩林合:《虚己以游世:〈庄子〉哲学研究(修订版)》,商务印书馆2014年版,第365页。

是不可区分的。"道"是一个浑然的整体,没有界限,不可切分,而人们却硬要对它进行区分,于是便制造出了种种事物、概念,以及代表这些概念的语词来了。①

因此,庄子的名实观实际上包含了两个层面:其一,对于形而上层面来说,"道"不可言说,即"道"无言;其二,对于形而下层面来说,语言可以用来表达、指称事物。故而,庄子进一步强调:"圣人怀之,众人辩之以相示也。故曰:辩也者,有不见也。"②因此,我们可以得出庄子同老子一样也认识到了语言的局限性。这样,庄子在当时的"名实之辩"的态度就非常明确:基于否定对"道"实体的实在把握进而轻视语言、否定语言,即"否实以轻名"。

值得注意的是,庄子提出:"名者实之宾也。"③此种观点和庄子名实观的特征"否实以轻名"似乎相互矛盾。如何理解?其实,它们是不矛盾的。成玄英将"名者实之宾也"释为:"然实以生名,名从实起,实则是内是主,名便是外是宾。"④庄子这里非常正确地指出了"名"与"实"的关系,并肯定了"名"应由"实"来决定。庄子还认为:"名止于实,义设于适,是之谓条达而福持。"⑤此处,庄子想表达的意思是:事物的名称是由世间的万事万物决定的,名称意义的设置和指称一定要适合实际事物的意义。这是庄子名实观中的一个重要创建。

---

① 李恕豪:《中国古代语言学简史》,巴蜀书社2003年版,第16—17页。
② 《庄子·齐物论》。
③ 《庄子·逍遥游》。
④ 郭象注,成玄英疏:《庄子注疏》,曹础基、黄兰发点校,中华书局2011年版,第13页。
⑤ 《庄子·至乐》。

　　庄子和老子一样,他们在语言哲学方面关注的重心是超名言领域。由于庄子强调对"道"的知识需要通过无言的方式进行把握,即通过参与"道"的活动或感情移入地和"道"合成一体进而获得关于"道"的意会知识,所以他极力否定语言(名)对"道"特征之把握。这样也就形成了庄子在名实观上的特色:道无言。实际上,庄子"道无言"观点包含相对主义的成分。关于这一点,主要通过如下两种观点呈现:

　　一是庄子认为人们无法把握事物的本质。在庄子看来,"事物的差别并不是由事物自身的性质决定的,而是由认识者的态度和看法的不同产生的。因此,事物的本质是无法认识的。"①

　　庄子指出:"今且有言于此,不知其与是类乎? 其与是不类乎? 类与不类,相与为类,则与彼此无以异矣。"②庄子为什么会认为无论是同一类,或不是同一类(类与不类),实际上都是一类了(相与为类)呢? 原因在于庄子持有"言不可知"的观点。庄子进一步强调:

　　　　是亦彼也,彼亦是也。彼亦一是非,此亦一是非,果且有彼是乎哉? 果且无彼是乎哉? 彼是莫得其偶,谓之道枢。③

　　庄子在此表明事物具有对立统一的特点,从事物对立的双方相互转化的观点看,此就是彼,彼就是此。如果非要把是非都合并于"大道"中,事物就没有是非之分了。庄子这里,再一次

---

　　① 李恕豪:《中国古代语言学简史》,巴蜀书社 2003 年版,第 17 页。
　　② 《庄子·齐物论》。
　　③ 《庄子·齐物论》。

表明对常道的把握需要超越普通的是非对立观念。

由是观之,庄子的这种观念使其滑向相对主义和不可知论的境地之中。正如方勇所言:"庄周明确地肯定天下万物和人们认识的相对性,这无疑含有一些辩证法的因素。但他由此完全否定事物间的一切差别,和人们认识真理的可能性,这就使自己陷入了相对主义的泥坑。"①

二是庄子认为事物处在不断变化之中,否认相对静止性。庄子认为一切事物都处在不断的流变过程之中。特别需要注意的是,庄子这里讨论事物的流变性特征与赫拉克利特(Heraclitus)的"流变"哲学大有不同。

赫拉克利特"流变"哲学主要强调,世间万物一直处在不断的变化和运动之中。而且他明确指出了,这种变化和运动是按照一定的规律(logos)进行的。需要指出的是,赫拉克利特这里的规律包含了辩证法中的一个重要的规律——对立统一规律。赫拉克利特强调了事物的对立面之间的相互作用,正是因为事物的对立面的相互作用,才创造了整体和谐的局面。② 基于这样的理论逻辑,赫拉克利特"流变"哲学思想传递了如下的基本理念:

其一,肯定变化的普遍性与永恒性。正如赫拉克利特所说:"我们不能两次踏进同一条河流。"这句话非常清晰地表达了事物一直处在不断变化的过程中,强调了运动的绝对性。我们知道,对于一条河而言,河流一直处在流动之中,新的水流不断地

---

① 庄子:《庄子》,方勇译注,中华书局 2015 年版,第 15 页。
② [挪]奎纳尔·希尔贝克、尼尔斯·吉列尔:《西方哲学史:从古希腊到当下》,童世骏、郁振华、刘进译,上海译文出版社 2016 年版,第 11—12 页。

奔涌而来。这正是"我们不能两次踏进同一条河流"的原因。在此,赫拉克利特是想借助河流的变化,表达出世间万物以及人的灵魂永远都处在变化不息之中。"事物变化着,因此,呈现出各种不同的形式,但是在整个流变的过程中它们依然具有某些始终相同的东西。"①

其二,揭示了事物运动变化的规律性——"逻各斯"。赫拉克利特关于"逻各斯"的发现,揭开了西方世界探索事物运动变化规律的新篇章。它是对事物运动变化的理性反思与总结,更是对世间万物运动变化特征的规律性把握和总结。

其三,揭示了事物运动变化的根源——事物对立面之间的斗争和统一。赫拉克利特成功地揭示了事物对立面之间的斗争和统一是事物运动变化的根本原因。这些思想正确阐明了朴素辩证唯物主义思想原则。因此,赫拉克利特的哲学思想受到马克思主义经典作家们的高度赞扬,列宁就明确指出,赫拉克利特"对火的变化过程的描述是对辩证唯物主义原则绝妙的说明。"②

对比赫拉克利特,我们发现,庄子虽然强调事物的流变性特征,但是庄子未能把握事物的辩证否定特征。尽管庄子强调矛盾双方的对立同一,然而他只把事物的矛盾产生的结果当作否定,他不明白肯定与否定之间的辩证关系,他根本不明白事物内

---

① [美]撒穆尔·伊诺克·斯通普夫、詹姆斯·菲泽:《西方哲学史:从苏格拉底到萨特及其后》,匡宏、邓晓芒等译,世界图书出版公司北京公司 2009 年版,第 10 页。

② 苗力田、李毓章:《西方哲学史新编》,人民出版社 2005 年版,第 16—19 页。

部肯定中包含着否定,否定中包含着肯定的辩证关系。特别是他不明白辩证的否定包含着肯定的要素,他也不明白事物内部的肯定方面与否定方面的辩证关系:它们具有对立统一的关系。

因此,庄子的辩证法思想在中国哲学史上留下了较大的遗憾,这一遗憾不仅让庄子哲学成为相对主义的温床,也对其把握客观事物之间的关系造成了一定的遮蔽与困扰:

> 庄子不懂否定是包含着肯定的扬弃,也就不懂相对与绝对、有限与无限的辩证关系。事物的变化,从产生到消灭,不是化为"虚无",而是扬弃自己的相对性、有限性,向绝对、无限运动发展。绝对、无限就在相对、有限之中。庄子把相对、有限看成是化为虚无的,绝对、无限的东西也就成为永不可及的"彼岸"了。相对中没有绝对,有限中没有无限。①

按照庄子的理论逻辑,由于事物永远处在流变之中,导致人们无法真正地认识事物。因此,如果人们用一个固定的名称来指称事物,那么这个名称也就无法真正地表达事物。如此一来,人们也就无法抓住事物的实质。

不过,我们需要明确,正是由于诸子百家学术自由、观点迥异才形成了春秋战国时期"百家争鸣"的局面。尽管庄子在辩证法思想上没能形成科学的认知,但他的辩证法思想可以为其他哲学家提供一定的启发和反思。

综上所言,老庄在以"道"为核心的基础上,讨论了"道"和名称的关系以及"道"和语言的关系,从而构建了道家本体论的

---

① 何建安:《略论庄子哲学的辩证法思想》,《哲学研究》1983 年第 5 期。

名实观。在名实观上,两人具有的共同特征在于:其一,都以"道"作为宇宙本体。老庄都持有"道"是宇宙间最高存在的观念。所以,"道"是两人共同的身份特征,在老庄这里没有任何东西能够代替、转移这个道本体。其二,宣扬"道"与语言之间的对立与分离是老庄在诸子中独有的观念。这是老庄共同的认知,也是两人特有的坚守。①

不过需要指出的是,在超名言之域,老子出于本体论角度出发,他极力否定"道"(实)可以用名称加以描述;同样考虑到语言的不确定性因素,他也由否定名称进而否定对"道"(实)的确切把握。

换言之,老子对名实关系的态度持双向否定观念:通过否定"名"以否定"实";又通过否定"实"以拒斥"名"。因此,老子的名实观是基于道本体而考虑名称与"道"之间的关系,由于秉持"道可道,非常道;名可名,非常名"的观念,所以老子的名实观是一种"道无名"的观念。从庄子对名实观讨论的重心分析,他继承了老子的道本体理念,但他更关注"道"与"言"的关系,而且他是基于对"道"(实)的难以把握进而否定语言的明确性,所以我们将庄子的名实观称作"道无言"的观念。

三、荀子对道家名实观的继承与批判

探查荀子对以老庄为代表的道家本体论语言哲学思想的态度可以发现,他既有对老庄名实观的继承,也有对两人名实观的

———————

① 参见魏义霞:《七子世界——先秦哲学研究》,中国社会科学出版社2005 年版,第 313 页。

批判。如果从继承的角度看,荀子继承了老庄名实观中的关于形而下领域的观点。在形而下层面,老庄都认为名称可以指称事物、名称可以表达事物。特别是庄子提出"名者实之宾也"①的观点,正确表达了名称与事物的客观关系,对荀子的唯物主义名实观具有一定的影响。此外,老庄在名实观中展现的"道无名"和"道无言"的观念,实际上是在寻求关于"名实混乱"的解决之道。正如成中英所说:

> 至于道家的无名和无言理论,这似乎表明人与事务相比之下,道家更为注重现实之性质。但是,关于本体论的这种完全关心可能只不过是表面上的,因为他们也可以被认为是在寻找解决社会与政治的秩序和稳定这一问题之方法。②

由此可见,面对战争给社会带来的巨大混乱,之前政治清平之下的良好秩序和稳定如何重新回去,老庄也在进行思考。只是,老庄二人发现了名的分裂性和破坏性,所以他们更重视本体论之"道"的构建。荀子正是继承了老庄和孔孟寻找解决社会与政治秩序和稳定的理念,从而对老庄在形而下层面关于名实之间的思想持赞成的观点。

不过,荀子对老庄名实观思想的批判成分远远大于其继承部分。以孔孟荀为代表的儒家倡导"正名以正政",因此,儒家哲学确信"名"能够正确地指称事物,人们能够借助语言来真切地把握世界,从而用语言来规范现实世界。正如徐克谦强调:

---

① 《庄子·逍遥游》。
② 成中英:《成中英自选集》,山东教育出版社 2005 年版,第 391 页。

"儒家不仅认为语言可以说明世界，更相信可以通过语言来调整和维护现实世界的社会秩序。"①

需要强调的是，老庄对名实关系是否具有确定性，持否定态度。因为在老庄看来，当时的名实关系实际上是一名多实、一实多名、名不符实、名实混乱的现象异常严峻。因此，老庄特别是庄子"不仅要否定已有的名实关系及其所代表的价值体系，而且还试图超越语言本身，追求一种不受语言限制的精神的自由表达。"②所以，老庄在超名言之域的名实观秉持"道无名"与"道无言"的世界之本体论观念，是不言而喻的。

老庄的这种思想，在期盼着力改变社会、进而对社会有所贡献的荀子看来，显然不能接受。因此，荀子对道家语言哲学思想，主要持批判态度。

老子强调真正的"道"不可说、不可把握，其原因在于作为本体的"道"具有不确定性和无定型性。"道"的这种特点决定了其不可把握和捕捉，更不可用语言来述说。问题是，人们如何才能把握老庄心中真正的"道"呢？成中英认为：

> 老子有一个暗含的理论和观点，其内容是：如果我们减少或消除命名的需要，那么事物和道可能会保持无名。换言之，老子的道无名理论和其无欲望理论以及无为思想密切相关。他认为，如果摒除了欲望，我们就能够看到道的真正性质；反之，一旦拥有了欲望，我们就能够看到事物之开

---

① 徐克谦：《庄子哲学新探——道·言·自由与美》，中华书局 2005 年版，第 24 页。

② 徐克谦：《庄子哲学新探——道·言·自由与美》，中华书局 2005 年版，第 30 页。

始。这样,本体的真实性质和无欲状态下的理解相关联,而被区分开了事物之本质和无欲状态下的理解相关联。①

老子的这一观点,荀子对其持批判的态度。以"人性恶"为主要观点的荀子认为:

> 人之性恶,其善者,伪也。今人之性,生而有好利焉,顺是,故争夺生而辞让亡焉;生而有疾恶焉,顺是,故残贼生而忠信亡焉;生而有耳目之欲,有好声色焉,顺是,故淫乱生而礼仪、文理亡焉。然则从人之性,顺人之情,必出于争夺,合于犯分乱理而归于暴。故必将有师法之化,礼仪之道,然后出于辞让,合于文理而归于治。用此观之,然则人之性恶明矣,其善者伪也。②

在此,荀子实际上阐述了人的本性有偏好利欲的特征。如果放纵人的本性,按照人的情欲行事,而不能对之加以正确控制、引导,就必然带来争斗,出现违反社会等级名分、破坏社会秩序的情况发生,进而导致社会出现暴乱。正是基于这样的理论逻辑,荀子认为,名分等级的确立、对欲望的节制以及维护社会秩序等具有重要意义。所以,成中英提出:

> 荀子清楚地承认名对于社会和人们生活是必要的。他的这一思想是建立在对如下事实的承认基础之上:人的欲望存在是人际交流和社会存在的基础,并且人的欲望是不可消除的。这样,人们就可以通过运用语言以满足自身的需要。为了避免有关语言方面的混乱,人们需要通过自己

---

① 成中英:《成中英自选集》,山东教育出版社 2005 年版,第 398 页。
② 《荀子·性恶》。

的理性或思想来知道真实情况,但并不需要消除欲望(从荀子的论述中,我们看到,人的欲望是消除不了的——笔者注)以及其中隐含的因之而起的否定名与否定语言的观点。①

由此可见,荀子极力反对老庄在形而上的本体层面对语言持否定的观点。荀子对老子展开批评:"老子有见于诎,无见于信。"②老子为什么会给荀子"有见于诎,无见于信"的感觉? 诚如杨倞所言:"老子著书五千言,其意多以屈为伸,以柔胜刚,故曰见诎而不见信也。"③为什么荀子要对"有见于诎,无见于信"进行批判? 因为在荀子看来:"有诎而无信,则贵贱不分。"④"贵贱不分"是荀子不能接受的,也会带来极端危险的后果。对此,荀子给出的理由是,如果放任"贵贱不分"和"僈差等"的"琦辞"盛行,这对建立尊卑高下的封建等级政治秩序和天下一统的局面非常有害。关于这种有害性及其严重后果,荀子对其进行了描述:

上以无法使,下以无度行,知者不得虑,能者不得治,贤者不得使。若是,则上失天性,下失地利,中失人和。故百事废,财物诎,而祸乱起。⑤

这种上中下全面失调的严重局面,以及由此引起的万事溃败,当然是荀子所不愿意看到的。

---

① 成中英:《成中英自选集》,山东教育出版社 2005 年版,第 397 页。
② 《荀子·天论》。
③ 转引自杨柳桥:《荀子诂译》,齐鲁书社 2009 年版,第 330 页。
④ 《荀子·天论》。
⑤ 《荀子·正论》。

此外,老庄道家语言哲学特别是庄子在名实观上表现出怀疑的、不可知的特点,以及老庄在名实观上对名实相符持坚决的否定态度,都是荀子所极力反对的。后面我们可以看到,荀子在名实观上提倡"以实定名"的唯物主义观念,与道家的思想大相径庭。

第二节　前期儒家名实观及其对荀子的影响

老子对以"道"为代表的世界本体的关注,意味着在他所处的时代,人们对客观世界的思考已经提高到了较高的水平,上升到了哲学的高度。这就为先秦的人们认识自己、关注自己奠定了基础。因为,只有当人们的目光聚焦在世界本体,思想上对世界本体进行思考的时候,才会对客观世界和主观世界进行区分。这种主客两分之后,随着人类对客观世界认识的进一步深入,必然促进人类自身认识的深化。当人类对自身的认识达到了一定的高度之后,人与人之间的关系问题也会进入人类的认识议程之中。当对人和人之间关系的认识日益变得细致、深入而复杂时,人们原先所使用的语言就无法适应社会关系的变化,也无法再用原先的语言来表达逐渐变化的现实。

如此一来,在先秦到了孔子时期,人们对语言的使用就从老子所开创的本体论语言思想逐渐过渡到社会伦理论语言思想。当然,除了时代的发展需要引起语言关注点的重心发生改变以外,孔子自身积极入世的态度也促使其对社会有强烈的责任感和政治参与意识。这样,孔子在考虑语言时必然带有非常明显的政治标签与社会伦理印记。

孔子所处的时代,是一个周天子中央集权日益衰落的时代。由于王权的衰落,导致由周天子分封的天下诸侯斗争不断。春秋时期出现了著名的"春秋五霸"①,到了战国时期更是出现了"七雄逐鹿"的局面。② 孔子生活的整个时代战乱连连,天下处在极度的混乱之中。周天子的威信丧失,导致以周礼为象征的周朝统治日益失去其支撑点。这样一来,由周礼所确定的社会伦理纲常关系也对人们失去了约束力。所以,新兴的诸侯国必须对原有的社会规约进行重新界定。由此,原先由老子所开创的对自然等诸本体的关注,到了以恢复周礼和维护社会秩序为己任的孔子这里必然要发生改变。老子以"道"为核心的哲学思想,当然不是孔子所关注的重点。实际上,作为思想家的孔子已经转换了思路,他将其关注的重心转移到对人类社会的思量。

从老子哲学到孔子哲学重心的转移,是客观环境变化引起的。德国著名哲学家瓦尔特·本雅明(Walter Benjamin)强调:"对人类思维活动的任何一种表达均可理解为一种语言,而这样的理解处处都以一种真正的方法提出新的问题。"③亚里士多德也明确提出,"人在本质上是个语言存在物"。处在不同历史阶段和社会下的人们,他们对语言的使用呈现出的风格和特点

---

① 春秋五霸指的是春秋时期五个被推为盟主的国君,有两种说法:一种是齐桓公、晋文公、秦穆公、吴王夫差和越王勾践,另一种是齐桓公、晋文公、秦穆公、宋襄公和楚庄王。

② 战国七雄指的是战国时的七个强国,分别是齐、楚、燕、韩、赵、魏、秦。

③ [德]瓦尔特·本雅明:《本雅明文选》,陈永国、马海良译,中国社会科学出版社1999年版,第263页。

不可能完全相同,总是带有那个阶段和社会的语言风格和特点。不同的历史阶段和社会状态,可能导致人们的语言关注点的不同,即使处在同一个历史阶段和社会状态,由于不同的经历、不同的出生等,也会导致人们使用语言和关注语言侧重面的区别(这里,我们是从总体上讲的。其实,世界上每个人在使用语言和关注语言上都会有或多或少的区别,这如同世界上没有完全相同的两片树叶一样)。

这样,就很容易理解为什么诗人和哲学家对语言的要求会有很大的不同。诗人强调,语言要富有诗意和想象力、如何能用简短的语言来表达自己的体验和情感;而哲学家强调,语言要富有深意、如何能用语言来表达人类理性和认知。但我们知道,要用语言把我们的思想意识完整而准确地表达出来,并不是件容易的事。特别需要注意的是:

> 当表述哲学语言不够深刻,表述社会现象的语言不够丰富,表示逻辑的语言不够准确时,对语言就必须要产生新的要求了。这时的人们必须根据具体需要,主动创造语言。语言丰富和发展的原因就在于此。①

事实也是如此,语言发展的一个重要因素是社会需要的推动。由于以孔子为代表的儒家注重"礼治""德治""人治"的结合,这一点和以老子为代表的道家强调自然无为的思路是不同的,因而两家在语言的侧重点上也有很大的不同。孔子对"礼治""德治""人治"相结合的思路,反映在名实观上呈现出社会伦理论的特点,其最为典型的就是明确提出了"正名以正政"的

---

① 李志强:《先秦和古希腊语言观研究》,学苑出版社 2008 年版,第 95 页。

儒家伦理论语言哲学名实观。所以,孔子发起并完成了先秦时期语言哲学的一个重要转向:从本体论到社会伦理论。

一、孔子"名实并重"思想

先秦时期,对名实关系的关注成为诸子参与当时学术话语的一种体现,更是参与学术对话、表明学术观点的一种方式。因此,对名实关系的关注,儒家当然不遑多让。儒家的开创者孔子明确倡导"正名以正政"①,这是孔子名实观的标志性观点,也是孔子在语言哲学中的一种出场方式。

孔子认为,只有"正名"才能"正政"。孔子是第一个明确将名称与社会政治、社会秩序关联起来考虑的哲学家。故而,我们将孔子所代表的前期儒家称作"社会伦理论名实论或语言哲学"。换言之,从孔子名实观的展开逻辑来看,他在讨论名实关系问题时,主要是从社会、伦理和政治等方面,也就是从国家的有效治理、社会等级的确立、社会伦理关系的安定、语言和德性、语言和人的行为、语言和说话对象等方面来探讨语言。

不过,需要指出的是,在国外研究汉学的学者中,对孔子的语言哲学特别是名实关系的定位存在着不同的理解。在陈汉生(Chad Hansen)看来,中国古代人们关于"名"(语言)与"实"(世界)关系的讨论应定位为"行为唯名论"(behavioral nominalism)。他强调:

> 我之所以用"行为",是因为中国人将心(mind/heart-mind)视为能动的,这有别于将个体性与特性视为内在心

---

① 《论语·颜渊》。

理的表象；心是一种辨识和区别"物"的能力，因而它指导判断和行为。而我用"唯名论"则因为中国哲学家除了"名"和"物"之外，不致力于追求任何实体。①

陈汉生对中国古代名实关系的定位有一定的合理性，但也有局限性。其合理性在于，他看到了中国哲学"心"的特征，很好地把握住了中国哲学视域下的思想特质。其局限性在于，过于强调中国哲学排斥实体的观点。客观地说，中国以老子为代表的道家哲学在讨论"道"的特征和天人关系时，实际上就是一种对本体（实体）的追寻，从而先秦以老子为代表的道家思想又称作本体论语言哲学。这说明，陈汉生对中国古代名实关系的把握是不全面的。

针对陈汉生关于孔子语言哲学的定位，郝大维（David L. Hall）和安乐哲（Roger T. Ames）两人一致认为，陈汉生的"行为唯名论"提法存在问题。他们指出：

> 陈汉生运用"行为唯名论"这一说法也有误导……相反，我们则认为（至少对孔子来说）语言首先不是用来指涉一个客体世界，无论这些客体是"物"还是"属物"。孔子感受性的过程性倾向和语言作为沟通行为明显的实效性功能，以及用"点域"（focus and field）模式②来诠释命名的作用，都说明孔子的语言不是一般所谓指向性语言。孔子运

① ［美］陈汉生：《中国古代的语言和逻辑》，周云之、张清宇、崔清田等译，社会科学文献出版社1998年版，第38页。
② 该模式是郝大维和安乐哲用来解释"整体"与"部分"关系的，按照两位学者的观点，他们认为可以把个别看成一个焦点，它既为语境（它的场域）所限定又限定后者。域是全息性的，它的建构方式使得每一个可识别的"部分"都包含整体。

用的是我们所谓的"情境性艺术,这意味着语言应放在这样语言系统的环境中来理解,即语言本身可用来解释孔子生活与授业的社会或社群。"……名/物之间的相互关联似乎并不是孔子所关注的。"正名"的行为并不是获得对世界万物的适当指称,而是一种协调语言的行为,该行为的实际效果是增加和谐。①

胡适与陈汉生、郝大维、安乐哲的观点都不同。他认为,孔子对语言的处理特别是提出"正名"主要展现了"正名字""定名分""寓褒贬"的三种效益。其中,"正名字"的作用是为了帮助人们区别事物,即"别同异";"定名分"的作用是为了帮助人们"辨上下""定等级";"寓褒贬"的作用是为了帮助人们鉴别正误,也就是辨别是非。② 冯友兰从现代语言哲学的视角研究孔子的正名理论,并由此得出:

> 盖一名必有一名之定义,此定义所指,即此名所指之物之所以为此物者,亦即此物之要素或概念也。……孔子以为当时因名不正而乱,故欲以正名救时之弊也。③

冯友兰在这里表明了孔子"正名"的两个作用:一是用名以指实,这是关于名称的实用功能,或者说指称功能;二是"正名以正政"的政治功能。

从上述学者对孔子"正名"观点的理解和解析来看,笔者以为,胡适和冯友兰两位先生的分析比较符合孔子的正名初衷;陈

---

① [美]郝大维、安乐哲:《通过孔子而思》,何金俐译,北京大学出版社2005年版,第325—326页。

② 胡适:《中国哲学史大纲》,金城出版社2013年版,第72页。

③ 冯友兰:《中国哲学史》上,华东师范大学出版社2011年版,第41页。

汉生、郝大维与安乐哲对孔子"正名"的阐释与探究,可以为我们理解孔子的"正名"思想提供新的视角。

究其原因,成中英恰如其分地阐释了其中的缘由。他指出:"他们(指国外研究中国哲学的汉学家——笔者注)缺乏对中国语言作为一种表达方式在实际应用中的真正的理解和经验,缺乏对中国文典从古至今的细致分析。"①在成中英看来,中国哲学家使用语言("正名")主要是从两个方面考虑的:一是指示与刻画,二是意图与实践。孔子作为中国古代著名的哲学家,他在使用语言时确实注意到了这两个方面。

作为儒家学派的创始人,孔子一生之中的重要工作就是基于"仁"和"礼"的探究,进而探讨如何让世俗之人"知礼达仁"。但是,在当时名实严重混乱的情形下,以恢复周礼为己任的孔子在围绕这些问题的讨论时,必然绕不开如何通过对社会名实指称的约定,来规范社会秩序。因此,名实关系问题是孔子需要讨论的首要问题。孔子出于"正政"的目的,针对当时名实混乱的状况,他第一个从社会伦理角度提出"正名"的主张。在孔子看来,当时社会混乱的重要原因是"名实相怨",因此,为了避免"名实相怨",他主张通过对"周礼"和原有道德秩序的恢复,重新规定社会名实的归属,进而做到名实相符。

不过,学界对孔子是否在"正政"基础上讨论"正名"的问题,历来是有争议的。杨伯峻在翻译《论语》中的"正名"时指出,对"正名"这一词的解说从汉朝开始就有各种不同的解释。例如,皇侃在《义疏》中将正名释为"正书字",其给出的理由是

---

① 成中英:《成中英自选集》,山东教育出版社 2005 年版,第 376 页。

"古者曰名,今世曰字"。不过,杨伯峻对皇侃的解释并不认可,他通过《左传》中的记载对孔子的"正名"重新加以理解:"唯器(礼器)与名(名义、名分)不可以假人。"他认为,这里的"名"和《论语》中的"名"的含义是一样的。杨伯峻还引用《韩诗外传》中记载孔子的一则小故事,对此种含义下的"正名"作了进一步的阐释:"孔子侍坐于季孙,季孙之宰通曰:'今以往,君有取谓之取,无曰假。'孔子曰:'正假马之言而君臣之义定矣。'"因此,杨伯峻认为,孔子"名不正"的含义应是"名分上的用词不当"。所以,孔子所要纠正的是关于礼仪制度和名分上的用词不当问题,不是语言学意义上的用词不当问题。故而,杨伯峻强调:"礼制、名分上的用词不当的现象,依孔子的意见,是有关伦理和政治的问题,这两点必须区别开来。"①

笔者讨论的孔子社会伦理论名实观,采取的"正名"含义就是杨伯峻所说的第一种解释,即孔子"正名"意在"正政",采取的手段就是用周礼来纠正现实生活中出现的名分以及违反礼制的混乱现象。

那么,孔子的"名实并重"思想是如何展开的呢?具体而言,孔子是基于"正名以正政"为逻辑出发点,通过如下方式进行铺展:

第一,孔子在先秦诸子中第一个宣布并倡导"正名以正政"的观点。孔子指出:"政者,正也。"②在孔子看来,统治者若想治理好国家,其第一要务就是要搞好"正名"工作。所以,孔子提

---

① 杨伯峻:《论语译注》,中华书局 2006 年版,第 151 页。
② 《论语·颜渊》。

出"君君、臣臣、父父、子子"①。这里,实际上是主张按周礼规定的等级名分来纠正当时君不像君、臣不像臣、父不像父、子不像子的名实混乱局面。

第二,孔子以反面论证方式以及通过强有力的逻辑论证,表明"正名"的"必要性"和逻辑必然性,从而凸显"正名"的现实性。孔子在强调纠正古代礼制、名分上的用词不当现象时,以周礼为"正名"的准则,第一个从"正名以正政"的角度,通过反面论证的方式,显示了"正名"的必要性与逻辑必然性。在孔子与子路的一段对话中②,对这种方式给予了详细的展示。在这段经典的对话中,孔子使用了由十个"不"联结的五个充分条件假言判断为前提充分条件假言连锁推理,从反面说明,如果名分不适当,会导致一系列严重的后果。

与此同时,孔子这段话也非常有力地论证了"正名"的逻辑必然性。首先,孔子论证了"正名"的逻辑必然性。其论证的逻辑结构为:如果让老百姓知道自己该干什么(对"民无所措手足"的否定),那么统治者的刑罚必须得当(对"刑罚不中"的否定);如果统治者的刑罚得当,那么礼乐制度就会得到实行(对"礼乐不兴"的否定);如果礼乐制度能够得到实行,那么工作就能办成(对"事不成"的否定);如果工作能够办成,那么言语就

---

① 《论语·颜渊》。
② 《论语·子路》一段:子路曰:"卫君待子而为政,子将奚先?"子曰:"必也正名乎!"子路曰:"有是哉,子之迂也!奚其正?"子曰:"野哉,由也!君子于其所不知,盖阙如也。名不正,则言不顺;言不顺,则事不成;事不成,则礼乐不兴;礼乐不兴,则刑罚不中;刑罚不中,则民无所措手足。故君子名之必可言也,言之必可行也。君子于其言,无所苟而已矣。"

能顺理成章(对"言不顺"的否定);如果言语能够顺理成章,那么名称一定要适当(对"名不正"的否定)。孔子这里用了五个充分条件假言判断为前提一个假言连锁推理的论证方式,在逻辑上必然地推出使用名称要适当,要恰如其分,也就是要"正名"。

此外,孔子的这段话也论证了"正名"的社会伦理现实性。在该段对话中,孔子论述了名实之间的关系。质言之,孔子论述了语言、人们的日常活动、礼乐制度、刑罚及百姓等事实与名分之间的关系。因而,孔子这里的"名"是对这些事实的规定。这样,孔子的"名"就含有"制定名分"之意蕴。换句话说,孔子"正名"的目的就是想按照周礼的标准,以规范社会的等级秩序,从而恢复周礼中已经规定好的名实关系,廓清当时混乱的名实关系问题。所以,孔子的"正名"思想彰显了其在名实观上的特点:既要看重名也要看重实。

第三,孔子基于对名实混乱现象的批判,以彰显"正名以正政"的主张。从孔子对当时名实乱象的批判中,可以窥见这一正名主张与目标。例如,孔子针对季氏僭越礼制发出了无比愤怒的呼喊:"八佾舞于庭,是可忍也,孰不可忍也?"①孔子这里的愤怒呼喊,就是对其"名实并重"思想极好的注脚。根据"《白虎通·礼乐篇》所言:天子八佾,诸公六佾,诸侯四佾,所以别尊卑。"②季氏在当时只是一个大夫,所以应该用"四佾舞于庭"。也就是说,孔子认为,"八佾"之名与季氏身为大夫用"八佾舞于

---

① 《论语·八佾》。
② 杨树达:《论语疏证》,江西人民出版社 2007 年版,第 40 页。

庭"这个事实是不相符的。在孔子看来，季氏用"八佾"舞于庭是对周礼的僭越，更是对名实关系的破坏。由于孔子特别注重名实相符，所以他对季氏这种僭越礼制导致名实混乱的行为深恶痛绝。

孔子生活的时代，名实混乱随处可见。在日常生活中，人们对器物的使用也出现了僭越礼制的情形。比如，当时人们对"觚"这个器物的制作就出现了与之前大不相同的情况。为此，孔子感到极为愤慨。孔子说："觚不觚，觚哉！觚哉！"①孔子为什么会发出这样的感叹？因为在孔子时代，觚是有棱角的，依据当时的工艺水平，做出有棱角的东西相比做出圆形的东西要困难。孔子看到的被称作觚的东西是个圆形的酒器，这和原先称作觚的形状是不一样的。这种不一样，折射出当时人们制造物品出现了偷工减料的现象，反映出当时人们心理的浮躁。这种名实不符现象背后反映的不良气息如果蔓延到每个角落，社会当然会出现混乱，国家也会出现危机。因此，孔子愤慨这种名实不符的现象。孔子对现实生活中名实相混的现象所表现出的态度，可以窥见其"正名以正政"的理想目标。

通过上述几个方面的论证发现，孔子一直强调要名实相符、"名实并重"。孔子这种做法的目的非常清晰，就是为了引导人们注重名与实要相符、名与实要一致。孔子心目中理想的名实归属，遵循的原则应该是通过王权约定的礼制——周礼。因此，孔子一心一意地寻求对周礼的恢复。在现实的行动上，他孜孜不倦地倡导恢复周礼，想通过周礼来规约国家、社会和人们的日

①　《论语·雍也》。

常生活的各种行为。基于此,孔子在名实观上讨论了下面几个论题。

其一,孔子认为人们使用语言时必须符合道德性的要求。他之所以对语言运用中提出这一要求,是因为:

> 孔子注意到了言对德的破坏,因此,在言与德的关系上讲究语言的朴实真诚,对花言巧语(佞)特别反感——认为花言巧语是道德的大敌,尤其与正直的品德相左。①

孔子对人们花言巧语的行为深恶痛绝,因为在他看来,"巧言乱德"②。也就是说,孔子认为,花言巧语具有败坏人的道德品性的危害。因此,孔子进一步说:"巧言令色,鲜矣仁。"③

学者们对孔子的这句话的解释有不同的见解。杨伯峻将这句话解释为:"花言巧语,伪善的面貌,这种人,'仁德'是不会多的"④;毛子水将这句话解释为:"一个人说话中听,容色和悦,不见得就是有道君子"⑤;李泽厚将这句话解释为:"花言巧语,虚颜假色,这是很少有仁爱的。"⑥

在上述几位学者的诠释中,笔者比较认同杨伯峻的解释。因为杨伯峻的阐释不仅交代了"巧言令色"的渊源,而且给出了自己深刻的理解。如他所说:

> 巧言令色——朱《注》云:"好其言,善其色,致饰于外,

---

① 魏义霞:《七子世界——先秦哲学研究》,中国社会科学出版社 2005 年版,第 385 页。
② 《论语·卫灵公》。
③ 《论语·学而》。
④ 杨伯峻:《论语译注》,中华书局 2006 年版,第 3 页。
⑤ 毛子水:《论语今注今译》,重庆出版社 2009 年版,第 4 页。
⑥ 李泽厚:《论语今读》,天津社会科学出版社 2007 年版,第 22 页。

务以说人。"所以译文以"花言巧语"译巧言,"伪善的面貌"
译令色。①

尽管学者们在翻译"巧言令色,鲜矣仁"这句话时有争论,
但有一点却是一致的:几位学者都认为孔子的这句话,主要强调
的是对语言的批判(尤其是对虚假语言的批判)。

探查孔子对语言的态度发现,学者们的看法是正确的,孔子
的确对花言巧语持批判态度。正如孔子自己所说:"巧言,令
色,足恭,左丘明耻之,丘亦耻之。"②在此,孔子清楚地向人们表
明花言巧语是可耻的。孔子对花言巧语的全力批判,是想让人
们保留一种本真。

在孔子看来,如果一个人花言巧语,伪装自己的面貌,表现
出十足的恭顺,这是一种故意的掩饰,也是一种对本真的遮蔽,
这样的人当然是可耻的。孔子反对花言巧语的目的,是想杜绝
心口不一、巧舌如簧的现象,推动人们外在的容色和语言都能服
从于内在心灵的塑造,保持一个本真的、变化的自我。

其二,孔子曾在某一个阶段相信,通过一个人的语言能够判
断其行为,他甚至认为语言能决定人的行为,并认为有什么样的
语言就会有什么样的行为。结果,这种想法被他弟子的现实表
现推翻了。孔子正是通过其弟子宰予③说话多而做事少的现实
情况,改变了自己的言行观。《论语》中有这样一段话:"子曰:

---

① 　杨伯峻:《论语译注》,中华书局 2006 年版,第 3 页。
② 　《论语·公冶长》。
③ 　《康注》:宰予能言,而行不逮,故孔子自言,于予之事而改观人之法,
所以深警群弟子之谨言敏行也。昼寝小过,而圣人深责如此,可见圣门教规之
严,《易》贵自强不息,盖昏沉为神明之大害,故圣人尤以垂戒也。

'始吾于人也,听其言而信其行;今吾于人也,听其言而观其行。于予与改是。'"①

在此,展现了孔子对于语言态度的一个重要变化:由一开始"听其言而信其行"到"听其言而观其行"。这种改变说明,孔子的思想提升了,他更注重人的言行一致。因此,他提出只说不做肯定不行,同时说得多做得少也不行;他还强调多做事少讲话,甚至不说话。

孔子在《论语》中多处表达了上述观点,如"先行其言,而后从之。"②孔子强调,一个人如果想表达某种思想,不要先说出来,而要先付诸行动,做完了之后再阐明、表达。孔子还提出:"君子耻其言而过其行。"③孔子认为说得多、做得少,君子以为这是可耻的。这句话意在告诉人们,要多做事少讲话。孔子指出:"古者言之不出,耻躬之不逮也。"④孔子认为,古时候人们轻易不说话的原因,就是怕自己的行为赶不上所说的话。在孔子看来,"其言之不怍,则为之也难。"⑤孔子认识到一个大言不惭的人,他所说的内容实行起来是困难的。

显而易见,孔子不厌其烦地讨论语言与人的行为之间的关系,他始终秉持一种理念,即要言行一致、少夸夸其谈,多做实际的事情。所以,孔子对"言实不符"深恶痛绝,劝导人们不要言过其实,一定要言行一致。这种观点反映在名实观上,就是强调

① 《论语·公冶长》。
② 《论语·为政》。
③ 《论语·宪问》。
④ 《论语·里仁》。
⑤ 《论语·宪问》。

"名"与"实"要相符。

通过孔子对言与行的态度分析,可以知道孔子特别重视"行"的重要价值。正如《礼记·中庸》所言,"博学之,审问之,慎思之,明辨之,笃行之。"质言之,"学""问""思""辨"所进行的一系列工作,最终都要落在"行"即实践上。孔子认为,一个人能否践行自己的思想,关键在于能否做到言行一致。所以,孔子说:"先行其言,而后从之。"①在这里,孔子认为,君子必须先做好自己所思考的东西,然后才说出来。孔子提出的"君子欲讷于言而敏于行"②以及"君子耻其言而过其行"等,都是对"行"的重要性的表达与强调。

此外,孔子对天(自然)的赞扬,实际上也是对"行",即实践的强调。孔子说:"天何言哉? 四时行焉,百物生焉。"③孔子的言外之意是,自然无所言说而四时行,百物生,所以人应该注重培养并拥有实干的品质。

纵观整个孔子思想,我们发现,孔子言行观的归宿是"君子食无求饱,居无求安,敏于事而慎于言"或者归宿到"君子欲讷于言而敏于行"的君子言行观。在这里,孔子意在为君子的言行观立标树规。

其三,孔子注意到了说话对象、环境与语言的关系问题。他讨论了语言和说话对象之间的关系,认为对不同的说话对象要使用不同的语言。如《论语》所言:

　　孔子于乡党,恂恂如也,似不能言者。其在宗庙朝廷,

---

① 《论语·为政》。
② 《论语·里仁》。
③ 《论语·阳货》。

便便言,唯谨尔。朝,与下大夫言,侃侃如也;与上大夫言,
訚訚如也。①

孔子通过自己的言行举止,向人们显示要注意随着说话的
对象与环境的变化,说话的样子和内容也要随之变化。孔子在
自己的家乡非常恭顺,好像不能说话的样子。他在宗庙里、朝廷
上,说话便明白而流畅,只是说得很少。上朝的时候,(君主还
没有来)同下大夫说话,温和而快乐的样子;同上大夫说话,正
直而恭敬的样子。孔子这样做是为了达到"不失人"和"不失
言",从而劝人能够成为一个聪明人。

其四,孔子意识到了说话要注意时机问题。孔子说:"侍于
君子有三愆:言未及之而言谓之躁,言及之而不言谓之隐,未见
颜色而言谓之瞽。"②在此,孔子意识到了说话的时机对谈话效
果的影响。

孔子认为,陪着君主说话容易犯三种过失:没轮到他说话,
却先说,叫做急躁;该说话了,却不说,叫做隐瞒;不看看君主的
脸色便贸然开口,叫做不识时务。孔子通过与君主交谈极易出
现过失的概括,意在告诫人们要注意把握说话的时机。在孔子
看来,只有把握住了说话时机,才能达到说话的效果。孔子这里
是想规劝君子如何在君主面前把握说话的时机。当然,孔子的
这些论述也可以为普通人在日常生活中与人进行交流对话时提
供参考依据。

其五,孔子讨论了语言在国家治理中的重要作用。"孔子

---

① 《论语·乡党》。
② 《论语·季氏》。

注意到了人们的言说方式和内容与政治环境清浊的联系。"①孔子提出："邦有道,危言危行;邦无道,危行危言。"②按照孔子的思想理路,既然国家政治环境的好与坏一定可以通过人们的语言而加以判断,那么,语言便可成为探查一个国家政治是否清明的晴雨表或指示器。

这里,孔子既在劝说与其同时代的人们(特别是他的学生们)在国家政治清明与黑暗时如何说话和做事,又向大家表明可以根据人们说话和做事的情况来判断国家政治是否清明。因此,孔子对语言和政治关系的讨论表明,语言对国家治理和天下兴亡具有极其重要的作用。

其六,孔子把语言提高到关系国家安危的高度。孔子认为,语言的好坏直接涉及国家的安危。孔子与定公的一段对话就是极好的佐证:孔子针对定公一句话能否丧失国家的问题,孔子从做臣子和做君主的两个角度给予了回答。从做臣子的角度来看,针对定公"做君上很难,做臣子不容易"这句话,孔子认为如果臣子知道做君上的艰难,自然会谨慎认真地做事,这样就等于一句话就可以使国家兴盛;从做君主的角度来看,针对定公所言"我做国君没有别的快乐,只是我说什么话都没有人违抗我。"③孔子认为,如果国君说的话正确而没有人反馈是很好的;但若国君说的话错误却没有人反抗,就相当于一句话促使国家灭亡了。"

通过对孔子名实观的考察可以发现,孔子在考虑语言时更

---

① 魏义霞:《七子世界——先秦哲学研究》,中国社会科学出版社 2005 年版,第 386 页。

② 《论语·宪问》。

③ 参见《论语·子路》。

多的是探查语言的语用功能,也就是语言的成事功能。正如晋荣东所言:"孔子更多地把名称与行为、言语与行为方式的关系纳入了自己的关注范围。"①不过,孔子的名实观关注范围更多的是基于社会伦理的视角,从政治的需要出发,主要考虑的是礼制、名分上的名实不符、用词不当的现象,而不是其晚辈后学荀子讨论的关于名称的起源、性质和名称(概念)的划分等具有现代语言哲学意蕴的名实观。

二、孟子社会伦理论名实观

孟子是儒家的"亚圣",在名实观上,他继承了孔子的正名思想。孟子也是从社会伦理和政治的现实需要出发,考虑名称与事物之间的关系问题。所以,我们把孟子的名实观也称作社会伦理论名实观。实际上,孟子在名实观上更多的是对孔子名实观的继承与推广。

从孟子的著作中发现,其在名实观上也有一些自己独到的见解。在孟子与齐宣王的一段对话中,可以窥见孟子名实观的特点:

> 齐宣王问曰:"汤放桀,武王伐纣,有诸?"孟子对曰:"于传有之。"曰:"臣弑其君,可乎?"曰:"贼仁者谓之贼,贼义者谓之残;残贼之人,谓之一夫。闻诛一夫纣矣,未闻弑君也。"②

孟子的这段话用今天的语言表达,其大意就是,齐宣王问孟

---

① 晋荣东:《孔子哲学的语言之维》,《华东师范大学学报(哲学社会科学版)》2000年第2期。

② 《孟子·梁惠王下》。

子:商汤流放夏桀、武王讨伐商纣是不是有这回事? 孟子给予了肯定回答。于是,齐宣王又问孟子:桀纣是君,汤武是臣,臣子能不能杀掉自己的国君? 针对这个问题,孟子认为毁灭仁的叫做贼;伤害义的叫做残。残义贼仁的人,没有一人帮助他,这样的人叫做独夫。因此孟子认为武王是诛杀独夫纣,而没有弑君。

在这段对话中,孟子很好地区别了"独夫"和"国君"这两个名称。依照儒家的思想,真正的国君应该具备仁义的特征,也就是说,桀纣只具有国君之名,而失去了国君之实,因此,武王诛杀商纣不是弑君,而是诛杀一个独夫。

这里,孟子依据儒家社会伦理观的标准,区别了"独夫"和"国君"、"诛"和"弑"的不同含义。根据孟子的定义,破坏仁的叫做"贼",破坏"义"的叫做"残",既"残"又"贼"的人叫做"独夫";而"诛"的基本字义是"将罪人杀死",而"弑"的基本字义是"封建时代称臣杀君、子杀父母"。

按照孟子的定义标准,商纣是一个既"残"又"贼"的独夫,所以不能把他奉为具有仁义的国君。这样,武王将一个既"残"又"贼"的独夫——商纣杀死,就属于正义的了。因而说"诛一夫纣矣",而不是"弑君"。由此表明,孟子继承了孔子以社会伦理论为旨归的名实观思想。

此外,孟子还注意到了语言和环境之间的关系,即语言和客观世界之间的关系。孟子在和戴不胜讨论如何使国君"为善"的问题时,表达了这方面的认识:

孟子谓戴不胜曰:"子欲子之王之善与? 我明告子。有楚大夫于此,欲其子之齐语也,则使齐人傅诸,使楚人傅诸?"曰:"使齐人傅之。"曰:"一齐人傅之,众楚人咻之,虽日挞而求其齐也,不可得矣;引而置之庄岳之间数年,虽日挞而求其楚,亦不可得矣。子谓薛居州善士也,使之居于王所。在于王所者,长幼尊卑皆薛居州也,王谁与为不善? 在王所者,长幼尊卑皆非薛居州也,王谁与为善? 一薛居州,独如宋王何?"①

孟子认为,一个楚国人想要学会齐国语言,应该请齐国人当老师;但是,当齐国人教齐国语言时,众多楚国人在一旁喧哗吵闹,即便每天责备并殴打学齐国语言的楚人,这个楚国人也学不会齐国语言;让楚国人在齐国的闹市上居住几年以后,即便每天责备并殴打他要他再讲楚国语言也办不到了。

显而易见,孟子已经注意到了语言与环境的关系。在此,孟子传达了一个关于语言的正确认知,即语言是社会环境的产物,而不是个人的主观臆测的结果。质言之,语言的形态与样式的形成是由特定的社会环境决定的。同时,孟子在这里也表明,语言会随着社会环境的变化而变化。所以,个人的语言习惯的养成,依靠一定的语言社会环境。②

为了表明儒家立场,亮明儒家身份,孟子还从语用学的视角讨论了语言在"为政"中的作用,也就是语言在治理国家中的作用。孟子将语言提高到具有治理天下作用的高度。

在孟子看来,天下大势,总是时乱时治,也就是孟子所说的"天下之生久矣,一治一乱。"③在天下处于混乱的状态下,总会

---

① 《孟子·滕文公下》。

② 参见彭传华:《孟子语言哲学思想发微》,《武汉大学学报(人文科学版)》2008 年第 6 期。

③ 《孟子·滕文公下》。

有圣人出现。比如在尧、舜去世后，圣人之道衰微了，暴君代有兴起。这些暴君毁坏宫殿来修建大池，使百姓没有地方安身；毁掉农田来修建园林，使百姓得不到衣食。从而导致邪说、暴行兴盛。尤其是到了商纣的时候，天下大乱，所以这时诸如像周公这样的圣人出现了。他辅佐武王杀了商纣，征讨奄地并诛杀了奄地的君主，把飞廉赶到滨海处死。这样，一共灭掉了五十多个国家，把老虎、豹子、犀牛、大象驱逐到遥远的地方，因而天下得到安定。

到了春秋时期，世道又衰微了，因而邪说、暴行又兴起。这时，出现了孔子这样的圣人，他通过作《春秋》以正名，使"乱臣贼子惧"。也就是说，孔子根据"周礼"，对历史事件的功过曲直在记叙中通过辞语的选择加以评判，以此告诫世人不要僭越礼制。

按照孟子的观点，孔子是通过语言来教化世人的。到了孟子生活的时代，由于没有圣人出现，诸侯放纵无度，读书人在家胡乱评论，杨朱、墨翟的言论充斥天下。孟子认为，杨朱提倡"为我"，是目无君主；墨翟主张"兼爱"，是目无父母。不把君主和父母放在眼里，这样的人和禽兽是一样的。因此，孟子指出，由于杨朱、墨翟学说充斥天下，孔子的主张不能得到发扬，从而造成邪说横行，百姓被蒙蔽、仁义被阻塞。这些状况会导致人们心里产生邪恶思想，从而危害人们所从事的工作。

根据孟子的观点，如果人们的工作受到危害，就会影响国家的政事。这样，以圣人自居的孟子为了捍卫孔子的学说，就必须抵制杨朱和墨翟的言论，排斥他们错误的主张（这些是孟子认为的，其实杨朱和墨翟思想里有很多合理的成分，我们在下面将会对他们的思想进行简单的阐述），使胡言乱语的人不敢兴风作浪。为此，孟子果断地选择了把语言作为工具，来对杨朱和墨翟的思想进行深入的批判。

此外，孟子还提出了判断语言好坏的标准，即"言近而指远者，善言也。"①孟子认为好的语言应该是"语言浅近却意旨深远"。如果从语言哲学的视角分析孟子的这句话，其含义是："'言近而指远'主要揭示的是'言'（施指 signifier）与'指'（signified）之间的一种不一致、不平衡的关系。"②

名称（施指）和其表达的思想（所指）之间的理想状态，是名称与其表达的思想应该一一对应，也就是语言和思想要一致。但是，孟子这里注意到了语言与思想的不一致现象，这当然是语言哲学中的一种进步。

孟子以"言近而指远"作为使用语言的根本指导原则，进一步提出了使用语言时区分其好坏的具体标准，即"言无实不祥，不祥之实，蔽贤者当之。"③换言之，孟子将语言真实与否作为语言好坏区分的具体标准。有学者认为，孟子这里不仅注重语言的真实性，还注重语言的充实性。因此，孟子这里的"实"具有两层含义：

> 一个是充实，一个是真实。"充实"的标准实际上是质与量的高度统一，是一种尽可能以少的量表达高的质的会话标准；"真实"的标准是一种伦理道德标准，主要是要做

---

① 《孟子·尽心下》。

② 彭传华：《孟子语言哲学思想发微》，《武汉大学学报（人文科学版）》2008 年第 6 期。

③ 《孟子·离娄下》。

到语言无欺、诚实无妄。①

笔者赞成上述分析，但认为就"充实"和"真实"而言，孟子应该更强调语言的真实性。因为，孟子在阐释"怎么样才叫能分析人的言辞"中有这样的表述：

> 诐辞知其所蔽，淫辞知其所陷，邪辞知其所离，遁辞知其所穷。生于其心，害于其政；发于其政，害于其事。②

在此，孟子指出偏颇的言辞（诐辞）、浮夸的言辞（淫辞）、邪僻的言辞（邪辞）和闪烁的言辞（遁辞），会危害人们的日常工作甚至国家政事，因此，要坚决杜绝这样的言辞。孟子认为，若要达到这种效果，其方法是人们使用语言时，要保证语言的真实性。这反映了孟子以社会伦理论为旨归的语言哲学思想。

总之，以孔孟为代表的前期儒家，在名实观上主要从"正名以正政"的社会伦理角度考虑语言，因而前期儒家名实观的社会伦理意味浓厚。可以说，孔孟的语言致思方向是基于理想的实用目的或意图：以周礼中制定的"名称"为核心，来框定世界中的万物之名，从而达到名实相符。只是在孔孟这里，"名"和"实"处在并列的结构之中。特别在孔子思想中，"他提出'正名'，是要削足适履，用旧名限制新实的发展，使新实倒退以副旧名。"③所以，总体而言，孔孟的名实观有一定的局限性。

---

① 彭传华：《孟子语言哲学思想发微》，《武汉大学学报（人文科学版）》2008 年第 6 期。

② 《孟子·公孙丑上》。

③ 杜辛可：《关于"异形离心交喻，异物名实玄纽"注释的探讨——读荀况〈正名〉札记》，《陕西师大学报（哲学社会科学版）》1984 年第 1 期。

三、荀子对孔孟名实观的继承与超越

荀子作为儒家的第三位代表人物,其在语言哲学上对孔孟名实观的继承是不可争辩的事实。荀子的继承最为明显的地方在于,他继承了孔孟"正名以正政"的儒家正名传统。荀子认为:

> 故王者之制名,名定而实辨,道行而志通,则慎率民而一焉。故析辞擅作名以乱正名,使民疑惑,人多辨讼,则谓之大奸,其罪犹为符节度量之罪也。故其民莫敢托为奇辞以乱正名。故其民悫,悫则易使,易使则公。其民莫敢托为奇辞以乱正名,故一于道法而谨于循令矣。如是,则其迹长矣。迹长功成,治之极也,是谨于守名约之功也。①

按照荀子的观点,制定名称的主要目的就是分辨事物。名称确定,民众就没有人敢于假托奇异的言辞,扰乱已经制定好的名称,从而有利于国家的统治。反之,如果名称和事物之间的关系混乱,甚至人们擅自制定名称,就会使民众无所适从,从而引起辩驳争论,这样就不利于国家的有效统治。因此,荀子"正名"的目的是和孔孟一脉相承的。

学界对荀子秉承孔孟"正名以正政"衣钵的认识是一致的。王天海说:"冢田虎曰:孔子曰'必也正名乎',盖是此篇之所本焉。……荀子之正名说,上承孔子之正名说,又批判、总结了当时名家学说。"②成中英也持有类似观点。他说:

① 《荀子·正名》。
② 王天海:《荀子校释》,上海古籍出版社 2005 年版,第 883 页。

在荀子那里，孔子关于正名的基本原则得到详细阐述并有进一步发展。荀子的《正名》篇清楚地指出，语言是社会与人的规定，因而始终具有社会和人的意义。他进一步指出，作为一名负责社会秩序的统治者，必须调整作为保持社会秩序的一种手段的语言，这将有益于和平和人民安宁，消除混乱与无秩序。①

笔者认同成中英的这段分析。不过，我们发现，荀子尽管继承了孔孟"正名以正政"的思想，但荀子的正名观更多的是对孔孟正名观的超越。这种超越主要表现在，荀子和孔孟正名观的致思方向是不同的。孔孟是基于旧名来框定变化的新实，而荀子则与孔孟的方向相反，他是通过制定新名来与变化的新实相适应。所以，荀子的名实观带有朴素的唯物主义思想。

具体而言，荀子的名实观对孔孟的超越主要体现在以下方面：

首先，荀子提出了更为明确的"正名"理由。荀子生活在战国末期，作为孔孟的继承者，当他看到从春秋以来人们在使用名称时的混乱现象到了自己生活的时代更加严重，这对于有宏图大志的荀子来说，此种情况必须加以批判和制止。因此，他在"正名"之前第一时间认识到了当时名实混乱的现象和后果：

今圣王没，名守慢，奇辞起，名实乱，是非之形不明，则虽守法之吏、诵数之儒，亦皆乱。②

在这里，荀子看到与其生活在同时代的人们不仅没有使用

① 成中英:《成中英自选集》,山东教育出版社2005年版,第394—395页。
② 《荀子·正名》。

统一的名称,而且制造了大量奇异的言辞,从而加剧了名称和其指称的实际事物关系的混乱,进而引起人们对是非的判断标准模糊。如此,导致守法的官吏、记诵讲述条文的儒生都陷入了迷乱之中,普通的老百姓更是无所适从。

显然,荀子已经看到当时非常严重的名实混乱状况,也认识到这种名实关系的混乱会造成严重的后果。基于此,荀子指出:

> 异形离心交喻,异物名实玄纽,贵贱不明,同异不别。如是,则志必有不喻之患,而事必有困废之祸。故知者为之分别,制名以指实。上以明贵贱,下以辨同异。贵贱明,同异别,如是,则志无不喻之患,事无困废之祸,此所谓有名也。①

需要明确荀子这里的"异形离心交喻,异物名实玄纽"的含义,只有明晰了这句话的意思,才能厘清荀子提出"正名"的原因所在。

对荀子"异形离心交喻,异物名实玄纽"的注解,不同时代的中外专家、学者对其有不同的解释。从专家学者们对这句话理解所争论的焦点来看,主要聚焦在两个问题上:一是对这句话的断句存在不同的断句方式;二是对这句话的含义存在不同的理解。

就这句话的断句来说,学界主要有三种断句方式,第一种断句方式为"异形离心,交喻异物名实玄纽"②。此种断句方式以唐朝的杨倞和王天海为代表。王天海实际上是沿用了杨倞的断

---

① 《荀子·正名》。
② 参见四库备要本《荀子·正名》。

句方式,正如其自己所言,"杨倞句读原不误,由其注见之"①。第二种断句方式为"异形离心,交喻异物,名实玄纽",此种断句方式以周文英②等为代表。第三种断句方式为"异形离心交喻,异物名实玄纽",此种断句方式得到学界大多数学者的认可,诸如王先谦③、梁启雄④、楼宇烈⑤、方勇⑥、张觉⑦等学者都采取此种断句方式。笔者认为第三种断句方式较为接近荀子的原意,个中缘由会在下面阐释本句话的含义时给出详细的解释。

从对这句话的含义解析来看,争论的焦点在于对"异形""离心""玄"的注解上。关于"异形"的注释,北京大学《荀子》注释组将其解释为"不同的人"⑧;而杨倞则明确将之释为"不同形态的事物"⑨;王先谦、梁启雄、方勇、章诗同⑩、张觉等学者都采用杨倞的翻译。

对"离心"的注释,在学者中引起了更大的争论。杨倞将"离"解释为"分别",因此,他认为荀子这里所谓的"离心"指的是:不同形状的事物分别反映在人的思想之中。梁启雄和章诗

---

① 王天海:《荀子校释》,上海古籍出版社 2005 年版,第 893 页。
② 周文英:《中国逻辑思想史稿》,人民出版社 2000 年版,第 14 页。
③ 参见王先谦:《荀子集解》,沈啸寰、王星贤点校,中华书局 2013 年版,第 491 页。
④ 参见梁启雄:《荀子简释——新编诸子集成续编》,中华书局 1983 年版,第 311—312 页。
⑤ 参见楼宇烈:《荀子新注》,中华书局 2018 年版,第 450 页。
⑥ 参见方勇、李波译注:《荀子》,中华书局 2015 年版,第 360 页。
⑦ 参见张觉:《荀子译注》,上海古籍出版社 2012 年版,第 321 页。
⑧ 北京大学《荀子》注释组:《荀子新注》,中华书局 1979 年版,第 371 页。
⑨ 四库备要本《荀子·正名》。
⑩ 参见章诗同:《荀子简注》,上海人民出版社 1974 年版,第 246 页。

同将其翻译为"离开心",也就是离开言说者的心。王先谦和楼宇烈都将"离心"理解为"人的思想不同"。

关于学者们对于"异形"和"离心"翻译的争论,如果从他们各自的致思理路分析,都有其合理性,都不影响对此句话的理解。如果将"异形"解释为"不同的人",那么,"异形离心交喻"就可以解释:不同的人,思想不一样,因此交流时必须互相说明自己的看法。如果将"异形"解释为"不同形态的事物",那么,这句话可以解释为:不同形态的事物反映在人的思想中,形成不同的概念,从而人们在交流时,需要通过不同的概念进行沟通。

学者们对"玄"理解的争议,主要集中在"玄纽"还是"互纽"上。杨倞、王先谦、梁启雄等学者认为应该用"玄纽",而王念孙、侯外庐、杜国庠等学者皆认为应该是"互纽"。① 不过,不管是"玄纽"还是"互纽",笔者认同杜辛可的观点:"'互'、'玄'虽异,但'名实玄纽'或'名实互纽'皆可讲通,故无深入讨论、分清是非的必要。"②

笔者认为不管各家如何解释,但有一点是共同的,他们都是从两个方面讨论导致名称混乱的原因:一是从本体论的角度来谈,注家们都承认被命名之物的存在,这是一种哲学的本体论预设;二是从认识论上而言,名实混乱是因为主体主观错误造成的。

---

① 参见杜辛可:《关于"异形离心交喻,异物名实玄纽"注释的探讨——读荀况〈正名〉札记》,《陕西师大学报(哲学社会科学版)》1984年第1期。

② 杜辛可:《关于"异形离心交喻,异物名实玄纽"注释的探讨——读荀况〈正名〉札记》,《陕西师大学报(哲学社会科学版)》1984年第1期。

比较而言,笔者倾向第三种断句方案。就翻译而言,笔者认同杨倞、王先谦、梁启雄、方勇、章诗同和张觉等注释家的翻译方式。因为,荀子讨论如何制定名称时,给出了一个原则即约定俗成原则,他在讨论制定名称的这个原则时,尤为强调物体形状对命名时的影响。

因此,"异形离心交喻,异物名实玄纽"的意思是,"事物形状各异,人们不对事物进行区分,就不能深入认识事物(荀子言外之意是让人们认识事物时,必须对事物进行区分);人们不能深入地认识事物,却要区分辨别事物,并对事物进行命名,这样就会导致名称与事物混乱、纽结。"在此,荀子揭示了名实混乱的原因。

一旦名实混乱,在荀子看来就会造成"贵贱不明、同异不别"的后果。这种后果对以"正名以正政"为理想目标的荀子来说,是绝对不允许的。因为:

> "明贵贱"可以从伦理上讲(如封建社会之君主与平民被认为有贵贱之别),也可以从价值上讲(如金与铁的贵贱不同),但从认识论和逻辑的角度讲,实质上还是一个"辨同异"或"别同异"的问题,即贵和贱的同异问题。①

由此可见,"明贵贱"在荀子名实观中的重要意义。荀子认为,"贵贱不明、同异不别"还会导致"志必有不喻之患,而事必有困废之祸"。在荀子看来,由于名称的混乱,会带来一连串非常棘手的连锁反应。所以,荀子顺理成章地提出要"正名"。

其次,荀子给出了系统的正名方法。荀子认为要"正名"必

---

① 周云之:《名辩学论》,辽宁教育出版社 1996 年版,第 158 页。

须采取三种方法：一是凭借贤明的君主依据权势直接推行名称的使用；二是通过圣人、君子的道德感化；三是借助君子通过"期""命""辩""说"等方式来"正名"。

关于第一种方法即凭借贤明的君主依据权势直接推行名称的使用，以达到"正名"。荀子给出了具体的操作方式：

> 夫民易一以道，而不可与共故，故明君临之以势，道之以道，申之以命，章之以论，禁之以刑，故其民之化道也如神，辩说恶用矣哉！①

荀子认为，民众容易被正道来统一他们的意志，却不可以跟他们讲明道理。所以，英明的君主施加权势，用正道来引导民众，用命令来告诫民众，用评论来表彰民众，用刑罚来禁止民众。这样，民众就能迅速地被正道所感化，从而不需要辩论了。

可以说，荀子借助王权的力量进行"正名"是有前提条件的——需要以天下大治、圣王存在为前提。荀子此处表露的思想与老子"国之利器，不可以示人也"②思想有共同之处。

为了有效地统治，荀子强调贤明的统治者必须牢牢地掌握"正名"的权利。因此，荀子认为，只有圣王存在，"君主（主要指圣王或明君——笔者注）凭借王权的力量，制定正确的名称并予以推行，理顺社会秩序，达到天下大治。"③此种"正名"方式，是荀子最为推崇的"正名"方式。

除此以外，荀子还认为圣人、君子的道德感化也是"正名"

---

① 《荀子·正名》。
② 《老子·道德经》第三十六章。
③ 陈波：《荀子的政治化和伦理化的语言哲学——一个系统性的诠释、建构、比较与评论》，《台大文史哲学报》2008 年第 69 期。

的好方法。关键是,圣人、君子凭什么能感化众人而达到"正名"的目的呢? 对这个问题的回答,涉及荀子心目中圣人、君子的形象问题。荀子尤为强调圣人的教化作用,他心目中的圣人具有如下特征:

> 修百王之法,若辨白黑;应当时之变,若数一二;行礼要节而安之,若生四枝;要时立功之巧,若诏四时;平正和民之善,亿万之众而抟若一人。①

此外,荀子对君子形象的描述,表达了他认可借助君子来进行"正名"的美好愿望。荀子心目中的君子形象是:

> 行法至坚,好修正其所闻,以桥饰其情性,其言多当矣,而未谕也;其行多当矣,而未安也;其知虑多当矣,而未周密也;上则能大其所隆,下则能闻道不已若者。如是,则可谓笃厚君子矣。②

通过荀子对圣人和君子形象的描述,可以看出,圣人是很少人能达到的。在历史中,出现的尧、舜、禹、周公及孔子等人,应该能达到荀子心目中的圣人标准。当然,这些圣人对民众的教化引导作用,也是不言而喻、有目共睹的。至于君子,在荀子的心目中虽然较之圣人要稍微逊色一点,但也不是普通人所能企及的。因而,荀子通过对圣人、君子形象的刻画,为"正名"提供了一种途径。只是,这种途径在现实实施过程中有一定的困难。

荀子"正名"的第三种方法是借助圣人、君子通过"期""命""辩""说"等方式来进行的。荀子说:

---

① 《荀子·儒效》。
② 《荀子·儒效》。

今圣人没,天下乱,奸言起,君子无势以临之,无刑以禁之,故辩说也。①

荀子在此表明,在国家得到有效治理的情况下,他不赞成人们进行"辩说"。只有在"圣人没,天下乱,奸言起",从而引起"君子无势以临之,无刑以禁之"的时候,才能进行"辩说"。尽管荀子赞成在"天下乱"时人们可以进行"辩说",但他不赞成每个人都参与"辩说"。原因在于,荀子认为"辩说"的主体应该是圣人、君子。荀子通过对圣人和君子"辩说"特征的描述,表明了他所理解的"辩说"之意涵:

心合于道,说合于心,辞合于说。正名而期,质请而喻。辨异而不过,推类而不悖。听则合文,辩则尽故。以正道而辨奸,犹引绳以持曲直。是故,邪说不能乱,百家无所窜。有兼听之明,而无矜奋之容。有兼覆之厚,而无伐德之色。说行则天下正,说不行则白道而冥躬。是圣人之辩说也。

以仁心说,以学心听,以公心辨。不动乎众人之非誉,不冶观者之耳目,不赂贵者之权执,不利便辟者之辞。故能处道而不二,吐而不夺,利而不流,贵公正,而贱鄙争,是士君子之辩说也。②

从荀子对圣人、君子"辩说"特征的描述中可以看出,因为圣人、君子的"辩说"始终围绕正道(荀子这里的正道指的是治理国家的基本原则)来进行,不会使人误入歧途。诚如荀子所言:"道也者,治之经理也。"③因此,荀子极力主张当"圣人没,

---

① 《荀子·正名》。
② 《荀子·正名》。
③ 《荀子·正名》。

天下乱,奸言起"时,圣人、君子要出来澄清是非曲直。

荀子为什么反对普通人参与"辩说"呢？这是因为在荀子看来,普通人在"辩说"时,常常呈现出下面的情形：

> 没有根据而又轻浮,争吵不休,没有条理,叽叽喳喳,乱说一通。搬弄好听的名称,炫耀好听的辞句,思想上毫无意义可言。假借名称,卖弄辞句,无休无止,劳苦而无功,贪求而无名。①

在此,荀子认为普通人在"辩说"时,完全离开了正道。故而,在他看来,不能通过普通人的"辩说"达到"正名"的目的。显然,荀子这里有贬低普通大众,抬高统治者或知识分子的意思。

最后,荀子提出了明确的正名目的和功能。作为儒家的继承者,荀子"正名"的主要目的,当然是秉承孔子的"正名以正政"的儒家传统做法。按照陈波的话说：

> 在荀子那里,"正名"实际上包括两个方面：一个是外在的方面,君主凭藉王权的力量,制定正确的名称并予以推行,理顺社会秩序,达到天下大治;另一个是内在的方面,君子通过正心、修身,"心"依凭"道"的指引,趋利避害,选择适当的"欲",使其得到满足,由此造成君子的理想人格。也可以说,君子通过"正名"来"正心"。②

陈波在分析得出这个结论时,引用了美国汉学家柯雄文（Antonio S.Cua）的话来加以说明。他说：

---

① 陈波：《逻辑学读本》,中国人民大学出版社 2009 年版,第 68 页。
② 陈波：《荀子的政治化和伦理化的语言哲学——一个系统性的诠释、建构、比较与评论》,《台大文史哲学报》2008 年第 69 期。

在阐述(指柯雄文的阐述——笔者注)他的正名学说时,荀子像孔子一样,主要关注有关道德上秩序良好的社会问题,关注在圣君和开明的政治权威统治下人们行为的统一性。归根结底,正名就是要纠正道德方面的缺陷和不良行为,而不仅仅是要避免逻辑和语言方面的错误。①

笔者认为,陈波和柯雄文对荀子"正名"的主要目的的分析是符合荀子原意的。因为从整个《正名》篇里可以看出,荀子一直在做这方面的努力。荀子说过:

故知者为之分别制名以指实。上以明贵贱,下以辨同异;贵贱明,同异别。如是,则志无不喻之患,事无困废之祸,此所谓有名也。②

荀子在此非常明确地提出了"正名"的功能具有"明贵贱"的作用,也就是,"正名"具有区分尊卑高低的地位与身份的作用。荀子的这种观点,显然是继承了孔子的思想。因为,孔子提出过:

名不正,则言不顺;言不顺,则事不成;事不成,则礼乐不兴;礼乐不兴,则刑罚不中;刑罚不中,则民无所措手足。③

基于对名称如此重要的认知,以及当时所生活时代名实关系的严重混乱,孔子明确提出,"必也正名乎!"④

---

① 参见陈波:《荀子的政治化和伦理化的语言哲学——一个系统性的诠释、建构、比较与评论》,《台大文史哲学报》2008年第69期。

② 《荀子·正名》。

③ 《论语·子路》。

④ 《论语·子路》。

需要注意的是,荀子在继承孔子"正名"的思想基础上,突出了"正名"的道德教化功能。对此,陈波认为,可以从荀子对"正名"重要性的多次强调上加以感悟和理解:

> 荀子还认为,制名与正名之所以重要,还在于它承载着道德教化功能:有助于圣人、君子"正心"、"修身",培养自己的道德情操和理想人格。①

不过,笔者以为,在荀子这里,其"正名"不管是具有"明贵贱"的功能,还是具有道德教化的功能,这两种功能的最终目标都是为"正政"服务的。

此外,荀子的"正名"还具有一个非常重要的功能——"辨同异"。这是荀子在表达其语言哲学思想中特别强调的。这种功能是对所有使用名称的人而言的,也就是说,"正名"可以使人分辨不同的事物。这是荀子名称理论的重要观点,也是荀子在名称理论上的重要贡献。

总之,荀子的"正名"思想,是为了让人们在使用名称时遵守约定俗成的原则,以及遵循之前经过君主已经制定好的名称,从而批判现实生活中由于人们故意卖弄辞句、扰乱名称的固有用法的现象。所以,荀子在"正名"思想上既包含恢复原来经由统治者制定的旧名,也强调"作新名"。其"正名"思想较孔孟"正名"思想而言,荀子的"正名"思想更为系统、"正名"的方法具有更强的可操作性。

虽然荀子强调"正名"的思想是正确的,但他在"正名"的过

---

① 陈波:《荀子的政治化和伦理化的语言哲学——一个系统性的诠释、建构、比较与评论》,《台大文史哲学报》2008 年第 69 期。

程中采用"王者制名",只重视圣人、君主的作用,而忽视普通大众的功劳,特别是忽视了全体社会成员共同参与的价值,这一点是不可取的。

实事求是地说,荀子语言哲学思想内容丰富,他讨论了名称的本质,提出了"所谓有名""所缘以同异""制名之枢要",并在这些基础上展开了对诸子的批判。从荀子讨论的这些内容来看,他建构了系统的名称理论。这与孔孟只是基于政治与社会伦理的角度简单论及名实观的一些问题相比,显然荀子的名实观和思想更加深刻,且形成了体系。对此,成中英指出:

> 除了语言的实际与社会方面之外,荀子还比孔子更多地提出了语言的两个重要方面,即,语言建立于经验基础之上,语言是习惯的产物。①

不过,笔者认为,荀子在语言哲学上对其前辈的超越,不仅仅是成中英所说的这两个方面。因为荀子建立了系统的名称理论、概念理论和"言意"理论,所以,笔者赞成崔应贤的观点:孔子关于"名"的观点,概念比较模糊。通过对孔子关于"名"观点的考察,可以发现,它主要限定在社会的名分等级秩序中。故而,崔应贤得出的结论是孔子(孟子也一样)的"名"概念,范围不清楚,根基不扎实。然而,我们发现荀子关于"名"的观点,情形完全不同。这种不同主要体现在:荀子的"正名"理论不仅有社会语用的特征和社会本体的特征,它还能密切联系心理认知的元素。这样,就可以"为原初单一的政治理念找寻到了坚实

---

① 成中英:《成中英自选集》,山东教育出版社 2005 年版,第 395 页。

的事实基础和理论基础,从而形成了相对完整系统的学说。"①

第三节　墨家"以实定名"思想
及其对荀子的影响

　　春秋战国时代是个百家争鸣的时代。之所以将春秋战国时代称为百家争鸣的时代,是因为这个时代出现了很多思想家,他们从不同的角度参与到当时诸子们关心的很多共同问题之中。而在语言哲学问题上,名实关系问题是当时几乎所有的思想家都参与讨论的一个核心问题。如果当中有什么区别的话,笔者认为,这些思想家在围绕名实关系问题进行讨论时,他们的出发点或切入点是不同的。

　　如前所述,以老庄为代表的道家主要从本体的角度,以"道"为核心,讨论了"道"和语言的关系,从而建构了道家本体论的名实观。以孔孟为代表的儒家主要从社会、伦理和政治等方面,也就是从国家的有效治理、社会等级的确立、社会伦理关系的安定等方面考虑语言,进而构建了儒家社会伦理论名实观。而以墨子为代表的墨家和以邓析子、尹文子、惠施以及公孙龙子等为代表的名家,其共同特征在于,他们主要是从逻辑学的角度来考虑"名实关系"。因此,墨家和名家体现出了那个时代独有的思想关切。正如魏义霞所言,墨家和名家主要关注点在于:

---

　　① 　崔应贤:《从荀子的〈正名〉看中国的传统语言文化定位》,2009 年北京大学修辞传播学前沿论坛论文集。

思维形式和逻辑角度——如名与实的关系、命名的方式和原则、概念的内涵和外延、命题判断推理的形式以及思维规律——同一律、矛盾律、排他律等研究语言。这是对语言本身的研究,有别于从言与德或言与道的关系进行切入的研究思路。①

不过,在讨论墨家和名家的逻辑语言哲学之前,必须对墨家和名家的关系进行说明。关于名家的称呼,历来在学者之间争议较大,其中,谭戒甫和伍非百两位先生对名家的称呼颇具典型。谭戒甫是按春秋战国时期诸子谈论名实关系的目的为标准,把诸子划分为三家,即以孔子为代表的正名一家、以墨子及其后学乃至惠施为代表的名本一家和以邓析子、公孙龙子为代表的形名一家。而且,谭戒甫认为第三家,即形名一家是名家正宗,所以又称为名家。②

而伍非百采取的划分方法,与谭戒甫采用的划分方法有很大的不同。这种不同体现在:

> "名家"与"形名家"乃异名而同实之称。"名"之称盖始于尹文,其后司马谈、班固因之,世遂以好微妙之言,持无穷之辩者,谓之"名家",实非古谊。考"名家"最著者邓析,而刘向称"析好形名",是邓析乃"形名家"也。其次则惠施、公孙龙,而鲁胜谓"施、龙皆以正形名显于世",是施、龙亦"形名家"也。苏秦谓"形名之家皆曰白马非马",夫白马

---

① 魏义霞:《七子世界——先秦哲学研究》,中国社会科学出版社 2005 年版,第 390 页。

② 参见谭戒甫:《公孙龙子形名发微》,武汉大学出版社 2006 年版,第 92 页。

非马乃当时辩者之说,而苏秦以属之"形名家",是当时辩者之徒亦"形名家"也。夫如是,则"形名"与"名",乃古今称谓之殊,非于"形名家"外别有所谓"名家"。盖"形名"之变而为"名",犹"法术"之变而为"法",皆由繁以入简,非有他义。世人不察,疑"名家"外,别有"形名家",误矣。①

由此可见,伍非百是参照班固《汉书·艺文志》分中国古代学术为九家,而"名家"以占其一的划分方法来确定名家。也就是说,伍非百是从学派角度对名家诸子进行了身份鉴别和归属鉴定。

两位先生的划分都有其道理,均值得我们参考与借鉴。不过本书采取伍非百的划分方法,即按学派来区分道、儒、墨和名家的名实观思想。这样既符合学界的大众看法,又能对名家诸子的学术观点进行总体分析。

战国时期,诸侯争雄愈演愈烈,这就造成以孔孟为代表的前期儒家主张"正名以正政"的社会伦理论名实观步履维艰。因此,孔孟的名实理论也就逐渐淡出了人们的视线。诚如顾炎武所说:

> 春秋时犹尊礼重信,而七国则绝不言礼与信矣;春秋时犹宗周王,而七国则绝不言王矣;春秋时犹严祭祀重聘享,而七国则无其事矣;春秋时犹论宗姓氏姓,而七国则无一有及之矣;春秋时犹宴会赋诗,而七国则不闻矣;春秋时犹赴

---

① 伍非百:《中国古名家言》,四川大学出版社 2009 年版,第 2 页。

告策书,而七国则无有矣。邦无定交,士无定主。①

由此可见,诸子百家之间的相互争辩和纵横家的游说活动在这个时期登上语言哲学史的舞台,是历史的必然。

战国时期,随着经济、政治等的剧烈变动,反映这些现象的语言也出现与春秋时期明显的不同。此时,对语言的运用最为明显的,是出现了大量的塞尔型"以言行事"的诸种命题和句式。

所谓"以言行事",最简单的理解就是"说话就是做事"。这种解释虽然是现代西方语言哲学的理论阐释,但战国时期诸子百家的争辩是对塞尔型"以言行事"思想恰到好处的诠释。按照约翰·塞尔(John Searle)的观点,他认为"以言行事"的要旨主要是五种不同的类型:

> 第一是断定式(assertive)的以言行事要旨。断定式的言语行为要旨就是向听话人承诺命题为真。……所有断定式的言语行为都具有语词向世界的适应指向,断定的真诚条件总是信念。每一种断定式言语行为都是对一种信念的表达;第二种以言行事要旨是指令式(directive)。指令式的以言行事要旨就是力图使听话人的行为方式与指令的命题内容相一致;第三种以言行事要旨是承诺式(commissive)。每一个承诺式以言行事的行为都是说话人对承担命题内容所表示的行为过程的许诺。……承诺式言语行为的适应指向总是世界向语词的适应,被表达出来的真诚条件总是意图;第四种以言行事要旨的类型是表情式(expressive)。表

---

① 转引自赵俪生:《日知录导读》,巴蜀书社 1992 年版,第 111 页。

情式的以言行事要旨直接就是表达言语行为的真诚条件；最后一个以言行事要旨的类型是宣告式。在宣告中，以言行事要旨就是通过表示世界发生变化从而实现世界的这种变化。①

从塞尔对"以言行事"要旨的归纳和定义可以看出，战国时期出现的"以言行事"要旨的主要类型，应该是指令式的"以言行事"句和承诺式的"以言行事"句。其中，指令式的"以言行事"句主要出现在诸子的著作中，尤其是诸子在辩论时，喜欢用这种句子。而承诺式的"以言行事"句主要出现在纵横家在游说君主采纳自己的建议时，向君主承诺能给君主带来多大利益和好处中的语句。

我们知道，逻辑思维的发展和成熟，离不开社会语言活动的推动。战国时期诸子之间的辩论、纵横家的游说风气的盛行，是此时语言活动的背景。诸子和纵横家们在进行辩论或游说时，对语言的研究和应用是必然的。此时，不只是出现了大量的塞尔型"以言行事"句，而且诸子对语言的使用带有这个时期的明显特征。如果对这个时期人们对语言使用的特征进行归纳，可以看到诸子百家对逻辑语言的偏好是其中最为鲜明的特点。因而，学界把这个时期的语言思想称为"逻辑语言观"。② 有研究者认为：

先秦的语言观（主要指战国时期的——笔者注），伴随

---

① ［美］约翰·塞尔：《心灵、语言和社会》，李步楼译，上海译文出版社2006年版，第142—144页。

② 所谓"逻辑语言观"，是指人们在讨论名实关系诸问题时，主要从思维形式和逻辑角度来思考语言。

着当时理性思维和社会的沿革发展,逐渐呈现出逻辑思维的特点。逻辑语言观的发展,与论辩、游说之风有着密切联系。各诸侯国之间频繁的外交活动,使语言的使用变得更为重要。这使人们对语言的言说性有了更高的要求。逻辑思维的发展,使人们对语言的准确性和表达性的认识更为深入。①

随着当时论辩的愈加激烈和游说之风的盛行,对语言灵活性的使用和语言准确性的把握,在这个时期是尤为强调的。

所以,战国时期对逻辑语言的偏好和使用不仅是时代的需要,也是人类理性思维发展在语言使用上的必然表现。而以研究逻辑理论著称的墨家,在名实观上的突出特点是其讨论名实关系问题时,他们第一个建构了以"故""理""类""辩"等逻辑学中的核心概念为标志的"以实定名"思想。

一、墨家对"故""理""类"等逻辑概念的运用

墨子是墨家学派的创始人,以其为首的墨家学派和当时以孔孟为代表的儒家并称"显学"。墨家学派在名实观上的最大特点是,他们在讨论"名"(语言)与"实"(世界)的关系时,大部分是基于逻辑的视角而展开的。

首先,墨家对中国古代逻辑推理中的关键词"故"作了较为系统的研究,并给出了明确的定义。其实,"故"这个词在墨家之前已有哲学家在使用。比如,从"故"这个词在《道德经》章节中出现的次数来看,该词在《道德经》中出现过四次。老子在

---

① 李志强:《先秦和古希腊语言观研究》,学苑出版社 2008 年版,第192页。

《道德经》第七章说过："天长地久,天地所以能长且久者,以其不自生,故能长生。"老子在《道德经》第五十章还说："出生入死,生之徒十有三,死之徒十有三,人之生生而动、动之死地亦十有三,夫何故? 以其生生之厚。"老子在《道德经》第六十六章中又说："江海所以能为百谷王者,以其善下之,故能为百谷王。"最后,老子在《道德经》第七十三章中说："勇于敢则杀,勇于不敢则活,此两者或利或害。天之所恶,孰知其故?"

　　《道德经》上述四处使用的"故",其中,前两个和第四个"故"的含义是一样的,都是指"原因";第三个"故"的含义是"所以"。虽然《道德经》中出现了"故"字,但老子只是在使用这个词,没有对这个词进行系统研究,也没有给出明确的定义。

　　前期儒家也经常使用"故"字,但墨家对"故"的钟爱远胜儒家。这一点有两个方面的证据:一是从墨家对"故"字的使用来看,"故"字在墨家的著作里出现的频率很高,篇篇都有"故"字出现,而且每篇著作里的"故"字出现的次数也很多;二是墨家对"故"的使用较之儒家而言,意义变得更加丰富,并且在墨家思维中"故"字的逻辑概念含义得到了使用。如侯外庐等人所说:

　　　　在前期墨家文献二十九篇里,出现了"故"字三百四十个,就其基本性质来看,亦大体形成了逻辑的概念。……训"旧"的"故"字在论语里占百分之四十四,而到墨子里则只剩一个,训"故意"的"故"字完全没有,训"是以"的"故"字多至二百四十四个,训"原因"的"故"字(此为论语所无乃墨子的新名词)出现了九十一个(指前期墨家作品——笔者注)。这就说明:论语里无逻辑意义的"故"字,在墨子里已大体消灭;论语里稍有逻辑意味的"故"字,在墨子里更见增加;具有逻辑概念的(作为名词与'原因'同训的)"故"字,在论语尚未形成,到了墨子书里则大量出现,约占全书"故"字百分之三十八。这种作为名词与"原因"同义的"故"字,在墨子的思想里,已经成了一个重要的概念。①

这段话也印证了前述所言,逻辑概念词的出现,是时代发展的需要,也是人们的思维特征在语言上的反映。到了后期墨家,"故"概念的逻辑性质完全得以确立。

墨家不只是在其著作中大量使用"故"字,更为关键的是,通过对"故"字的使用,他们抽象概括出了"故"的含义,从而给出了"故"这个概念的明确定义。正如墨家给"故"下的定义:"故,所得而后成也。"②墨家的这个界定,表明墨家是中国逻辑史以及中国哲学史上第一个给"故"下定义的学派。

根据墨家对"故"的定义,他们把"故"理解为原因或缘故,即"形成或产生某一事物或结果的条件或依据"③;或者"逻辑推论的'前提''理由'或'论据'。"④因此,墨家第一个赋予了"故"的逻辑意义。

随着历史的发展,墨家学派对"故"的使用意涵范围进一步扩大。后期,墨家提出:

　　故。小故,有之不必然,无之必不然。体也,若有端。

---

①　侯外庐、杜守素、纪玄冰:《中国思想通史》第一卷,生活·读书·新知三联书店 1949 年版,第 217 页。

②　《墨子·经上》。

③　姜宝昌:《墨经训释》,齐鲁书社 2009 年版,第 1 页。

④　王讚源:《墨经正读》,上海科学技术文献出版社 2011 年版,第 1 页。

大故,有之必然,无之必不然。若见之成见也。①

姜宝昌在《墨经训释》中对墨家这里提及的两个核心词"小故"和"大故"进行了解释:

> 小故,指某一事物或结果形成或产生所需之一部分原因或条件,相当于现代逻辑学之必要(而非充分)条件。……大故,指某一事物或结果形成或产生所需之所有原因或条件,相当于现代逻辑学之充分条件。②

姜宝昌的解释得到了学界的响应与认可。王讚源认为,墨家这里的大、小故是一种衍递关系,所谓衍递关系,指的是"'事实上的衍递',也就是说'事件上的推移'。A 和 B 有衍递关系(entailment relation),才能说 A 与 B 有因果关联。"③王讚源强调:

> "小故"是西方逻辑或方法论说的"必要条件";"大故"就是"充要条件"。"小故"是部分原因,以"小"形容;"大故"是总原因,具有关键性,所以用"大"形容。④

笔者赞成姜宝昌与王讚源对墨家"小故"与"大故"的理解。纵观《墨经》一书,我们发现《墨经》的大部分篇章中都有"何故也?""是何故也?""此其何故也?"这样的问语。

实际上,审读《墨经》时发现,墨家是在审察了事物形成或产生的条件或依据之后,才提出相应的策略。换言之,墨家仔细

---

① 《墨子·经说上》。
② 姜宝昌:《墨经训释》,齐鲁书社 2009 年版,第 2 页。
③ 殷海光:《思想与方法:殷海光选集》,上海三联书店 2004 年版,第 285 页。
④ 王讚源:《墨经正读》,上海科学技术文献出版社 2011 年版,第 2 页。

辨析了"小故"与"大故"的区别:"小故"是有了它不一定出现某一结果,而没有它就一定不出现某一结果的条件,它是出现某一结果的必要而非充分条件;"大故"是有了它就一定出现某一结果,而没有它就一定不出现某一结果的条件,它是出现某一结果的充要条件。基于对"故""小故""大故"等条件的逻辑分析,墨家对日常生活中出现的相关问题给出了对治办法。比如,墨家认为天下混乱的原因在于人与人之间争斗而不相爱,所以他们提出"止斗"而"相爱"。

通过对墨家关于"故"的定义和使用的考察,可以确认"故"所具有的两层清晰的意蕴:一是事物形成的原因,二是辩论的道理。

此外,周云之对墨家的"故"概念进行了总结,他归纳出墨家使用的"故"有四层含义:一是指事物的特性,二是指事物的共性,三是指事物的本质,四是指事物之所以如此的根据和前提。①

其次,墨家赋予了"理"概念以名理之逻辑含义。关于"理"这个概念,墨家没有专门给"理"下过定义。实际上,"理"这个概念在先秦之前,人们已经对它进行了较为频繁的使用。最早有文献记载的关于"理"字的使用,出现在《诗经》中,比如,"我疆我理,南东其亩"②以及"乃疆乃理,乃宣乃亩。"③《诗经》这里的"理"字,是治理、整理的意思。随后,在《左传》《国语》中,"理"的含义也基本框定在《诗经》对"理"的理解之中。不过,

---

① 周云之:《名辩学论》,辽宁教育出版社1996年版,第325页。
② 程俊英译注:《诗经》,上海古籍出版社1985年版,第431页。
③ 程俊英译注:《诗经》,上海古籍出版社1985年版,第497页。

在《易经》中，"理"的含义得到了进一步的丰富。正如有学者所言：

> 《易传》中还提出了"仰以观于天文，俯以察于地理，是故知幽明之故""易简而天下之理得矣"及"昔者圣人之作《易》也，将以顺性命之理"等说法……这标志着"理"这一概念的内涵扩展到了表示客观事物及人类自身所具有的条理、规律。①

先秦诸子时期，思想家们纷纷将"理"这个时髦的学术概念词纳入自己哲学的总体逻辑框架之中，他们把"理"作为自己哲学理论的重要范畴。诸子们从多种角度、不同方面对"理"进行阐释，从而丰富了"理"的意义，拓宽了"理"的使用范围。②

在诸子中，对"理"使用比较频繁的，是儒家的孟子和道家的庄子。孟子提出："心之所同然者何也？谓理也。"③孟子这里的"理"是指人心所具有的道德。庄子则赋予了"理"更丰富的含义，在其文章中多处使用"理"这个词。如果对庄子所使用的"理"进行归纳，我们发现庄子主要在两层意义上使用"理"字：一是指天（自然）的运行规律，比如："同类相从，同声相应，固天之理也。"④二是指人类和社会关系，比如："留动而生物，物成生理，谓之形。"⑤

---

① 孙彬：《西周的哲学译词与中国传统哲学范畴》，清华大学出版社 2015年版，第 122 页。
② 参见孙彬：《西周的哲学译词与中国传统哲学范畴》，清华大学出版社 2015 年版，第 123 页。
③ 《孟子·告子上》。
④ 《庄子杂篇·渔父》。
⑤ 《庄子·天地》。

与其他诸子不同的地方在于,墨家赋予了"理"逻辑概念词的意义。墨家在名实观上提出"名实之理"这一新的说法。因此,墨家在中国逻辑学史上开了"名理"的先河。墨家提出:

> 夫辩者,将以明是非之分,审治乱之纪,明同异之处,察名实之理,处利害,决嫌疑,焉摹略万物之然。①

在此,墨家明确赋予了"理"一般名学(逻辑学)的意义:察名实之理。实际上,墨家提出"察名实之理",意在详细审定事物的名称与客观对象对当的方法。此外,墨家还对"理"字作了形象的说明。墨家指出:

> 论诽之可不可,以理。理之可诽,虽多诽,其诽是也。其理不可诽,虽少诽,非也。②

这就是说,墨家认为,对别人的意见可以提出批评。批评的对错不在批评话语的多少,而是决定于这种意见是否符合道理。而评价批评的正确与否,要看被批评者的意见是否符合道理。如果被批评者的意见不符合道理,就应该批评,批评的话语虽多,也是正确的。如果被批评者的意见正确,不应予以批评,批评的话语虽少,也是错误的。由此可见,墨家这里使用的"理"概念具有道理、事物之理的意义,是客观规律性的东西。

最后,墨家确立了逻辑学中一个核心概念——"类"。如同"故"概念一样,"类"概念也第一次在墨家这里获得逻辑概念词的意义。这样,就使该概念在墨家辩论、推理中起着极其重要的作用。由此,标志着中国名辩逻辑的创立。正如侯外庐等人

---

① 《墨子·小取》。
② 《墨子·经说下》。

所言：

> 墨子所说的"类"则已成为逻辑学上的概念。……墨
> 子的"类"概念的发现，无疑的是逻辑思想上一大贡献。这
> 就是说，依据于"类"的概念，使他有了明是非、审治乱、别
> 异同、察名实的方法，使他获得了辩诘的工具，使他在"劝
> 以教人"，"偏从人而说之"的理论斗争中有了制胜的武器。
> 更简单地说：墨子的逻辑思想，即是依据着类概念的类推方
> 法，这一方法就是墨子所到处运用的辩诘术的灵魂。①

墨家关于"类"概念的使用，其突出贡献是赋予了"类"概念
以新的含义。在墨家之前，有学者统计，人们使用"类"这个概
念的含义主要有如下几种：②

一是指殷商、西周时期表示单一概念——祭祀的用名。比
如，《周礼》记载："凡师甸，用牲于社宗则为位。类造上帝、卦于
大神、祭兵于山川亦如之。"③

二是指散见于《诗经》《尚书》《左传》《国语》等经典著述
中，表示"善"这种抽象的道德品质，这也是一种单一概念。比
如，"维此王季，帝度其心，貊其德音。其德克明，克明克类，克
长克君。"④

三是指春秋时期《左传》等书中表示"族类"含义，这是对
"类"概念所表达的某一类事物相同特征的抽象。例如：

---

① 侯外庐、杜守素、纪玄冰：《中国思想通史》第一卷，生活·读书·新知
三联书店 1949 年版，第 212 页。

② 参见吴建国：《中国逻辑思想史上类概念的发生、发展与逻辑科学的形
成》，《中国社会科学》1980 年第 2 期。

③ 《周礼·春官宗伯上》。

④ 《诗经·大雅·文王》。

秋,公至自晋,欲求成于楚而叛晋。季文子曰:"不可。晋虽无道,未可叛也。国大臣睦而迩于我,诸侯听焉,未可以贰。史佚之志有之,曰:'非我族类,其心必异'。楚虽大,非吾族也"。①

四是指《国语》《左传》等书中用来表示物类、事类等对事物特征的抽象。比如:"象物天地,比类百则,仪之于民,而度之于群生。"②再如:

先王之济五味、和五声也,以平其心,成其政也。声亦如味,一气、二体、三类、四物、五声、六律、七音、八风、九歌,以相成也。③

五是指《国语》《左传》等书中,还用"类"表示"肖""似"。比如,《国语》中的一段话:"董褐既致命,乃告诸赵鞅曰:'臣观吴王之色,类有大忧。'"④还有《左传》中记载:

公问名于申繻,对曰:"名有五:有信、有义、有象、有假、有类。"以名生为信,以德命为义,以类命为象,取于物为假,取于父为类。⑤

以上"类"概念的诸含义及其演变,是在春秋战国之前相关著述中使用并形成的。到了春秋战国时期,随着人们的认识水平的提高,对"类"概念的使用更加的频繁,其含义也逐渐固定下来。正如吴建国所言:

---

① 《左传·成公四年》。
② 《国语·周语》。
③ 《左传·昭公二十年》。
④ 《国语·吴语》。
⑤ 《左传·桓公六年》。

随着人们抽象思维能力的提高,随着人们对客观事物的关系和联系的认识的加深和扩大,它被赋予最初的逻辑上的性质。……作为最普遍的逻辑范畴的类概念就寓于认识、思维发展的这些特殊环节之中(指上述类概念的五种含义的演变——笔者注)。①

因此,这个时期"类"概念的原初含义逐渐消失,特别是到了墨家这里,"类"概念终于发展到其最后阶段——拥有逻辑概念词的含义。"类"概念成为逻辑概念词即逻辑思维中的最一般的概念之一,它是墨家通过对事物抽象概括的结果。"类"概念所含有的逻辑概念词的意义在于:"奠定了中国逻辑思想史上第一个逻辑科学思想体系的基础。""在这个体系中,类概念成了形成概念、作出判断、进行推理的根本规定。"②

此外,墨家在赋予了"类"概念的逻辑概念词的基础上,他们还进一步提出了类推原则,即"同异交得放有无""异类不比,说在量""推类之难,说在类之大小"③等等。

总体而言,墨家对"故""理""类"逻辑概念词的发现和运用,是建构墨家逻辑(墨家逻辑又称为墨家辩学)的基础,同时,这些逻辑概念词的阐发和运用,也为墨家名实观奠定了基础。正如侯外庐等学者所言:

"故"、"理"、"类"这三个概念,已经成了墨子"立言"

---

① 吴建国:《中国逻辑思想史上类概念的发生、发展与逻辑科学的形成》,《中国社会科学》1980年第2期。

② 吴建国:《中国逻辑思想史上类概念的发生、发展与逻辑科学的形成》,《中国社会科学》1980年第2期。

③ 《墨子·经上》、《墨子·经下》。

的前提,成了明是非、别同异的最高根据,成了必需追问,必需察辩的认识对象。①

问题是,墨家建构辩学的目的何在呢? 对此,墨家自己给出了答案。墨家指出:

夫辩者,将以明是非之分,审治乱之纪,明同异之处,察名实之理,处利害,决嫌疑焉。②

墨家在此指出了辩学的六种功能:一是可以帮助人们明了事理的正误,二是可以帮助人们审查社会治理的好坏,三是可以帮助人们辨明事物及其关系的异同所在,四是可以帮助人们考察事物的称谓和事物本身对当与否的道理,五是可以帮助人们裁定利益与祸害的取舍,六是可以帮助人们决断并理清事理的疑惑。其中,第三、四两个功能和语言哲学的关联密切。据此,我们认为,墨家辩学是墨家语言哲学的基础,而墨家辩学的建构基础,是"故""理""类"等逻辑概念词的发现与运用。这样,就能理解为什么在墨家的名实观前加一个"逻辑"限定词了。

二、墨家以逻辑为中心的"以实定名"思想

墨家学派在名实观上的重要贡献,就是他们从逻辑的角度来讨论名与实的关系、名的分类、"异名同实"和"同实异名"等名实观问题。这既是墨家在中国先秦时期名实观上的贡献,又是墨家名实观的特点。若要考察墨家名实观的特点与成就,可以从以下方面进行审视:

———————

① 侯外庐、杜守素、纪玄冰:《中国思想通史》第一卷,生活·读书·新知三联书店 1949 年版,第 217 页。

② 《墨子·小取》。

　　首先,墨家发现了名称的指称功能。在名实关系上,随着墨家逻辑的成熟,墨家进入语言指称层面上对名实关系进行了考察与研究。墨家提出:"所以谓,名也。所谓,实也。名实耦,合也。"①换言之,墨家认为,名称是对事物的称谓,事物是名称所称谓的对象。只有让名称与事物相符合,才能称作"合"。由此可见,在中国语言哲学史上,墨家学派是第一个从指称关系上来考虑名实关系问题的,同时也表明,墨家在名实观上是强调"以实定名"观念的。

　　墨家关于名实关系的论述和现代语言学之父——索绪尔的观点有些类似,但却不相同。索绪尔(Ferdinand de Saussure)将所指(signifie,signified)和能指②(signifiant,signifier)作了严格的区分。他认为:

　　　　我们提出仍然保留符号(signe)这个词语来指认整体,分别用符号受指(signifie,我们将其翻译为所指,笔者注)和符号施指(signifiant)来指认概念(concept)和音响形象(image acoustique);符号受指和符号施指这两个术语有利于表明使它们彼此分离的对立,抑或是它们与它们所属整体之间的。③

　　索绪尔提出的上述二者的区分,得到了学界的共鸣,在语言学界产生了重要反响。陈嘉映认为,在语言哲学中,语言是通过

────────────

①　《墨子·经说上》。

②　陈嘉映教授将 signifiant 或 signifier 译成"施指",不过大部分学者将之译成"能指"。

③　[瑞士]费迪南·德·索绪尔:《普通语言学教程》,裴文译,江苏教育出版社 2001 年版,第 75 页。

声音表达人思想的一种符号系统。在这种符号系统中,符号本身既代表表示的东西,又代表被表示的东西,它是两者的结合体。在陈嘉映看来,索绪尔这里的"所指"不是实际事物。因此,"所指"也就不是名称的承担者。陈嘉映指出,索绪尔这里讨论的"所指"指的是概念。基于此,陈嘉映提出坚决不能把索绪尔这里所讲的"所指"概念和名词的"指称"相互混淆,因为"所指"和"指称"是有严格区分的。

> 语词有两层"所指",一层是事物,一层是语词和事物"之间"的东西,后者才是索绪尔的"所指"。……施指/所指不是名实关系,所指不是实物,而是概念。施指和所指,声音和概念,两者是合二而一的。①

在前面的引文中,索绪尔已经很清楚地向人们表明,符号受指和所指的严格区分体现在概念和音响形象的区分。属于思想世界中的概念和属于语言世界中的音响形象(我们可以将之理解为语词)的区分,意义非凡。诚如申小龙所说:

> 以往,人们对语言符号的认识是与符号所指称的事物联系在一起的。词被看作事物的名号,有多少事物就有多少名号,于是语言就成了"一份品名表",即跟同样多的事物相对应的词语集。索绪尔认为这是非常"幼稚的"。②

为此,索绪尔对这种"幼稚的"认识进行了改变。他认为,语言符号所代表的或者说所表示的有四种东西:事物、名称、概念和音响形象。语言符号实际上是这四种东西的组合。索绪尔

---

① 陈嘉映:《语言哲学》,北京大学出版社 2003 年版,第 72—73 页。
② 申小龙:《普通语言学教程精读》,复旦大学出版社 2005 年版,第 215 页。

特别强调音响形象所表示的并不是一种物质声音,也就是说,音响形象不是纯粹的物理事物,它是表示声音的心理信念。因此,在索绪尔看来,音响形象是感觉性的。①

索绪尔强调语言符号的概念和音响形象的结合,实际上是在强调语言符号是一种二元关系。这和墨子的"所以谓"和"所谓"既有相同之处,也有不同之处:就相同之处而言,墨子的"所以谓"相当于索绪尔的"施指",因为"所以谓"和"施指"同属于语言世界,都具有名称的意思;就不同之处而言,墨子的"所谓"处在实在世界里,是指各种事物。而索绪尔的"能指"处在思想世界里,指的是概念。这个区别很重要,它可以帮助我们澄清思想世界、语言世界和实在之间的混淆。②

此外,墨家对名的符号性特征给予了形象的描述。墨家学派提出"民若画俿也。"③对这句话的解读,姜宝昌将注家们的解读进行了归纳总结,值得参考与借鉴。姜宝昌指出:

> 民若画俿也:孙诒让《墨子閒诂》云:"'民',疑亦'名'之误。"是也。俿,字书所无。毕沅《墨子注》云:"俿,虎之异文。"按:毕说是也。墨子书多用僻字,其中多数为原字加人旁。如仮之同反,侗字同同,仳字同比,……等等。虎之作俿,正同此例。段松苓《益都金石记》之周纪侯钟铭文云:"纪侯虎作宝钟。"虎作俿,正可作毕说之确证。"民若

---

① 参见[瑞士]费迪南·德·索绪尔:《普通语言学教程》,裴文译,江苏教育出版社 2001 年版,第 74 页。
② 这种三分世界的划分及其区分意义,张建军教授在《逻辑行动主义方法论构图》(《学术月刊》2008 年第 8 期)中对之作了详细的阐述。
③ 《墨子·经说上》。

画傀",即"名若画虎",谓名与实之关系犹画虎能写真虎之貌也。名之功用可谓大矣,出名之言之功用可谓大矣。①

实际上,"名若画虎"是指"名就像是在纸上画的老虎",纸上画的老虎虽然不是真正的老虎,却可以用来称谓或表示真实的老虎。这里,墨家是通过比喻的方法意在表明名称具有指称事物的功能。

墨家对名称符号性特征的成功描述,在中国语言哲学史上具有十分重要的意义。究其原因,从前述的道家学派和儒家学派(原儒阶段)在语言哲学上的大致特征上可以看出:道、儒两家当时在名实关系的研究上各有自己的局限,道家主要强调"无名""无言"的本体论名实观;儒家孔孟主要强调"正名以正政"的社会伦理论名实观。而到了墨家这里,情况却发生了改变。墨家考虑名实关系时,他们不仅考虑了儒家所讨论的政治上与伦理上所谓的"名分",而且更多地考虑了事物之名、开始考虑名称的符号性特征。这一点,涉及名称的本质。

墨家在考虑名实关系时,主要从名称与符号对象(事物)之间的关系来进行考虑。问题在于,名称和事物之间到底具有什么关系呢? 对此,墨家给予了回答。墨家提出:"举,拟实也。举,告以文名,举彼实也故。"②在此,需要先对墨家这里的"举"及"举,拟实也"的意义进行考察,以便发现其中蕴含的语言哲学含义。关于"举"的意义,姜宝昌认为:

"举",墨辩逻辑常用术语。《说文》:"举,对举也。"段

---

① 姜宝昌:《墨经训释》,齐鲁书社 2009 年版,第 36—37 页。
② 《墨子·经说上》。

注:"对举谓以两手舁之,故其字从手與,左手与右手也。"《广韵》:"舁,擎也,言也。"盖舁之本义为以手舁之,可引申为以言舁之即表而出之之意。《礼记·杂记》:"过而举君之名。"注:"举犹言也。"是其证。"拟",指揣度、比象、摹拟。《说文》:"擬,度也。"段注:"今所谓揣度也。"是其证。"实",亦墨辩逻辑常用术语,指果实、实物、事实、本体,与"名"对言。……以言举名,当摹拟事物之实。故曰:"举,拟实也。"①

李先焜不仅同意姜宝昌对"举"的这种解读,而且更进了一步。他说:

> 《墨经》的"举"略似于公孙龙的"指",但"举"比"指"更具有行为性。它表示"名"对"实"不仅要有指谓性,而且要能"拟实","拟",就是"模拟",也具有"描述,反映"的意思,也就是"名"要能举出实的某些性质。②

从两位学者对"举"的意义的考察中可以看出,墨家认为,当人们要称呼(称举)某一事物的名称时,必然模拟事物。由此表明,墨家强调名称的符号性特征再一次得以凸显。

通过姜宝昌对"举,拟实也"的解释,可以回答前面的问题,即在墨家这里如何看待名称与事物之间的关系问题。在墨家的思想中应该持有名称是对事物的指称的观点,也就是说,名称和事物之间具有指称关系。诚如李先焜所言:"当它(指《墨经》——笔者注)所称'名实之理'的时候,已包含有名要指称或

---

① 姜宝昌:《墨经训释》,齐鲁书社 2009 年版,第 35 页。
② 李先焜:《墨经中的符号学思想》,《湖北大学学报(哲学社会科学版)》1996 年第 3 期。

指谓实的意思。"①

关于名称的符号性观点，墨家还提出了一个与"举"意义相近的词"取"。比如，"知其所以不知，说在以名取"②；"知，杂所知与所不知而问之，则必曰：'是所知也，是所不知也。'取、去俱能之，是两知之也。"③墨家在这里表明，判断一个人是否真的理解一个名称的含义，主要看他能否在混杂的事物中将所指的对象"取"出来。因此，墨家这里明确地表达出名称具有指称事物的功能。

墨家对名称的符号性特征进行了形象的描述后，进一步从逻辑哲学的角度提出了"正名"观点。墨家认为：

> 正名者"彼此"。彼此可："彼彼"止于彼；"此此"止于此。彼此不可：彼且此也；此亦可彼。彼此止于彼此。若是而彼此也，则彼彼亦且此此也。④

这段话是墨家"正名"的标志性宣言，谭戒甫对此给予了详尽的解释。他说：

> 本条"彼彼此此"为形名家言（在本书的语境中，指名家——笔者注），名家（指墨家——笔者注）乃引而驳之耳。考公孙龙子名实论曰："其名正，则唯乎其彼此焉。……故彼彼当乎彼，则唯乎彼；其谓行彼。此此当乎此，则唯乎此；其谓行此。其以当而当也。以当而当，正也。故彼彼止于

---

① 黄华新、陈宗明主编：《符号学导论》，河南人民出版社 2004 年版，第342 页。
② 《墨子·经下》。
③ 《墨子·经说下》。
④ 《墨子·经说下》。

彼；此此止于此：可。彼此而彼且此；此彼而此且彼：不可。"盖龙辈以"谓彼而彼"即"彼彼"，"谓此而此"即"此此"，均为不当，为乱；必彼彼而又当乎彼，此此而又当乎此，方可云当、云正也。然名家乃辩之曰：正名者惟有彼此之异，故彼彼此此可与彼此同耳。若以彼此为可以正名：则彼彼之云仍止于彼，此此之云仍止于此，其义固无增损也。若以彼此为不可以正名：则彼将为此，此亦可为彼，名乃混矣。故就名正之彼此言，则彼此止于彼此，故无须云彼彼此此也。但就名不正之彼此言，则不独彼将为此，亦可云彼彼将为此此，而其不当乎彼此自若也，岂可谓之为正哉？①

谭戒甫的这段解释表明，墨家是从两个方面反驳公孙龙子的"彼彼止于彼，此此止于此"的观点：一方面，墨家认为如果"彼此"的区分可以达到正名的目的，就不需要像公孙龙子那样将"彼彼之云仍止于彼，此此之云仍止于此"，因为这样说和直接说"彼此"没有区别；另一方面，墨家认为如果"彼此"的区分达不到正名的目的，区分"彼此"也就没有了意义。

谭戒甫的解释得到了学界大部分学者的认可，不过李先焜提出了不一样的观点。他指出：

> 传统上有人将这一段(指公孙龙子关于"彼彼止于彼，此此止于此"的论述——笔者注)看做是《墨经》对公孙龙《名实论》的批判，但仔细看来似乎不是批判，而是补充。因为公孙龙是主张"彼彼止于彼，此此止于此"的，就是说，那一个名称，当且仅当确指那一个(或那一类)对象；这一

---

① 谭戒甫：《墨辩发微》，武汉大学出版社 2006 年版，第 330 页。

个名称,当且仅当确指这一个(或这一类)对象,那是可行的。在这种情况下,《墨经》也是认同的,说彼就是此,那是不可行的。但《墨经》认为,在现实中确有"彼且此"的情况,这时,说"彼且此",应该是可以的。这样,就避开了公孙龙过于极端和片面的提法。①

需要注意的是,到底哪一种思想更接近墨家的原意呢? 只有将墨家上述关于"正名"的一段话翻译过来,才能找到答案。墨家关于"正名"的话翻译成白话文的意思是:

> 一种是彼定指彼、此定指此的"彼""此",一种是彼不定指彼也可指此、此不定指此也可指彼的"彼""此",一种是彼定指彼加此定指此,而不是单指彼也不是单指此的"彼此",其名称虽然相同,但其所指却又各不相同,原因在于,第一种"彼""此"是正确的单指代名词,第二种"彼""此"是不正确的单指代名词,第三种"彼此"是正确的兼指代名词,即正确的单指代名词的集合。②

通过这段翻译,可以得出谭戒甫的解释比较符合墨家思想的原意。因此,笔者采用他的解释。

其次,墨家讨论了概念的分类问题。墨家提出:"名,达、类、私。"③墨家将概念分为"达名""类名""私名"。墨家学者还对"达""类""私"分别进行了解释。墨家认为:

> 名。物,达也。有实必待文多也。命之马,类也。若实

---

① 黄华新、陈宗明主编:《符号学导论》,河南人民出版社 2004 年版,第343 页。

② 姜宝昌:《墨经训释》,齐鲁书社 2009 年版,第 277 页。

③ 《墨子·经上》。

也者必以是名也。命之臧,私也。是名也止于是实也。声出口,俱有名,若姓宇俪。①

实际上,墨家想表达的意思是:反映事物本质属性的概念可以分为达名、类名和私名三种。反映世间万物的概念可以用"物"这种名称去称呼它,因此"物"是达名。所有的物质实体必须用"物"这个达名来称呼;把具有四蹄、浓鬃、长尾特征的动物命名为"马","马"属于类名。凡有这些特征的动物就必须用"马"这个类名来称呼;把一个家奴命名为"臧",这是私名。这个私名只能用来称呼"臧"这个家奴。

由此,我们发现,墨家关于概念的划分和西方逻辑中对概念的划分思想比较接近。其中,墨家的"达名"相当于西方逻辑中的属概念,墨家的"类名"相当于西方逻辑中的种概念,墨家的"私名"相当于西方逻辑中的单独概念。所以,墨家是根据概念的外延大小为标准对事物进行的分类。墨家关于概念分类思想,在先秦诸子和同时期的世界哲学家中处在领先的位置。

墨家还对与人们生活密切相关的事物、社会现象、政治方面等使用的名称进行了分类总结。诸如,墨家划分了德行之名——仁、义、礼、行、实、忠、孝、信、廉、偌、令、任、勇、力;利害诽誉之名——生、卧、梦、平、利、害、治、诽、誉;云谓之名——举、言、且;政刑之名——君、功、赏、罪、罚;物德之名——损、益、变、化、动、止;物形之名——兼、体、必、平、同、长、中、厚、直、圆、方;物际之名——有间、间、虚、盈、坚白等。② 可见,墨家在名称分

① 《墨子·经说上》。
② 此分类方法参照了伍非百先生对墨子书中的名称分类方法。

类上对世间万物作了全方位的考察,所以,其名称分类思想既有理论价值又有现实指导意义。

需要注意的是,这种现实意义只限于从名称外延上的分类。由于墨家在对事物的名称分类上没有统一的标准,所以,这种分类方法科学性不高。

再次,墨家讨论了关于名称"异名同实"和"同名异实"的语用问题。所谓"异名同实"指的是不同名称,其所指称的对象一样。这正是墨家所说的:"二名一实,重同也。"①

墨家对"同"的含义进行了解释,墨家认为:"同,重,体,合,类。"②也就是说,"同"有四个方面的表现:一是指不同名称指称同一对象的"重同";二是指部分隶属于整体的"体同";三是指事物处在同一场所的"合同";四是指事物具有某种相同点的"类同"。墨家所说的"两个名称,指称同一个对象"就属于"重同"。墨家还通过列举的方式,对之进行了说明。墨家说:"知狗而自谓不知犬,过也,说在重。"③"狗,犬也。而杀狗非杀犬也,不可,说在重。"④姜宝昌对墨家这里的例子进行了诠释。他说:

> 《说文》云:"犬,狗之有县蹏者也。"《尔雅·释畜》:"犬未成豪狗。"……郑玄注:"未成豪,狗。"……凡此,皆谓犬狗同物,唯因大小不同而称名有异也。狗为犬之小者,则

---

① 《墨子·经说上》。
② 《墨子·经上》。
③ 《墨子·经下》。
④ 《墨子·经下》。

狗亦犬之一部也。①

墨家想表达的是，狗是小犬，但毕竟是犬。因此，从动物种属关系来说，狗和犬是同种。知道狗而又说自己不知道犬，从狗和犬是两个名称但都可以指称犬来说，这是不对的。② 这样，我们就可以合理地解释墨家为什么不赞成"杀狗非杀犬"的观点了。

墨家对"同名异实"这个论题也进行了讨论分析。所谓"同名异实"，是指同一名称但其所指称的对象却不同，相当于同一个语词表达不同的概念。墨家提出："物尽同名。二与斗、子（好）与爱、食与招、白与视、丽与暴、夫与屦。"③对墨家的这段论述的理解，学者之间存在很大的分歧。我们采用学界较为认同的一种解释，即姜宝昌的解释。姜宝昌认为：

> 此经"同名"之义较宽泛，既指名同而实异，亦指同义词、同音词以及辞式同而意义异也。"二与斗"，辞式同而意义异之例。"子与爱"，同义词之例。"食与招"，同音词之例。"白与视"，辞式同而意义异之例。"丽与暴"，均名同而实异之例。"夫与屦"，辞式同而意义异之例，其中"夫"又名同而实异之例。④

问题是，"丽与暴"及"夫"为什么是"名同而实异"。根据

---

① 姜宝昌：《墨经训释》，齐鲁书社 2009 年版，第 278 页。

② 如果从狗、犬同种这个意义来说，知道狗就是知道犬。在这种情况下，自己说知道狗而不知道犬，当然是错的。但若从狗小犬大这个意义来说，狗和犬是有区别的，这时狗和犬是两名两实。在这种情况下，说知道狗而不知道犬，就不再是错的了。但墨家显然是在第一层意义上来谈论"异名同实"的。

③ 《墨子·经下》。

④ 姜宝昌：《墨经训释》，齐鲁书社 2009 年版，第 140—141 页。

墨家自己对"丽与暴"的解释："为丽不必丽,不必丽与暴也。"①
墨家为何这么说? 姜宝昌对之从学理上给予了解释:

> 张其锦《墨经通释》作"为丽不必丽,为暴不必暴,丽与
> 暴也",云:"此五字(按:指"为暴不必暴")旧存二字。孙
> 校云:'二字衍',非也。据上句对文及下'丽与暴'之义
> 补。"今从张校作"为丽不必丽,为暴不必暴,丽与暴也。"
> 丽,既指偶丽。《说文》:"麗,旅行也。"段注:"此麗之本义。
> 其字本作丽,旅行之象也。后乃加鹿耳。"《周礼》:"丽马一
> 圉,八丽一师。"注曰:"丽,耦也。"《礼》之"俪皮",《左传》
> 之"伉俪",《说文》之"骊驾",皆其义也。两相附则为丽。
> 《易》曰:"离,丽也。日月丽于天,百谷草木丽于土。"是其
> 义也。是其证。丽,又指美丽。《广韵》:"丽,美也。"《玉
> 篇》:"丽,好也。"……暴,既指暴虐,又指暴露。……"为丽
> 不必丽",前"丽"为"偶丽"之"丽",后"丽"为"美丽"之
> "丽"。作为偶丽之双方不必尽入邹忌、西施之美丽。"为
> 暴不必暴",前"暴"为"暴虐"之"暴",后"暴"为"暴露"之
> "暴"。好行暴虐如刁竖之流,一时亦未必暴露于外。"偶
> 丽"之"丽"与"美丽"之"丽","暴虐"之"暴"与"暴露"之
> "暴",名同而实异。②

此外,姜宝昌对"夫"之所以是"同名异实"也进行了论证和
解释。他指出:

> "夫"也是"同名异实",因为夫,既指伟丈夫、勇夫。

---

① 《墨子·经说下》。
② 姜宝昌:《墨经训释》,齐鲁书社 2009 年版,第 142 页。

《说文》："夫,丈夫也。从大,一以象簪也。周制以八寸为尺,十尺为丈。人长八尺,故曰丈夫。"是其证。夫,又指丈夫,与"妇"对言。《易·家人》："夫夫妇妇。"是其证。①

总之,墨家学派在以逻辑为基础,基于"以名定实"理念,讨论了一系列的名实关系问题。尽管有的论述只是对语言哲学中的相关议题进行简单的提及,但有的论述已经达到了较高的理论水平。特别需要注意的是,无论墨家讨论了名实观中的哪些问题,有一样东西却是墨家一以贯之的:以辩学为基础来澄清诸多概念,这是墨家名实观的特点。由于墨家的名实观涉及的内容很多,诸如墨家提出"圣人不爱己""杀盗非杀人"等观点,我们将在荀子对名实乱象的批判一节中进行详细解读和分析。限于篇幅,这里只简单地介绍墨家所涉及的名实观的一些核心问题,另外有些问题,有待进一步研究。

三、荀子对墨家名实观的继承与超越

荀子在名实观上,不仅对墨家名实观的一些思想有所继承,还对之进行了大胆的创新与突破。如同侯外庐所言:

> 作为古代思想综合的荀子体系,其天道思想为道家形而上学唯心论宇宙观之唯物论的改造;其知识论为孔墨的发展,而兼采道家的"心容"理论与名辩思想:其人道思想(礼乐诗书之教、文化论、道德论、政治论、及社会思潮论等)为儒家传统立场的更进的坚持;……其逻辑思想亦是古代逻辑思想的综合;又恰像荀子站在儒家立场上综合了

① 姜宝昌:《墨经训释》,齐鲁书社 2009 年版,第 142—143 页。

古代思想一样,其综合古代的逻辑思想,亦是儒家立场上的特定的综合。这是荀子逻辑思想的特点,同时亦是它的限制。①

荀子在语言哲学上的特点,类似于侯外庐先生对其逻辑思想上的评价。不过,荀子在语言哲学上的成就要大于其在逻辑上的成就。但作为一个思想的集大成者,对其他各家的批判与继承是并行不悖的。

关于荀子对墨家名实思想的继承方面,主要体现在其对墨家"故"与"类"两个概念的继承和推进上。

如前所述,墨家在逻辑学上的贡献之一是提出并使用了"故"与"类"这两个逻辑概念词。而纵观荀子的著作,发现晚于墨家的荀子著作里"故"与"类"两个概念出现的频率也很高。如在荀子的著作里多次出现:"持之有故,言之成理"②"故因其惧也而改其过,因其忧也而辨其故"③"听则合文、辨则尽故"④等等。问题是,荀子在"故"的使用上,对墨家继承和推进体现在哪里呢? 侯外庐等认为:

> 荀子与墨家同样,将"故"概念作为"知类"的主观说明而加以强调。正名篇所说"辨则尽故",亦与墨经小取篇"以说出故"为同义语。但是,作为儒家的荀子,其对于"故"的理解,亦与墨家颇有出入,或对于墨家的"故"概念

---

① 侯外庐、杜守素、纪玄冰:《中国思想通史》第一卷,生活·读书·新知三联书店 1949 年版,第 459—460 页。
② 《荀子·非十二子》。
③ 《荀子·臣道》。
④ 《荀子·正名》。

亦有显著的修正。①

需要注意的是，这种修正或者说推进具体体现在哪里呢？侯外庐等通过对墨家和儒家对"故"使用的比较之后，得出以下结论：

> "故"（指荀子著作里的"故"——笔者注）多数与"理"字同义对举，此亦墨经的固有文法；大取篇"辞以故生，以理长，以类行者也"，即为一例。但"故""理"二概念在墨家同为判断或命题所从生长的客观根据，在荀子则基于"以辩止辩"的儒家传统，而修正成为只有主观意义的范畴；所以"持之有故，言之成理"的思想，亦即仍不妨列入被批判的对象。荀子的这一修正，恰如其修正"类"概念同样，是染上了儒学的色彩。②

此外，荀子对墨家名实观的继承与推进，还体现在对"类"概念的使用上。在荀子的著作里，"类"这个词出现的次数也很多。如荀子说：

> 以类度类，以说度功，以道观尽，古今一度也。类不悖，虽久同理。其言有类，其行有礼……其言行已有大法矣，然而明不济法教之所不及，闻见之所未至，则知不能类也。……法先王，统礼仪，一制度，以浅持博，以古持今，以一持万，苟仁义之类也。
>
> 其有法者以法行，无法者以类举，听之尽也；……王者

---

① 侯外庐、杜守素、纪玄冰：《中国思想通史》第一卷，生活·读书·新知三联书店 1949 年版，第 467 页。

② 侯外庐、杜守素、纪玄冰：《中国思想通史》第一卷，生活·读书·新知三联书店 1949 年版，第 467 页。

之人：饰动以礼仪，听断以类……以类行杂，以一行万，始则终，终则始，若环之无端也。①

需要明确的是，在荀子使用的"类"概念中最常用的含义是指事物的属性。这一点，显然承继了墨家关于"类"的思想观念。同时，荀子还秉承了墨家的"知类"思想并向前推进一步，进行深入理解。故而，侯外庐等人指出：

> 荀子肯定了知类即可打破感性的局限，这思想显然是得之于墨家由"知类"而"以往知来"；但荀子又进了一步，阐明了"知类"而后所以能打破感性认识局限性的最根本的理由或原因。②

尽管荀子对墨家某些思想进行了继承，但他对墨家思想的批判远远大于其继承的内容。荀子对墨家的批判是严厉且尖锐的："假今之世，饰邪说，文奸言，以枭乱天下；矞宇嵬琐，使天下混然不知是非、治乱之所存者。"③

关于荀子这里的"矞宇嵬琐"，注家们对其理解存在比较大的争论。王先谦对各注家的解释进行了总结。他说：

> 杨倞注：矞，与谲同，诡诈也，又余律反。宇，未详。或曰：宇，大也，放荡恢大也。嵬，谓为狂险之行者也。琐者，谓为奸细之行者也。说文云："嵬，高不平也。"今此言嵬者，其行狂险，亦犹山之高不平也。周礼大司乐云"大傀裁则去乐"，郑云："傀，犹怪也。"晏子春秋曰："不以上为本，

---

① 此三段分别参见《荀子·非相》《荀子·儒效》《荀子·王制》。
② 侯外庐、杜守素、纪玄冰：《中国思想通史》第一卷，生活·读书·新知三联书店1949年版，第466页。
③ 《荀子·非十二子》。

不以民为忧，内不恤其家，外不顾其游，夸言愧行，自勤于饥寒，命之曰狂辟之民，明王之所禁也。"嵬，当与傀义同，音五每反，又牛彼反。郝懿行曰：矞，满溢也。宇，张大也。嵬者，崔嵬，高不平也。琐者，细碎声也。此谓饰邪说，文奸言，以欺惑人者。矞宇，所谓大言炎炎也。嵬琐，所谓小言詹詹也。此皆谓言矣，注以行说，失之。……王念孙曰：元刻无"欺惑愚众"四字，元刻是也。宋本有此四字者，依韩诗外传加之也。杨注但释"矞宇嵬琐"，而不释"欺惑愚众"，至下文"足以欺惑愚众"始释之云"足以欺惑愚人众人"。是此处本无"欺惑愚众"四字明矣。外传有此四字者，"欺惑愚众"下文凡五见，而外传皆无之，故得移置于此处。若据外传增入，则既与下文重复，又与杨注不合矣。俞樾曰：杨读矞为谲，是矣，训宇为大，则与谲谊不伦。宇，当读为訏。说文言部："訏，诡伪也。"然则矞宇犹言谲诡矣。先谦案：矞宇，俞说是。嵬琐，犹委琐也。嵬、委声近，故相通借。①

笔者赞成并接受王先谦的解释。因为，荀子这里是对十二子"修饰邪说，文说奸言"的语言和行为的批评。

荀子在对十二子从总体上进行定性（包括墨家）之后，又对墨家提出了具体的批评。他说：

　　不知壹天下，建国家之权称，上功用，大俭约而慢差等，曾不足以容辨异、县君臣；然而其持之有故，其言之成理，足

---

① 王先谦：《荀子集解》，沈啸寰、王星贤点校，中华书局1988年版，第90—91页。

以欺惑愚众,是墨翟、宋钘也。①

这段话的大意是:"不懂得统一天下、建设国家的轻重,只知道崇尚功利,注重节俭,这样导致抹杀上下、尊卑的级别,从而不足以表现上下差异、区别君臣的尊卑;然而他们做起来有所依据,说起来有道理,足以欺惑一般群众:墨翟、宋钘就是这一类的人。"

由此可见,荀子对墨家的批判是从"壹天下、建国家之权称,容辨异、县君臣"的角度出发的。换句话说,荀子是从维护社会统治的角度对墨家展开的批判。这种批判采用的标准比较单一,具有一定的片面性。他忽视了墨家学说在其他方面的价值和贡献,特别是完全忽略了墨家学说在逻辑学上的卓越贡献。墨家的"名辩逻辑"是中国先秦时期逻辑学说的一大成就,而荀子对此没能给予积极的评价。

总之,荀子从儒家的哲学立场出发,对墨家语言哲学思想虽然有所继承和推进,但更多的是对墨家进行了带有一定片面性的批判。

第四节　名家名实观及其对荀子的影响

名家一词的由来,最早可见于西汉时期司马谈的《论六家指要》。司马谈在文章中将春秋战国时期的学派做了归纳,将当时的学派分为六大家:阴阳、儒、墨、名、法、道德。东汉时期班

---

① 《荀子·非十二子》。

固的《汉书·艺文志》沿用了名家的这一称呼。在学界,存在对"名家"和"形名家"这两个称呼所指称对象的争论。不过,正如前所说,伍非百认为"名家"与"形名家"是不同的名称指称相同的事物,也就是"异名而同实"。关于名家,这个学派有自己共同的特征:

> 不拘于旧的传统,勇于向时代挑战,并且善辩。其辩,"持之有故,言之成理",所以,名家学者也被称为辩者或辩士。名家在学术思想史上的一个重要特点是,注重名的分析和名实关系的考察。①

根据班固在《汉书·艺文志》的论述,他列举出的名家人物包括:邓析子、尹文子、公孙龙子、成公生、惠子、黄公和毛公。不过,从这些思想家的名实观对后世的影响以及他们在名家的地位来看,当属邓析子、惠施、尹文子和公孙龙子四子较为突出。因此,我们只对这四位名家巨子的名实观进行考察,以便确认名家四子名实观对荀子的影响,从而探寻荀子与名家在名实观上的关联。

一、邓析子"循名责实""按实定名"思想

邓析子(?—前501年)被誉为"名家第一人",春秋末年郑国人。由于年代久远,加之我国古代对纯粹语言研究的排斥,所以,邓析子的著作传世的只有《无厚》《转辞》两篇。对邓析子思想的了解和把握,除了借助这两篇文章外,亦可通过散见于诸子

---

① 温公颐、崔清田:《中国逻辑史教程》,南开大学出版社2001年版,第71页。

作品中的一些言论加以掌握。

在先秦诸子中，邓析子对人们使用的语言表现出浓厚的兴趣。他之所以对语言产生异于常人的兴趣，在语言使用方面表现出独特的灵活性与清晰性，与当时他所处的环境有很大的关系。邓析子生活在郑国，当时的郑国言论较为自由，出现了供人自由议论政治的乡校。据《左传·襄公三十一年》记载：

> 郑人游于乡校，以议执政。然明谓子产曰："毁乡校，何如？"子产曰："何为？夫人朝夕退而游焉，以议执政之善否。其所善者，吾则行之；其所恶者，吾则改之。是吾师也，若之何毁之？我闻忠善以损怨，不闻作威以防怨。岂不遽止？然犹防川也：大决所犯，伤人必多，吾不克救也；不如小决使道，不如吾闻而药之也。"

由此可见，当时郑国"乡校议政"的推行，为人们之间的辩论提供了平台，也客观上促进了人们对语言的灵活运用与研究。

邓析子在诸子中，以研究语言和灵活使用语言著称。从《吕氏春秋》的一段记载中可见，他在语言运用上已经达到了随心所欲、炉火纯青的地步。据《吕氏春秋·离谓》记载：

> 郑国多相县以书者，子产令无县书，邓析致之；子产令无致书，邓析倚之。令无穷，则邓析应之亦无穷矣。

在这里，邓析子通过变换词语的方法，来应对子产的命令。邓析子对语言的巧妙使用达到了"苛察缴绕"的程度。他对语言的灵活使用让人感受到了语言的巨大威力，更是其高超的逻辑思维能力水平的体现。邓析子在辩论时常常采取双重论证或操"两可之说"。所谓"两可之说"，正如孙中原所解释的：

> "两可"是中国古代逻辑的基本术语。什么是"两可"

呢？晋代鲁胜的《墨辩注序》，有最早和最标准的解释，堪称为典范。鲁胜说："是有不是，可有不可，是名两可。"即正确同时又不正确，成立同时又不成立，这就叫做"对立的两端都成立"。①

邓析子操"两可之说"的典型案例，出现在《吕氏春秋·离谓》中记载的一段故事，其内容为：

> 洧水甚大，郑之富人有溺者，人得其尸者，富人请赎之，其人求金甚多，以告邓析。邓析曰："安之，人必莫之卖矣。"得尸者患之，以告邓析。邓析又答之曰："安之，此必无所更买矣。"

针对利益矛盾的双方，邓析子采用"安之"这同一方法加以应对。这是采取"两可之说"的诡辩典型（这一点是荀子所着力批评的）。尽管从逻辑上说，邓析子采取违反排中律的方法处理两个互相矛盾的事件是不允许的，因为这种方式违反了逻辑的基本规律——矛盾律，犯了自相矛盾的逻辑错误。但若单从语言的使用角度看，邓析子在处理问题时，能够巧妙地使用语言，灵活地运用语言是值得肯定的。这也反映出当时辩论之风的盛行，为语言的繁荣提供了便利条件。

邓析子在对语言的灵活运用中，也参与到"名实之辩"的活动之中，并表达了个人的见解。

实际上，邓析子在名实观上的切入点也是从"正名"开始的。只是与其他学派的不同在于，其他学派，特别是以孔孟为代表的早期儒家学派在"正名"时考虑的是名称与政治之间的关

---

① 孙中原：《逻辑哲学讲演录》，广西师范大学出版社 2009 年版，第 255 页。

联,而邓析子"正名"思想中关注更多的是从名称实用的视角来探讨语言问题,所以,其名实观和墨家名实观具有相同的特性,两者都富有鲜明的逻辑色彩。

邓析子在名实观上的重要贡献可以概括为三个方面:一是提出"循理正名"的原则,二是展现"循名责实"的观点,三是提出"按实定名"的理念。

邓析子之所以提出"循理正名"原则,是因为他看到了当时的社会变乱引起了名称混乱、名实相怨的现象。为此,邓析子认为必须"正名"。问题在于,怎么样才能"正名"呢?他认为:"见其象,致其形;循其理,正其名。"①换言之,邓析子认为,当人们看见世间万物的迹象,就会想到它外表的样式;根据事物的道理,确定其名称。实际上,他这里想表达的是,世界上存在的事物都有其"形"和"象",人们要想把握事物的本质,必须借助事物的"形"和"象",也就是人们只有通过事物的现象才能真正把握事物发展变化的规律。

需要强调的是,邓析子提出"循其理"中的"理"含有事物发展变化规律之意。因此,他认为,只有遵循事物发展变化的规律,才能真正做到"正名"。这正是他所提出的只有先"循其理",然后才能"正其名"的思想。故而,"循理"是他的"正名"原则。此种"正名"原则有其独特的意义,"这种'正名'思想充满着'实事求是'的理性精神,是邓析名实理论的精髓所在。"②

毫无疑问,邓析子的"正名"方法与孔子有很大的区别。他

① 《邓析子·无厚》。
② 董英哲:《先秦名家四子研究》,上海古籍出版社 2014 年版,第 148 页。

反对孔子通过恢复"周礼"的方式来"正名"。邓析子之所以反对孔子的这一做法,其原因在于:一是在其看来"周礼"繁琐且难以遵循;二是他认为"周礼"是根据西周时期的历史环境、社会情况而制定的。而现在到了春秋战国时期,历史环境和社会情况都已经发生了极大的变化,如果再用"周礼"这种前人规定的名称来指称现在的事物就会存在"逆理"之弊。因此,邓析子反对用"周礼"的名称来指称现在的事物。如果有人非要这么做,在邓析子看来,这种行为就如同下列不合常理的做法一样:

> 让身体疲倦的人去举千钧重的东西,让没有脚的人去追赶飞跑的兔子,在庭院里驱赶快跑的马,在笼子里让猿猴敏捷,这都是违背常理的要求,就好像把衣裳倒过来而寻找衣领一样。①

既然邓析子对通过恢复"周礼"来进行"正名"的方式持坚决反对态度,那么他自己有没有提出合适的"正名"方法? 对此,他认为,若要做好"正名"工作,必须采取"循理正名"的"正名"原则。

问题是,如何在现实中贯彻"循理正名"的原则? 邓析子认为可以采用"循名责实"②的方法。他指出:"循名责实,实之极也。"③这是邓析子提出的贯彻"循理正名"的方法,也是判定名称使用是否正确的判定标准。

所谓"循名责实",是指通过名称来考察检验客观事物。邓析子所提出的"实之极也",按照董英哲的解释,这里的"之"是

---

① 参见《邓析子·无厚》。
② 《邓析子·转辞》。
③ 《邓析子·转辞》。

动词,表达"至""达到""合乎"的意思;"极"在这里作名词使用,表达"标准"的意思。因此,"实之极也"的意思是"使实合乎名称的标准"①。

邓析子提出的"循名责实"观点具有一定的合理性。大家知道,名称实际上是约定俗成的产物。名称一经使用,在一定时期、一定人群中有其相对稳定性。而邓析子提出的"循名责实",实际上是对春秋时期名称产生的两种过程的呼应。

春秋时期名称的产生有两个过程:一是通过约定俗成的方式,二是统治者授其治下何种官职名称,要根据此官职的名称要求此人做出其应当做的事情。这正如邓析子所说,"循名责实,君之事也。"②名称经过约定俗成和统治者的规范使用,在一定时期内确实需要稳定,不能随意更改。因此,如果要给事物命名,就要采用"循名责实"的方式。

邓析子在名实观上还有一个重要贡献,就是其提出了"按实定名"③理念。此种理念具有唯物主义认识论倾向。按照马克思主义的观点,物质决定意识,意识是对物质世界发展到一定阶段人的认识的产物,是对物质世界的反映。物质和意识的关系,在董英哲看来是一种"实"和"名"的关系,董英哲由此分析了邓析子的"按实定名"理念。他指出:

> 思维和存在的关系问题也是古代哲学的一个重大的基本问题。这个问题有两个方面:一方面,到底是存在决定思维,还是思维决定存在,即谁是第一性、谁是第二性的问题;

---

① 董英哲:《先秦名家四子研究》,上海古籍出版社2014年版,第149页。

② 《邓析子·无厚》。

③ 《邓析子·转辞》。

另一方面,思维能否正确地反映存在并对存在起反作用?在这两方面,邓析的看法都是比较正确的。他认为,"实"是第一性的,"名"是第二性的,所以要"按实定名",这里包含着存在决定思维的朴素唯物主义思想。①

董英哲关于邓析子名实关系的分析有一定道理。从现代语言哲学来解读邓析子的名实关系,笔者认为,邓析子的"名"指的是语言中的名称概念,"实"指的是世间万物。因此,从名称和事物之间的关系来看,事物的存在决定其名称的使用,也就是说,只有先存在事物(或者即将存在),才能考虑给事物命名。

当我们探讨邓析子的名实观时,应该将其"循名责实"方法与"按实定名"理念放在一起综合探究。事实上,邓析子自己也是这么做的。正如他所言:

> 循名责实,实之极也;按实定名,名之极也。参以相平,转而相成,故得之形名。②

在此,邓析子提出了在名称理论上的一个重要方法论:将"循名责实"与"按实定名"相结合。邓析子认为,如果能按照名称来寻找相应的事物,那么事物就能完全被认识;如果按照实际的事物确定相应的名称,那么这样的名称便不会有差错,从而名称就能正确地指称事物。具体的名称和名称所称谓的对象之间如果能够相互参照,就可以做到名实相符。

需要注意的是,"循名责实"与"按实定名"的逻辑顺序应该是"按实定名"在前,"循名责实"在后。因为只有给事物命好了

---

① 董英哲:《先秦名家四子研究》,上海古籍出版社 2014 年版,第 150 页。
② 《邓析子·转辞》。

名称,在使用时才可以借助名称来检验事物。邓析子不仅认为名称是由客观事物决定的,他还强调了名称要随着客观事物的发展变化而变化。这正是他提出的"名"与"实"要"转而相成"的思想。这种思想是其"按实定名"方法的进一步运用。所谓"名"与"实"要"转而相成",就是告诉人们名称要随着事物的变化而变化。

邓析子提出"循名责实、按实定名"的"正名"思想的目的是什么呢?从邓析子的具体做法来看,他通过"悬书""致书""倚书"等方式向当时的统治者提出自己的政治建议,意在解决统治者本身的名实分离的问题。因此,从这个角度来看,邓析子提出"名实相符"与孔子"正名以正政"的思想有类似之处。邓析子自己也明确地表达了这种观点。他提出:

> 循名责实,君之事也。……治世,位不可越,职不可乱,百官有司,各务其形,上循名以督实,下奉教而不违。……明君之督大臣,缘身而责名,缘名而责形,缘形而责实。①

从这段论述中可以发现,邓析子在讨论名实关系时,字里行间流露出了对政治的关心与对治世的渴望。尽管如此,我们要有一个明确的认知,邓析子的名实观与孔子的名实观是有显著区别的。对此,朱前鸿进行过分析:

> 《邓析子》的名实观与同时代孔子的正名思想比较接近。但是孔子的正名立足于伦理、政治的角度,是以恢复周礼为目的的;而《邓析子》则着眼于自然界万物,他认为"明

---

① 《邓析子·无厚》。

君审一,万物自定"。①

笔者赞成朱前鸿对邓析子"正名"思想的评价。正如前述,邓析子在进行"正名"、讨论名实关系时,确实对名称和万物之间的适用性考虑得更多一些,对"正名"的政治性考虑得较少。因此,邓析子"强调名的指称性、确定性以及名实相符的稳定性,是《邓析子》名实观的核心内容。"②

周山也对邓析子的"正名"思想进行了精到的分析。他指出,邓析子对"名"的种种讨论,很多时候是出于对当时的时政和诉讼活动的关心,从而导致邓析子关于"名"的思想通常和刑名法术纠缠在一起。但是,其关于"名"的观点有自己的独到之处:

> 邓析子关于名的思想因为意在别同异、定是非、分白黑、理清浊,而有异于老子的无名、有名之论和孔子的侧重于稳定政治秩序的正名论,给学术界带来了一股清新气息,给人以启发,也激起了人们深入开展名辩研究的普遍兴趣。③

在此,周山准确地揭示了邓析子名实理论的独特价值,明确区分了邓析子与老子和孔子关于"名"思想的不同之处。特别是周山对邓析子关于名的作用总结,是符合邓析子思想原意的。邓析子在"正名"时,与孔子和老子的侧重点确实大不相同。邓析子名实理论关心的重心是现实生活中的名称使用问题,没有

---

① 朱前鸿:《名家四子研究》,中央编译出版社 2005 年版,第 72—73 页。
② 朱前鸿:《名家四子研究》,中央编译出版社 2005 年版,第 72—73 页。
③ 周山:《智慧的欢歌——先秦名辩思潮》,生活·读书·新知三联书店 1994 年版,第 14 页。

很强的政治意味。

二、惠施"合同异"名实观

继邓析子之后,名家的另一位代表人物是战国时期的宋国人惠施(约前 370 年—前 310 年)。鉴于惠施同时受到儒家、道家和法家的批评,而古代中国人受儒家、道家和法家思想的影响较深,因此,惠施的学术思想在中国古代没有被纳入正统,这样他的著作也就没有能被保存下来。现在能够看到的反映惠施思想的,基本上是散落于《庄子》《荀子》《韩非子》《吕氏春秋》《说苑》等古典文献中的一些描述或记录。

在上述古典文献中,《庄子》一书比较详细地记载了惠施关于世间万物之理的探究。学界一致认为,庄子对惠施"历物十事"的记述和阐释,是探究惠施名实理论的重要资料依据。

众所周知,惠施在先秦以"历物"而著名。正如翟锦程所言:"惠施'散于万物而不厌','逐万物而不反',并'遍为万物说'而专于'历物',在这个过程中申述了他的名学思想。"①据《庄子·天下篇》记载:

> 历物之意曰:"至大无外,谓之大一;至小无内,谓之小一。无厚,不可积也,其大千里。天与地卑,山与泽平。日方中方睨,物方生方死。大同而与小同异,此之谓'小同异';万物毕同毕异,此之谓'大同异'。南方无穷而有穷。今日适越而昔来。连环可解也。我知天之中央、燕之北、越之南是也。泛爱万物,天地一体也。"

---

① 翟锦程:《先秦名学研究》,天津古籍出版社 2005 年版,第 145 页。

惠施这里提出了中国古代哲学史中著名的十个论题。在这些论题中,最能反映惠施思想的代表性论题,是其关于"小同异"和"大同异"的论述。这是因为,对万物相同点和不同点的认识和区分,既是惠施名实理论的出发点,也是其名实理论建构的基础。

惠施对事物的同异进行了划分,他将同异分为"小同异"与"大同异"。需要强调的是,学界对惠施这里的"小同异"概念的理解存在争议,而对"大同异"的理解能够达成一致的观点。

对"小同异"概念的解释,冯友兰提出,"世俗所谓的'同异'只不过是此物与彼物的同或异而已。"① 牟宗三则认为:"小同异即相对的同或异。"② 方勇认为,惠施这里的"小同异"指的是"事物的属和种之间的同一性和差异性。属的共同性是大同,种的共同性是小同,他们的差异叫做小同异。"③ 而翟锦程则指出:

> "小同异"所说明的是万物在一定范围内,在相对静止的情况下,彼此之间都具有与他物相区别的特质,这些特质在名称上则表现为一系列对立的名。④

尽管学者们对"小同异"有不同的理解,但笔者以为,翟锦程从逻辑学的视角所作的解释比较符合惠施名家学派的身份。

学界对"大同异"的理解是一致的。冯友兰指出惠施的"大

① 冯友兰:《中国哲学史》,华东师范大学出版社 2000 年版,第 152 页。
② 牟宗三:《名家与荀子》,台湾学生书局 1979 年版,第 14 页。
③ 方勇译注:《庄子》,中华书局 2015 年版,第 586 页。
④ 翟锦程:《先秦名学研究》,天津古籍出版社 2005 年版,第 146 页。

同异",指的是"天下之物皆有相同或相异之处"①。牟宗三的
解释与冯友兰的观点一致:"大同异指绝对的同或异"②。方勇
的解释与冯友兰和牟宗三两位学者的理解相近:"大同异指的
是事物的范畴和个体的差异,也就是事物的统一性和多样
性。"③翟锦程对"大同异"作了与上述学者类似的解释。他
提出:

> 惠施从"天地一体"的角度说明,万物俱存于天地之
> 间,这是它们"毕同"的一面,但这种"同"是基于万物又各
> 自有其"毕异"的特殊形态。"大同异"所说明的是天地万
> 物之间同中有异,异中有同,这一思想表明惠施已经意识到
> 了万物既有统一性,又有多样性和复杂性的实际存在。④

综上而言,学界对惠施"大同异"的解释没有争议,他们都
着重从世间万物的统一性和多样性的视角来对其加以理解。

不过,也有学者是从现代语言哲学的视角,对惠施"小同
异""大同异"两个概念进行理解和分析:

> 惠施探讨的是"这一个(this)"之为"这一个"的存在规
> 定性之"同(thisness)"和"这一个"与"那一个"的存在规定
> 性之"异"。他所思考的是关于人用语言来指物的规则,是
> 思想把握、范畴化事物的规则问题。从"万物毕同毕异"的
> 层面看,"大同异"说的是人用语言来范畴化地切分、认识
> 世界万物从而获得关于世界的知识;而从"大同而与小同

---

① 冯友兰:《中国哲学史》,华东师范大学出版社 2000 年版,第 152 页。
② 牟宗三:《名家与荀子》,台湾学生书局 1979 年版,第 14 页。
③ 方勇译注:《庄子》,中华书局 2015 年版,第 586 页。
④ 翟锦程:《先秦名学研究》,天津古籍出版社 2005 年版,第 146 页。

异"的层面看,"小同异"则说的是人对世界万物的知识把握取决于各种事物本身的本质规定性。①

这种解释扩大了"小同异""大同异"的理解视域,也为人们全面地把握惠施的思想提供了一种新的思路。

尽管学者们对惠施"小同异"概念存在不同的理解,但有一点在学界达成了共识:"小同异""大同异"是惠施名实理论的建构基础。正是基于"小同异"和"大同异"的认识和区分,惠施才提出了"历物十事"十个命题。

惠施"历物十事"的第一个命题为:"至大无外,谓之大一;至小无内,谓之小一。"对此命题的理解学界的看法比较一致,实际上这是惠施对"大一"和"小一"两个概念的定义。冯友兰认为:"这个论点大概是就稷下唯物派所说的'道'。……道既是至大,又是至小,这就是'道'的自身同一中的差别。"②针对冯友兰的解释,杨俊光指出,惠施这里表达的意思是最大的东西无边无际,它可以包容所有的东西;最小的东西无法分割,没有东西可以进入其中。③ 在杨荣国看来:

> "无外"的真正的大与"无内"的真正的小,到底是不是有呢? 当然是没有。既是没有,那么,天地四方自也不能说是大,而秋毫自也不能说是小,因而整个的宇宙自也无所谓大与小,而只能说是"一"。④

---

① 刘利民:《在语言中盘旋——先秦名家"诡辩"命题的纯语言思辨理性研究》,四川大学出版社 2007 年版,第 162 页。

② 冯友兰:《中国哲学史新编》第一册,人民出版社 1963 年版,第 314—315 页。

③ 参见杨俊光:《惠施公孙龙评传》,南京大学出版社 1992 年版,第 49 页。

④ 杨荣国:《中国古代思想史》,四川人民出版社 1954 年版,第 262 页。

上述学者对惠施第一个命题所作的理解和分析颇有洞见。如果从纯语言的角度分析惠施提出的命题,在刘利民看来,惠施是通过语言分析来确定"至大"和"至小"的本质。① 刘利民指出,惠施提出的"历物十事"其余命题与"辩者二十一事"②中的二十一个命题,都是从语言分析的角度对正名和名实关系的讨论。这是理解惠施思想的一个全新的视角。不过,就春秋时期人们对语言的认识与使用能否达到这种水平,在学界存在争议。

惠施以事物的"合同异"为讨论依据,对事物之间的同异关系在一定条件下、一定范围内的相互转换也进行了探究。他提出,"历物十事"中的"天与地卑""山与泽平""日方中方睨""物方生方死""今日适越而昔来""我知天之中央,燕之北、越之南是也"五个命题。这五个命题既表现了惠施对事物的名称可以相互转换的认识,也体现了他对事物相对稳定性和运动的绝对性的深入思考。

此外,惠施提出的"辩者二十一事"中的相关命题,是对名称的约定俗成特征的使用以及对"实"和"名"两个概念的巧妙运用。

在"辩者二十一事"中,惠施提出了"犬可以为羊""马有卵""白狗黑"的命题。惠施之所以提出"犬可以为羊",笔者认

---

① 参见刘利民:《在语言中盘旋——先秦名家"诡辩"命题的纯语言思辨理性研究》,四川大学出版社 2007 年版,第 159 页。

② 指"卵有毛;鸡三足;郢有天下;犬可以为羊;马有卵;丁子有尾;火不热;山出口;轮不辗地;目不见;指不至,至不绝;龟长于蛇;矩不方,规不可以为圆;凿不围枘;飞鸟之景未尝动也;镞矢之疾,而有不行不止之时;狗非犬;黄马骊牛三;白狗黑;孤驹未尝有母;一尺之棰,日取其半,万世不竭。"(参见《庄子·天下》)

为,他是从名称的约定俗成的角度考虑的。众所周知,任何事物的名称都是人们约定俗成的结果。因此,从这个角度说,如果我们把"犬"这个名称约定为"羊"当然是可以的。

同样,"马有卵"这个命题也可以从名称的约定俗成角度加以解释。在惠施看来,马尽管是胎生的,但是"胎生""卵生"是人们命名的结果,因此从这个角度来说,将"胎生"称作"卵生"也是可以的。

"白狗黑"也可以用上面的理路进行分析。我们知道,人们在给狗命名时,称"白"为"黑",那么"白狗"就成了"黑狗"。

实际上,惠施提出上述三个命题,意在借助这些具体的例子向人们展现名称的一些特征,间接地表达了他在名称上的思想——名称具有约定俗成的性质。虽然在惠施的这些论题中,他没有直接表达出名称具有约定俗成的性质。但通过分析,可以发现,惠施关于名称的约定俗成思想暗含在这几个命题之中。需要指出的是,惠施的这几个命题虽然展现了名称约定俗成的特征,但他通过这些命题否认了名称在一定时期的相对稳定性。

此外,惠施的论题还涉及概念的使用。在概念运用上,惠施提出了"鸡三足"和"黄马骊牛三"两个命题。其中"鸡三足",根据惠施的理解,他认为鸡本身有两足,加上"鸡三足"中的一"足",所以"鸡三足"。从逻辑的角度来看,惠施这里对概念的使用出现了错误,违反了逻辑基本规律的同一律,犯了"混淆概念"或"偷换概念"的逻辑错误。我们知道,当人们说"鸡有两足",这指的是实"足","鸡三足"中的"足"是名称。惠施在这里混淆了"实"与"名"两个概念。

同样,在"黄马骊牛三"的命题中,惠施认为"黄马"是一个概念,"骊牛"是一个概念,"黄马骊牛"也是一个概念,所以这个命题中包括三个概念。惠施的这种观点违反了同一律,这也是对"实"与"名"概念的混淆或偷换。质言之,"黄马骊牛三"的观点犯了"混淆概念"或者说"偷换概念"的逻辑错误。

综合而言,惠施"合同异"的名实理论,是基于事物的同异关系来讨论名实关系的问题。这种名实理论从纯语言哲学的视角来分析"名"与"实"的关系,摆脱了孔子和邓析子(尽管邓析子正名理论政治意味不浓,但仍有痕迹)正名中政治伦理的束缚。因此,惠施的名实理论推动了先秦语言哲学的深入研究,促进了先秦语言哲学的发展。惠施的名实理论对后期墨家和荀子的名实观有一定的影响。不过,荀子对待惠施名实观的态度是基于分析上的批判,换言之,荀子对惠施的思想主要持批判的态度。

三、尹文子"名形互定"名实观

尹文子(约前 350 年—前 280 年)也是名家学派的一位重要代表性人物。关于尹文子属于名家学派这一观点,来于班固。班固在《汉书·艺文志》中将尹文子排在名家之列,这已在学界达成共识。尹文子是战国时期齐国人,由于史书上对其记载很少,所以只能从其留下的作品里探寻其思想特征。

尽管之前学界对尹文子是否留有两篇著录存有异议,但最近经过诸多学者的考证与探究,认为今本《尹文子序》是记录尹文子非常可靠的文献资料。正如《尹文子序》中所记载:

> 尹文子者,盖出于周之尹氏。齐宣王时居稷下,与宋钘、彭蒙、田骈同学于公孙龙,公孙龙称之。著书一篇,多所

弥纶。……大较刑名家也。近为诬矣。余黄初末始到京
师,缪熙伯以此书见示。意甚玩之,而多脱误。聊试条次,
撰定为上、下篇,亦未能究其详也。

此序交代了《尹文子》中的《大道上》和《大道下》两篇的来
历。该序提出,《尹文子》在汉代时通行的版本只有一篇,而仲
长氏得到这本书后,发现其中有很多遗漏和错误之处。于是,仲
长氏对此书进行了整理,把此书分为上、下两篇,即今本的《大
道上》与《大道下》。

从《尹文子》中可以发现,尹文子也参与讨论了春秋战国时
期的时髦话题——"名实之辩"。尹文子不仅参与到这场热烈
的"名实之辩"的讨论之中,他还通过"名实之辩"的发声,阐明
了名与实的关系,从而构建了相对成熟的名实理论。所以,李元
庆等人指出:

> 他(指尹文子——笔者注)尤其注重形名关系、名实关
> 系和名的分类辩察等问题的探索,是名家学派中前承邓析
> 之脉,后启公孙龙之学的一位著名辩者,成为先秦名学发展
> 史中的一个重要环节。①

尹文子特别关注具体事物的形与其名称之间的关系,并明
确提出"形"与"名"之间具有互相决定关系的观点。他指出:
"名者,名形者也;形者,应名者也。"②在此,尹文子明确指出了
事物的形状与名称的关系。他认为,名称是用来命名事物形状
的,事物的形状与名称相对应。

---

① 温公颐、崔清田主编:《中国逻辑史教程》,南开大学出版社 2000 年版,
第 90 页。

② 《尹文子·大道上》。

在尹文子看来,事物之间的形状与其名称之间的关系是这样的:"大道无形,称器有名。名也者,正形者也……有形者必有名,有名者未必有形。"①因为大道是无形的,所以无法用名称来指称它,而有形的存在物是可以用名称来指称的。

尹文子还认为,有形体的东西必然有名称,有名称的东西不一定有形体。尹文子强调,如果名称没有相应的形体与之对应,就需要从名称本身来对之进行区分辨别。比如,"仁""义""道""德"等抽象概念,它们虽然有名称,但是没有具体的形体,即"有名而无形",所以需要从名称上对它们进行分辨,找出它们的差异。

另外,尹文子对名——形——事(即物)的关系进行了讨论。尹文子提出:"名以检形,形以定名。名以检事,事以检名。"②也就是说,尹文子认为,名称是用来检查形状的,形状对名称有决定作用;而且名称还用来规定事物,事物也可以来检查形状。基于这样的理论逻辑,成中英提出:"如果形是事物存在的具体标准,那么,当且仅当名相应于事物的某些具体特征如形时,名才会有本体论上的意义。"③在成中英看来:

> 它们(指事物的名称)按照本体多样化为不同事物的方式来表示本体。由于本体多样化为不同的事物是通过不同形之间的区别而实现的,所以,为了可以识别或表示事物的特性,名必须忠实于这些不同的形。④

---

① 《尹文子·大道上》。
② 胡建新等:《诸子精语译释》,济南出版社1992年版,第518页。
③ 成中英:《成中英自选集》,山东教育出版社2005年版,第402页。
④ 成中英:《成中英自选集》,山东教育出版社2005年版,第401页。

因此,尹文子的"名"与"形"之间的关系为:"名"必须应"形","形"也必须应"名",也就是"形"与"名"互相决定对方。

虽然尹文子认为"形"与"名"的关系是一种互相决定的关系,但他也明确提出"形"与"名"是有区别的。尹文子指出:

> 然形非正名也,名非正形也,则形之与名居然别矣,不可相乱,亦不可相无。①

在此,尹文子说明事物的形状与名称之间是有区别的。在他看来,我们不能说事物的形状就是名称,名称就是事物的形状,两者不能相互混淆,对一个东西而言,不可能同时既没有名称也没有形状。

尹文子从"形""名"互相规定的理念出发,指出了名称的作用。这也是他认为需要"正名"的理由:

> 无名,故大道无称;有名,故名以正形。今万物具存,不以名正之则乱;万名俱列,不以形应之则乖;故形名者不可不正也。②

在这段话中,尹文子表达了名称具有三个作用:一是名称可以规定事物。在尹文子看来,没有名称,"大道"就无法用语言去述说、称呼;一旦有了名称,名称就可以用来规定事物。二是名称可以区别事物。尹文子认为,在现实生活中,世界上的事物千万种,如果没有名称对它们加以规定区分,就会杂乱无章,人们也就无法准确把握事物。三是名称与事物的形状相互规定,是我们把握事物的基础。由于世间万物多种多样,所以名称也

---

① 《尹文子·大道上》。
② 《尹文子·大道上》。

各有不同。在各种名称中,需要通过事物来分辨名称,也就是名称依据事物,名称通过事物的存在显现其功能。如果没有事物和名称相适应,就会出现乖舛。

尹文子还从对象的性质角度对名称进行了分类。他指出:

> 名有三科……一曰命物之名,方圆黑白是也。二曰毁誉之名,善恶贵贱是也。三曰况谓之名,贤愚爱憎是也。①

尹文子对名称的分类采用的划分标准,是名称所指称的对象的性质。从逻辑的角度看,尽管尹文子对名称的分类没有囊括事物的全部对象,容易出现"划分不全"的逻辑错误。但是,他关于名称的分类思想,是其对客观事物深刻洞察之后的理论总结。正如他自己所言:"虽未能尽物之实,犹不患其差也。"②

总之,尹文子的名实观是基于对事物和名称之间的互动关系,表达了名称与事物之间互相规定的名实理念。这种理念显然有别于孔孟政治伦理论的名实观,他更加关注名称与世间万物之间的关系。因此,尹文子的名实观和惠施的名实观在关注点上有共同之处:都是从纯语言哲学的视角来分析"名"与"实"的关系。

四、公孙龙子"以名定实"名实观

公孙龙子(约前 325 年—前 250 年)是名家的集大成者,也是名家语言哲学的总结者。《公孙龙子》现留存于世的文章只有《白马论》《指物论》《坚白论》《名实论》《通变论》《迹府》六

① 胡建新等:《诸子精语译释》,济南出版社 1992 年版,第 530 页。
② 《尹文子·大道上》。

篇。在这六篇文章中,崔清田认为:

> 《公孙龙子》书中除《迹府》外的五篇都是围绕对名实
> 关系问题的讨论展开的,其目的是建立一套完整的正名
> 理论。①

这一观点得到其他学者的响应,李元庆和王左立指出:"公
孙龙学术思想的核心是'正名'。"②

公孙龙子之所以被誉为名家的集大成者,源于其在名实观
上形成了系统的名实理论。该理论囊括了公孙龙子关于正名实
的基础、原则、根本方法以及作用等理论观点。

第一,公孙龙子建构了坚实的正名实基础——"物非所指,
而指非指"③。公孙龙子首先澄清了"物""实""名""指"等相
关概念以及论证了"物非所指,而指非指"的命题,从而建构了
自己正名实的理论基石。

关于"物"概念,公孙龙子将其界定为"天地与其所产
焉。"④公孙龙子认为,"物"指的是客观世界中各种各样存在的
事物。关于"实",公孙龙子也对其下了一个定义:"物以物其所
物而不过焉,实也。"⑤

问题是,"实"在公孙龙子这里到底是何种意思? 崔清田从
"物"与"实"的对应入手,对公孙龙子的"实"概念加以理解并

---

① 崔清田主编:《名学与辩学》,山西教育出版社 1997 年版,第 141 页。
② 温公颐、崔清田主编:《中国逻辑史教程》,南开大学出版社 2000 年版,第 95 页。
③ 《公孙龙子·指物论》。
④ 《公孙龙子·名实论》。
⑤ 潘恩富:《中国学术名著提要(哲学卷)》,复旦大学出版社 1992 年版,第 88 页。

做了澄清。在崔清田看来,"物"与"实"的区别体现在它们与
"名"的关系不同。"实"一方面是"物",另一方面是"名"称谓
的对象。"物"是自身存在的东西,是不需要人去称谓它本身就
存在。"物"只有成为"名"的称谓对象时,"物"才能成为"实"。
"实"一定是"名"之"实"。① 换言之,"实"是与"名"相对应的
概念。

成中英对"实"的理解与崔清田相同,他认为:"'物'由于毫
不偏离地保持着一致性与同一性也称为'实'"②。所谓"名",
公孙龙子提出"夫名,实谓也。"③也就是说,公孙龙子认为名称
是对事物的称谓。这一思想与墨家"所以谓,名也。所谓,实
也。名实耦,合也"④思想是一致的。

关于公孙龙子提出的"指"概念,学界对其也有不同的解
读。冯友兰将公孙龙子的"指"理解成一般,"一般亦称共相和
要素"⑤。杜国庠持有与冯友兰相同的看法:

> "指"是看不见摸不着的东西,相当于我们所谓概念
> (共相);本来是意识上的,但公孙龙却认为它是独立的客
> 观存在。⑥

许抗生基于《公孙龙子》作品的田野考察,特别是在对公孙
龙子的"指"概念进行系统探查的基础上,得出了"指"的五种含
义:一是手指;二是用手指指物;三是指定;四是名词、名称,物皆

---

① 崔清田主编:《名学与辩学》,山西教育出版社 1997 年版,第 147 页。
② 成中英:《成中英自选集》,山东教育出版社 2005 年版,第 424 页。
③ 《公孙龙子·名实论》。
④ 《墨子·经说上》。
⑤ 冯友兰:《中国哲学史新编》第二册,人民出版社 1984 年版,第 166 页。
⑥ 周山:《解读〈指物论〉》,《哲学研究》2002 年第 6 期。

有名称;五是指为"物德",也就是物的性质,没有事物本体之义。① 周山认为,"'指'是'天下之所兼'的常名。"②翟锦程将"指"解释为:"物所固有的可感觉的形态和要素。"③张岱年则强调:

> 《庄子》、《孟子》所谓指都是意义之意。我认为,公孙龙《指物论》所谓指亦应是意义之意。名与实相对,指与物相对。物即实,指即名之意义。④

陈高備将这里的"指"解释为:"物之所以成其为物的东西,即物性,即物的属性。"⑤

尽管学者们对"指"的理解存在分歧,但"指"具有"属性"的意义是大家一致认可的。公孙龙子的"物非所指,而指非指"实际上是想申明世间万物都有自己的属性,并且事物都是通过自己的属性来呈现自己,人们通过属性的同异来对事物加以区分。

不过,在公孙龙子看来,事物的属性并非都是事物的本质,即所有的"物"都是"物指",但"物指"不能说一定是"真指"。因此,成中英认为:"当性质(属性)在世界上被用名来识别时,它们被称为指(或者指称的对象)。"⑥

因此,成中英认为,《公孙龙子》"物非所指,而指非指"想表

---

① 许抗生:《先秦名学研究》,湖南人民出版社 1986 年版,第 55 页。

② 周山:《解读〈指物论〉》,《哲学研究》2002 年第 6 期。

③ 翟锦程:《先秦名学研究》,天津古籍出版社 2005 年版,第 156 页。

④ 张岱年:《中国古典哲学概念范畴要论》,中华书局 2017 年版,第 271 页。

⑤ 陈高備:《公孙龙子·邓析子·尹文子今解》,商务印书馆 2017 年版,第 14 页。

⑥ 成中英:《成中英自选集》,山东教育出版社 2005 年版,第 408 页。

达的意思是：如果世间万物可以通过属性而加以确认，那么这些事物的性质都是可以认识的。然而，因为属性本身有可能在世界中并不存在，所以，可以被认识或识别的属性未必是附着在事物中而能够被我们认识或识别。一般而言，属性可能隐藏在事物之中，属性能够通过事物显现出来。也就是说，属性一定是事物的属性，这些属性就是"名"的指称对象。但是，事物的本质属性很难显现出来，所以，事物的本质属性通常不能被指称。①

由此可见，公孙龙子正是通过澄清与名实关系密切相关的"物""实""名""指"等相关概念，以及对"物非所指，而指非指"命题的论述和论证，表达出其关于世界万物与人的观念之间关系的看法。这是公孙龙子名实观的建构基础，也是公孙龙子正名的依据。

第二，公孙龙子遵循了严密的正名实原则——"唯乎其彼此"②。公孙龙子认为，"其名正，则唯乎其彼此焉。"这句话是公孙龙子名实观的"正名"原则，反映了其正名实的核心观点。公孙龙子首先解析了"唯乎其彼此"的含义，他指出："彼彼当乎彼，则唯乎彼……此此当乎此，则唯乎此。"③在这里，公孙龙子表明：当人们用"彼名"来称谓"彼物"并且符合"彼物"的实际情形，那么"彼名"与"彼物"就相符合；当人们用"此名"来称谓"此物"并且符合"此物"的实际情形，那么"此名"与"此物"就相符合。此外，公孙龙子还着重讨论了名实（彼此）混乱的情形：

① 参见成中英：《成中英自选集》，山东教育出版社2005年版，第408页。
② 《公孙龙子·名实论》。
③ 《公孙龙子·名实论》。

谓彼而彼不唯乎彼,则彼谓不行;谓此而此不唯乎此,则此谓不行。其以当不当也。不当而当,乱也。①

公孙龙子认为,如果称谓"彼"而"彼"却与"彼物"的实际情形不相符合,那"彼"这个名称就不能使用;如果称谓"此"而"此"却与"此物"的实际情形不相符合,那"此"这个名称就不能使用。在公孙龙子看来,如果在这两种情况下强行使用名称,必然造成名称的混乱。

客观上说,公孙龙子遵守的"唯乎其彼此"的正名实原则,实质是要求人们在使用语词过程中要把某个语词称谓的对象固定下来,不允许出现一个语词既指称此实,又指称彼实。换言之,如果彼名既用来指称彼实又用来指称此实,或者此名既用来指称此实又用来指称彼实这是不正确的,就是对名称的混乱使用或错误使用。

第三,公孙龙子采取了明确的正名实方法——"以其所正,正其所不正;以其所不正,疑其所正。"②对这里的"正",公孙龙子给出了详细的说明,他指出:"位其所位焉,正也。"③在此,公孙龙子通过"位"这个语词来说明"正"。这里的"位"表达的是事物的位置含义,当一个事物处于自己的正确位置,就是"正"。其中的"以其所正,正其所不正",就是要求根据实(事物)确定物体的正确位置,矫正它所处的不正确的位置;而"以其所不正,疑其所正",是进一步确定名实关系的方法,即要根据事物所处的不正确的位置,摆正其应该所在的位置。

---

① 《公孙龙子·名实论》。
② 《公孙龙子·名实论》。
③ 《公孙龙子·名实论》。

第四，公孙龙子讨论了"正名"的作用。公孙龙子以坚实的"物非所指，而指非指"的正名实为基础，遵循"唯乎其彼此"的正名实原则，采用了明确的正名实方法，对中国古典哲学中两个著名的论题："白马非马"①和"离坚白"②进行了细致分析。

学界公认，"白马非马"最能体现公孙龙子正名理论的观点。《公孙龙子》在《白马论》中以主客对答的方式对"名"与"名"的关系、"名"与"实"的关系展开了论证分析：

> 曰："白马非马，可乎?"曰："可。"曰："何哉?"曰："马者所以命形也，白者所以命色也，命色者非命形也，故曰白马非马也。"

公孙龙子之所以认为"白马非马"，是因为他认为"马"这个名称是对马的形体的命名；"白"这个名称是对事物性质的命名，称呼形体的名称与称呼性质的名称是不同的。实际上，公孙龙子这里流露出区分实体概念和性质概念的思想，这种区分是必要的。故而，公孙龙的观点是合理的。

从公孙龙子对"白马非马"的解析视角来看，他是从名称的命名角度进行的。对此，李元庆和王左立两位学者说得非常清楚：

> 命形之"马"只能是马之名，命色之"白"只能是白之名。所以，公孙龙所说的"白马非马"的意思是，白马之名不是马之名。③

---

① 《公孙龙子·白马论》。
② 《公孙龙子·坚白论》。
③ 温公颐、崔清田主编：《中国逻辑史教程》，南开大学出版社2000年版，第106页。

既然公孙龙子对"白马非马"给予了清晰的解释,为什么还会在中国哲学史上产生那么大的争论呢? 在李元庆和王左立看来,"白马非马"之所以引起那么大的争论,是由于现代汉语和古代汉语存在不同特征造成的。正如两位学者所言:在现代汉语中,当以语言为讨论对象时,我们可以用加引号的方法把对象语言标识出来。……而古代汉语却不具备这种表示对象语言的手段。①

按照两位学者的解释,公孙龙子的"白马非马"观点根据现代汉语的表达方式应该表示为"白马"非"马",这样就不会产生歧义。

此外,公孙龙子还从名实关系的角度解释了"白马非马"。他提出:

　　　　马未与白为马,白未与马为白。合马与白,复名白、马,是相与以未相与为名,未可。故曰:白马非马。②

公孙龙子从名实关系角度,详细解释了"白马非马"的论题。他认为,马的实体是"马"的名称之实,白马的实体是"白马"的名称之实。根据"唯乎其彼此"的正名实原则,不能用"白"来称谓白马,也不能用"马"来称谓白马名称之实。

总之,公孙龙子的名实观有自己独特的意向指标,他实际上是想向人们传达这样一种理念:

　　　　名称一旦根据已有的知识被接受或运用,就必须命名实物,因此,要根据"名"去阐明一个事物所处的位置与其

————————

① 温公颐、崔清田主编:《中国逻辑史教程》,南开大学出版社 2000 年版,第 106 页。

② 《公孙龙子·白马论》。

实在性。而对一个事物的认识（知）也是根据建立在其实在性上的"正名"。①

所以，公孙龙子的名实观的突出特征是"以名定实"。不过，以邓析子、惠施、尹文子和公孙龙子为代表的名家，在语言哲学上的主要关注点是就语言而论语言，所以，其语言哲学思想与社会政治、伦理的关联性较弱。

当然，如果用现代语言哲学的观点来看公孙龙子"白马非马"的命题，可以发现，"白马非马"还可以从概念外延的关系角度来进行解读。"白马"是种概念，"马"是属概念，因此，公孙龙子表达出这样的一种思想："种概念"不是"属概念"，也就是种概念和属概念不是同一个概念。

五、荀子对名家名实观的批判与继承

邓析子是名家学派代表，其"正名以正政"的思想倾向和孔孟是一致的。所以，荀子对其"正名以正政"的思想是持肯定态度的。邓析子提出"循名责实、按实定名"的观点，荀子也是接纳的。但是，荀子对邓析子持"两可之说"的诡辩做法是全力批判的。因为在荀子看来，如果诡辩盛行，会变乱人们的思想，从而不利于社会的统治。

关于惠施的名实观，荀子主要对其观点持批判态度。这一点尤为明显地体现在后面荀子"破三惑"的思想之中。

至于对尹文子的态度，荀子赞成尹文子在名实观上所提的观点。特别是尹文子提出"名以检形，形以定名。名以检事，事

---

① 成中英：《成中英自选集》，山东教育出版社 2005 年版，第 426 页。

以检名"的理念,与荀子提出的下列观点是一致的:

> 物有同状而异所者,有异状而同所者,可别也。状同而为异所者,虽可合,谓之二实。状变而实无别而为异者。①

换言之,尹文子和荀子都考虑了"名""形"("状")和"物"("事")之间的关系。

大家知道,在名家的哲学家中,公孙龙子在名称理论上做出了卓越贡献,也是名家思想的集大成者,代表了名家思想的最高成就。但是需要注意,荀子对公孙龙子提出的"白马非马"等观点持强烈的批判态度。

总体而言,荀子对名家语言哲学思想是持批判态度的。究其原因,在荀子看来:以惠施、邓析子为代表的名家不效法先王,不遵从礼义,只喜欢攻治邪说,玩弄奇辞,过分地观察事物,而不顺情理;饰辞功辩,而不能实用;事物繁多,而功效微少,不可以作为治国纲领;然而他们做起来以为有所依据,说起来以为有道理,足以欺惑一般百姓。②

尤为重要的是,根据荀子的观点,如果让名家的思想一直发展下去,在社会中传播,则会扰乱人们的思想,从而给社会统治带来毁灭性的后果。由此,荀子认为名家的学说假借春秋战国的乱世,粉饰邪说、美化奸诈的言论,造成天下混乱。诡诈、迂曲、险怪、琐碎,使天下昏昏迷迷地不知道是非、治乱之所在。③由于荀子认为名家学说不利于社会的有效治理,所以他对其持坚决的批判态度。

---

① 《荀子·正名》。
② 杨柳桥:《荀子诂译》,齐鲁书社2009年版,第86页。
③ 参见《荀子·非十二子》。

　　总之,荀子对道家、墨家、名家等诸子在"名实之辩"中所展现的名实观,既有继承,也有批判。比较来说,他对道家、墨家、名家的名实观批判的多,继承的少。他对墨名两家的批判是激烈的,对儒家孟子的批判是温和的。总体而言,荀子对儒家的态度,特别是孔子的态度是积极推崇的,他继承了孔子"正名以正政"的思想,并在此基础上,建构了自己的名称理论、概念理论和"言意"理论。

第二章　荀子的名称论

春秋战国时期,诸子百家基于"名实之辩"的讨论,从各自的学派视角探究了"名实关系"问题。从对诸学派语言哲学的简单梳理来看,"名"和"实"的意义在不同的先秦思想家那里或者说学派那里,其所指的内涵是有区别的。对此,葛晋荣指出:

> 它(指名和实——笔者注)标志着概念和概念所反映的客观事物、名分(或官职)和与之相应的道德品质、实际功绩之间的关系,具有逻辑认识和政治伦理的双重意义。在先秦时期,名和实这对概念经过了一个漫长的、曲折的发展过程,并在这一历史演变中,不断地丰富和充实自己的内涵。[1]

尽管"名"和"实"这对概念一直处在历史的变化中,它们的内涵也在不断得到丰富和充实,但"名"和"实"也有其所一贯关注的东西。对此,成中英强调:

> 一般而言,人们认为名是辨别事物的标签,即将名应用于实并和实保持相符。名和实之间的相互符合在人们看来

---

① 　葛晋荣:《先秦"名实"概念的历史演变》,《江淮论坛》1990年第5期。

属于这样一种性质：客观之实能被赋予一定之名，而名必定能够辨别客观之实。个中缘由，乃在于人们认为名是命名之结果，而命名的目的是对自然界、人类社会或某种价值体系中的事情、关系抑或状态给以标签。这个一般性的假设，即所有的事物均可以被人们命名，是中国哲学家最早具有的信念；并且，一直到公元前 5 世纪道家的崛起，人们始终对其确信不疑。汉语中"名"这一术语，作为一个动词存在逻辑先于其作为一个名词存在。因为在事物之名发生之前，世界上并没有名。人们之所以要命名，目的在于辨别具体的事物、关系或者不同类型的特殊之事、关系与状态。这样，"名"起初就被解释成许慎《说文》中的"自命也"，以及刘熙《释文》中的"明也"，其目的在于把名和实相互区别开来。这样，为什么说名作为命名的结果描绘了世界万物之图景也就清楚了。名也就标志着我们识别能力的一般结果。人们要求名对实予以解释、说明。但是，当人们发现真正的最终之实不需要是可命名的抑或实际上被命名时，当人们发现并非所有的名都需要与实相符合并进而在一定的方面抓住或体现事实的时候，有关名实关系的不同理论，以及各种各样关于名实以及二者有限用途或可能令人误解之性质的解释就被提出，尽管与此同时存在着一些旨在为名的有效性进行辩护的理论。①

刘培育也认为，春秋战国时期讨论的名实观有其固定的论域。他还委婉指出，先秦时期的"名"既有概念之义也有语词之

---

① 成中英：《成中英自选集》，山东教育出版社 2005 年版，第 361—362 页。

义。因此,他指出:

> 名实之争首先是哲学之争,"名"属于人的主观认识范畴,"实"是认识的对象,名实关系实际上是认识主体和认识客体、主观认识和客观对象的关系。①

通过学者们对"名"的词源学考察、对"名"的解释以及对名实关系理解的梳理,可以发现,荀子的"名"既具有语词之名的意义,又具有概念之名的意义。正如荀子自己对"名"的定义:"名也者,所以期累实也。"②荀子明确表达了"名"包括名称和概念两层含义。因此,可以从两个角度研究荀子的名实观:一是从名称与客观事物之间关系的角度;二是从概念与客观事物之间关系的角度。下面,先从语词之名即名称之间的关系角度探究荀子的名实观。这正是荀子的名称理论。

第一节　荀子关于"制名"的观点

"制名",顾名思义,就是"制定名称"或者说"使用概念"。因为荀子这里的"名"既有名称之意涵,又有概念之意义。如果从名称的视角来看荀子的"名",可以发现在先秦诸子中,尽管他们都对名实关系给予了关注,也有的从语言哲学的角度对"名"进行了探究(诸如名家四子等)。然而,荀子是唯一的从语言与实在的角度对名实关系作了系统研究,并系统论述了关于

---

① 张家龙主编:《逻辑学思想史》,湖南教育出版社 2004 年版,第 14— 15 页。

② 《荀子·正名》。

"名"的诸多构成要素的语言哲学家。他系统探究了关于制定名称的根据、制定名称的原则、制定名称的方法和制定名称的功能等。因此,荀子关于名称的讨论和研究,形成了春秋战国时期第一个系统的名称理论。

一、荀子论"制名"的根据

根据辩证唯物主义认识的观点,人对事物认识的完成至少需要两个条件:一是认识客体的存在,也就是认识对象的存在;二是主体要具有主观能动性。荀子在论述制定名称的根据时,他已经意识到了或者说注意到了这两个条件,并从这两个方面进行了说明。对此,陈波说得非常明确:

> 荀子考虑制名的根据时,至少考虑到两点:一是命名对象本身的同异,一是认知主体对这种同异的感知和认识。前者涉及制名的本体论根据,后者涉及制名的认识论根据。①

翟锦程也认为:"荀况从唯物主义的认识观点出发,强调客观事物存在,同时也强调人对事物的认识能力。"②从荀子的论述中能看出,他确实是从主客两个方面来考虑制定名称的根据的。如其所言:

> 凡以知,人之性也;可以知,物之理也。以可以知人之性,求可以知物之理,而无所疑止之,则没世穷年不能

---

① 陈波:《荀子的政治化和伦理化的语言哲学》,《台大文史哲学报》2008年第69期。

② 崔清田主编:《名学与辩学》,山西教育出版社1997年版,第55页。

遍也。①

在此，荀子指明，人天生具有对事物认识的能力和本性；能被人认识是事物本身存在着条理。荀子还进一步说：

> 所以知之在人者谓之知，知有所合谓之智；所以能之在人者谓之能，能有所合谓之能。②

荀子明确指出，事物的存在是我们认识的本体论基础，没有事物的存在来谈认识是无稽之谈。这一观念从荀子的"同则同之，异则异之"③的论述中也可以得到佐证。所谓"同则同之，异则异之"，是指相同的事物就给它赋予同样的名称，不同的事物就给它赋予不同的名称。这样，人们在给事物命名时，必然要有客观事物存在；同时，命名时也需要认知主体的主观能动性。

荀子对制定名称时需要人的主观能动注解，作了详细的说明。他在强调此条件时，隐含了对客观事物存在的预设。荀子指出：

> 何缘而以同异？曰：缘天官。凡同类同情者，其天官之意物也同；故比方之疑似而通，是所以共其约名以相期也。形体、色、理以目异；声音、清浊、调竽、奇声，以耳异；甘、苦、咸、淡、辛、酸、奇味，以口异；香臭、芬郁、腥臊、漏庮、奇臭，以鼻异；疾痒、沧热、滑铍、轻重，以形体异；说故、喜怒、哀乐、爱恶、欲，以心异。心有征知。征知，则缘耳而知声可也，缘目而知形可也。然而，征知，必将待五官之当簿其类，

---

① 《荀子·解蔽》。
② 《荀子·正名》。
③ 《荀子·正名》。

然后可也。五官簿之而不知,心征之而无说,则人莫不谓不知。①

从上面这段话中可以看出,荀子认为,人的感觉经验是认识事物的基础条件,也就是我们现在哲学语言中所讲的,感觉经验是认识事物的必要条件,在整个认识活动中具有重要作用。荀子认为,同类的东西同时拥有相同的感情,其感觉器官对外部事物的感觉也是相似的。这是名称的社会约定俗成说的根据之一,也是人能认识世界并进行交流的依据之一。

荀子的这段话不仅展现了人们认识事物的认识论基础,而且对客观事物在形体、声音、味道、轻重等的区分预设了客观事物的存在。荀子的这种本体论预设、对感觉器官的区分以及"心有征知"的心灵观念,显露出实在、语言和思想的三位一体,从而为制定名称提供了条件和根据。

不过,翟锦程认为,荀子制定名称的根据在于对"实"的同异分析。如他所说:

他(指荀子——笔者注)在考察"制名"以"明贵贱"的同时,对正名实的问题也进行了分析,将"制名"置于对实的同异分析的基础之上。②

然而,从翟锦程对荀子的同异分析上看,他还是围绕"荀子制定名称时主要从主客条件"两个方面进行认证。因此,翟锦程提出的荀子制定名称设置基础的观点与笔者的分析一致。

---

① 《荀子·正名》。
② 崔清田主编:《名学与辩学》,山西教育出版社1997年版,第55页。

二、荀子论"制名"的原则

荀子提出制定名称的根据后,又提出了制定名称的原则。在讨论制定名称的原则时,荀子认为应该遵循两条根本原则:一是约定俗成的原则(荀子关于名称的约定俗成思想内容较多,将分出一节专门讨论,在此只简单加以介绍)。二是"王者制名"的原则。这两种原则相辅相成,贯穿荀子制定名称的始终。如荀子所论:

> 散名之加于万物者,则从诸夏之成俗曲期;远方异俗之乡,则因之而为通。……凡同类同情者,其天官之意物也同;故比方之疑似而通,是所以共其约名以相期也。……名无固宜,约之以命,约定俗成谓之宜;异于约则谓之不宜。名无固实,约之以命实,约定俗成谓之实名。名有固善,径易而不拂,谓之善名。①

荀子在《正名》篇里三次提到制定名称时要遵循约定俗成的原则:一是指"从诸夏之成俗曲期",二是指"共其约名以相期",三是指"约之以命"。

关于荀子在制定名称时所提出的约定俗成原则,学者们对其理解存在歧见。大部分学者对荀子关于名称的约定俗成原则的理解较为一致,然而李葆嘉的观点和学界主流观点不同。他提出:

> 把荀子的"约定俗成说"解释为"社会的自由选择"、"人们的共同约定",符合荀子《正名》篇中的本来思想吗?

---

① 《荀子·正名》。

答案是否定的。这样解释背离了《正名》篇中的原义。①

在李葆嘉看来,荀子关于名称的约定俗成原则不具有"社会的自由选择"和"人们的共同约定"的意义。他给出的理由是:"荀子主张王者制名"②。

李葆嘉关于荀子强调"王者制名"的观点是对的,但他就此否认荀子的约定俗成原则中没有"社会的自由选择"和"人们的共同约定"意思,显然是片面的。前已论述,荀子在《正名》篇里多次提到关于名称的"社会的自由选择"和"人们的共同约定"(从诸夏之成俗曲期、共其约名以相期、约之以命)。

另外,根据李葆嘉的观点,荀子关于名称制定的过程,经历了下面的一个历程:

> 语词的初创在个人(并非独立于某个语言团体之外的个人),使用范围的不断扩大(不排除强权推行),导致这个语词为较大的语言集团,直至全民所接受。③

在此,李葆嘉正确地揭示了命名的一种方式。但是,就其讨论名称的流转过程而言,他否认了名称的约定俗成性质是错误的。我们知道,当一个名称被制定,制定的过程和流转的过程都具有"社会的自由选择"和"人们的共同约定"。因为,个人(通常是有权威的人)制定名称之前,他通常会征求大众的意见;当

---

① 李葆嘉:《荀子的王者制名论与约定俗成说》,《徐州师范学院学报(哲学社会科学版)》1986 年第 4 期。

② 李葆嘉:《荀子的王者制名论与约定俗成说》,《徐州师范学院学报(哲学社会科学版)》1986 年第 4 期。

③ 李葆嘉:《荀子的王者制名论与约定俗成说》,《徐州师范学院学报(哲学社会科学版)》1986 年第 4 期。

名称制好以后,要想顺畅地使用,必须进一步得到大众的认可。因此,个人制定名称也具有"社会的自由选择"和"人们的共同约定"的特性。否则,每个人都随意为事物制定一个名称,名称的使用就会混乱,那么人与人之间就无法沟通。

需要明确的是,荀子关于名称的约定俗成原则,通常就是指"社会的自由选择"和"人们的共同约定"的意思。对此,冯友兰表达了同样的观点:

> "名无固宜",谓初制名之时,以某名指某实,本为人所随约定。人相约以狗名狗。在初制名时,人本亦可相约以马名狗也。所谓"名无固宜","名无固实"也。但约既已定,人之用某名指某实,既已成为习俗,则即名有固宜,有固实,不可随便乱改矣。①

王力不仅赞成冯友兰的观点,他还对荀子关于名称的约定俗成的社会性特质进行了详细说明:

> 荀子在《正名篇》中所叙述的第一个语言学原理是:语言是社会的产物。……这样强调语言的社会性,在今天看来还是完全正确的。②

由此可见,大部分学者认为,荀子的约定俗成思想中包含名称具有"社会的自由选择"和"人们的共同约定"意蕴。李葆嘉之所以认为荀子的约定俗成说思想中不包括这两种意蕴,是因为他只认同荀子制定名称的原则是"王者制名"。因而,李葆嘉的观点是片面的。

---

① 冯友兰:《中国哲学史》上册,华东师范大学出版社 2000 年版,第 230 页。
② 王力:《中国语言学史》,复旦大学出版社 2006 年版,第 4 页。

值得注意的是,虽然荀子强调名称的约定俗成说,但他也重视"王者制名"的原则。如:

> 后王之成名:刑名从商,爵名从周,文名从《礼》。散名之加于万物者,则从诸夏之成俗曲期;远方异俗之乡,则因之而为通。……是散名之在人者也,是后王之成名也。故王者之制名,名定而实辨,道行而只通,则慎率民而一焉。

> 若有王者起,必将有循于旧名,有作于新名。①

荀子明确阐述了统治者制定名称时所应依凭的东西,并强调了名称的继承性和延续性。荀子的阐释表明,在关于国家大政方针等方面需要命名或制定名称时,统治者是命名或制定这些名称的主体。但荀子明确指出,统治者不可盲目地命名或制定名称,需要有一定的依据或凭借。在荀子看来,关于刑法名称的制定,应该仿照商朝的刑法名称的制定方式进行;爵位名称的制定,应该仿照周朝的先例来进行;礼节仪式名称的制定,应该按照《周礼》里规定的来进行。

在荀子的心目中,就刑法名称、爵位名称和礼节仪式名称而言,它们分别在商朝、周朝和《周礼》中已经很完备了,所以统治者应该依据它们来制定名称。

可以发现,荀子在制定名称时采用的方法是一种开放性的策略,他并没有将某一种制定名称的方法绝对化。在对"刑名""爵名"以及"文名"的制定过程中,用了"从"。"从"一词的使用,表明统治者在仿照商朝、周朝和《周礼》时,可以有一定的灵活性,带有一定的弹性,体现出荀子关于制定名称时的变通

---

① 《荀子·正名》。

思想。

　　问题是,荀子心目中的"王者"凭什么拥有制名权的呢? 就此,陈波给出了解释:

　　　　王者的制名权来自于他在相应的社会政治制度体系中的地位,也来自他在道德和知识方面的优势。儒家常常要求王者本身就是某种意义的"圣人",他应该是万民的楷模和表率。①

　　陈波正确说明了王者拥有制名权的原因。那么,荀子在制定名称时提出的约定俗成原则和"王者制名"原则,是否冲突呢? 笔者认为这两个原则不但不冲突,而且相互补充、相互增益。原因在于,荀子认为关于万物的散杂名称,应该依照中原地区形成的风俗大范围地来确定,对于远方不同风俗的地区,就按照当地的风俗形成的名称来进行。所以,荀子在讲约定俗成原则时,主要针对的是普通老百姓所使用的"散名";而荀子在讲"王者制名"时,主要是关于国家政治制度的名称。因此,陈波也认为,荀子的约定俗成制名原则和"王者制名"原则具有相互补充的效果。

　　　　它们(指约定俗成原则和王者制名原则)之间不冲突,这是因为,根据荀子的论述,王者的制名权是受到许多限制的。例如,他在制定名称时,必须考虑到制名的目的、依据、原则、方法等等,还要受到制名效果的检验,如此等等。并且,如果他制作出来的名称不合适,社会贤达(如下属官

　　① 陈波:《荀子的政治化和伦理化的语言哲学——一个系统性的诠释、建构、比较与评论》,《台大文史哲学报》2008 年第 69 期。

员、君子等)还可以启动他们的制衡程式:进谏。一般民众也可以不接受王者的命名,使其不成为习惯,不获得流行,而被抛弃或遗忘。因此,有论者正确地指出,在荀子那里,"正名的过程是统治者、道德精英、知识精英与民众之间的一个复杂的谈判协商的过程。"①

笔者认同陈波的分析。事实上,荀子认识到了在讨论制定名称时,社会各个阶层参与到名称的制定中来,只是在他看来,不同阶层的人们在制定名称的过程中,所处的地位与作用不一样。在制定名称时,不同阶层对其所在的阶层制定名称时,贡献相对要大一些;本阶层人对本阶层制定名称的话语权,一般要大于非本阶层人的话语权。不过,不管由谁来制定名称,其最终的目标还是通过制定的名称来指称所要命名的对象,在这点上的认识是一致的。

三、荀子论"制名"的方法

荀子在提出名称的约定俗成原则和"王者制名"原则基础上,给出了制定名称的具体方法。荀子在讨论制定名称方法之前,给出了制定名称时需要遵循的规律——同一律。他指出:

> 同则同之,异则异之。……知异实者之异名也,故使异实者莫不异名也,不可乱也,犹使同实者莫不同名也。②

荀子这里明确表达了逻辑学中关于思维的一条重要规律——同一律。所谓同一律,其内容为:在同一思维过程中,任

---

① 陈波:《荀子的政治化和伦理化的语言哲学——一个系统性的诠释、建构、比较与评论》,《台大文史哲学报》2008 年第 69 期。

② 《荀子·正名》。

何思想要与其自身保持同一。所谓"同一思维过程",指的是同一时间、同一对象和同一方面,也就是"三同一"原则。所谓"任何思想要与其自身保持同一",指的是每一个概念、判断的内容都是确定的,是什么内容就是什么内容。具体而言,它又分为两种情况:一是对概念(名称)而言,它要求在同一思维过程中,任一概念的内涵和外延必须具有确定性,不能随意变换;二是就判断而言,它要求在同一思维过程中,任一判断断定了什么内容就是什么内容,不能任意更改。

如果把荀子关于同一律的思想用在制名理论之中,可以看到,他实际上是想强调:在同一思维过程中,人们在观察事物时,一定要辨别事物之间的区别,并且对相同的事物,一定要用共同的名称来指称;不同的事物要用不同的名称来指称。

关于荀子的同一律思想,陈波认为,只有遵循这条规律,人们才能做到名实相符。也只有这样,人们在使用名称时才能保证遵循同一律的规范要求:在不同的情景中,保证在同一个层面上、同一个意涵下使用同一个名称。如此一来,才能避免在思维中造成的混乱与谬误。[①]

成中英也持有类似观点,他认为,荀子的"同则同之,异则异之"的同一律涉及"名"与"实"之间的对应原则。他提出:

> 不同的事物必须有不同的名,同样的事物必须有同样的名,这是对应原则。这种依据异同的对应似乎暗示着根据类的层次,我们可以认识事物。事物是相同的,原因在于

---

① 参见陈波:《荀子的政治化和伦理化的语言哲学——一个系统性的诠释、建构、比较与评论》,《台大文史哲学报》2008 年第 69 期。

它们属于相同的类;而事物是不同的,原因则是它们属于不同的类。同和异的绝对标准是类的相同和差异。通过承认不同大小的类或普遍性,荀子和后期墨家一起把类的概念引入了中国的逻辑词汇表。命名的目的在于确定关于相同类(属性)的同一性,以及区分关于不同类(属性)的差异性。这样,一个专名将把一个事物从所有其他的事物中区分出来。一个普遍性的名(大共名)将把所有的事物确定在同一个类之中。①

不过,根据前面的分析,笔者认为,成中英虽然将荀子"同则同之,异则异之"的精髓表达出来了,但他对荀子阐述"同则同之,异则异之"的思想表述得不够全面。荀子不仅论述了成中英所说的事物和名称的关系,也论述了同一事物在不同阶段的情形,也就是说,荀子也论述了个体事物的变化情况。荀子发现当事物发生变化时,同一律就不发挥作用了,就不能用同一律对变化了的事物进行约束。显然,荀子的这种思想是正确的。

荀子以社会"约定俗成"原则和"王者制名"原则为依据,以"同则同之,异则异之"的同一律为指导,给出了具体的制定名称的方法。具体来看,荀子给出了制定名称的两种方法,其中第一种方法是"稽实定数"②。他提出:

> 物有同状而异所者,有异状而同所者,可别也。状同而为异所者,虽可合,谓之二实。状变而实无别而为异者,谓之化。有化而无别,谓之一实。此事之所以稽实定数也。

---

① 成中英:《成中英自选集》,山东教育出版社 2005 年版,第 395—396 页。
② 《荀子·正名》。

此制名之枢要,后王之成名,不可不察也。①

荀子在这里已经考虑到了物体的形状、空间等的变化对制定名称的影响。他认为:

> 事物有相同形状而占有不同空间的,有不同形状而占有相同空间的,这些是可以区别的。事物有相同形状,而占有不同空间,虽然可以合用一个名称来指称,但毕竟是两个事物。形状改变,事物没有区别,所呈现的不同,我们把它称作变化。虽然有变化,但是没有实质区别,还只能叫一个事物。②

通过荀子这里的分析可以发现,他所谓的"稽实定数"的含义就非常清晰了,即"通过考察事物的实际变化情况来确定物体数量的多少"。

荀子"制名"的第二种方法,是采用"单、兼、共"的命名方式:

> 单足以喻则单,单不足以喻则兼;单与兼无所相避则共,虽共,不为害矣。③

荀子认为,"如果能用一个字表达事物名称,就用一个字表达;如果一个字不能清楚表达事物名称,就用两个或两个以上的字表达。"荀子在谈论"单名""兼名"时,是从语词形式角度来讨论命名的问题。但他又说,"如果单名和兼名不互相违背或排斥,就可以用概括的方法来表达这两者共同指称的事物。"

---

① 《荀子·正名》。
② 参见《荀子·正名》。
③ 《荀子·正名》。

值得思考的是,荀子所使用的"单、兼、共"制定名称方法之间有什么关联呢? 翟锦程认为,三者都是"从'名'的语词表达方式角度,将'名'区分为'单'、'兼'、'共'三种。"①陈波也持有类似的观点:

> 这(指"单"、"兼"、"共"——笔者注)是就名称的语言形式而言。"单名"指由一个汉字构成的名称……所谓"兼名",是指由多个汉字构成的名称……单名和兼名都没有办法避免,例如"牛"和"白马",则对它们作概括,得到它们之上的共名,例如"兽"。②

笔者赞成翟锦程和陈波关于荀子"单名"和"兼名"的解释,但就两位学者关于荀子"共名"概念从语言形式上来理解,窃以为不合适。

因为单从语言形式分析名称的表达方式而言,"单名"和"兼名"已经囊括了所有事物的名称,根本不需要再用其他名称来进行指称。所以,将"单名""兼名"与"共名"放在一起理解是不合适的。

如何理解荀子提出的"共名"概念呢? 笔者认为,关于"单名""兼名""共名",荀子是从不同角度谈论的:"单名"和"兼名"是从语言形式角度对名称进行分类,如果单就语言形式而言,"单名"和"兼名"可以囊括所有事物的名称。"共名"是对概念的反映,表达的是一个属概念,也就是一个外延非常宽广的概念。荀子在这里是从两个角度来论述制定名称的方法:一个

---

① 崔清田主编:《名学与辩学》,山西教育出版社1997年版,第59页。

② 陈波:《荀子的政治化和伦理化的语言哲学——一个系统性的诠释、建构、比较与评论》,《台大文史哲学报》2008年第69期。

是从语言的形式角度,另一个是从概念外延的角度。所以,荀子在后面的论述中提出"虽共,不为害矣"的观点。

四、荀子论名称的功能

毋庸置疑,名称具有指称的功能,名称是用来指称对象的。对名称指称功能的认识,是人类社会的进步。随着人类历史进程的推进,人们对事物的认识越来越深刻,所以,到了战国末期,荀子注意到了人们通过约定俗成的方式对事物的名称加以固定。此种制定名称的方式与行为,是社会进步的表现。

不难想象,原始社会早期的人类,由于语言不够发达,人们对事物的认识不够全面和深刻,接触的事物也不够多,所以,那时的人们对事物的命名只能紧限于身边极少的事物。这样,人与人之间的交流不仅存在一定的困难,而且人际交流的范围也很狭窄,通常只能限于本部落内部的人群。

到了荀子生活的时代,人们对名称的认识已经经历了几千年的沉淀,故当时社会上的名称已经相当丰富。但是,这个时期出现了"诸侯异政,百家异说"①,导致"名实混乱"的严重现象。这在秉承"正名以正政"观点的荀子看来,是必须纠正的。他大声地呼唤:

> 故,王者之制名,名定而实辨,道行而志通,则民慎率而一焉。异形离心交喻,异物名实玄纽,贵贱不明,同异不别。如是,则志有不喻之患,而事必有困废之祸。故知者为之分别,制名以指实,上以明贵贱,下以辨同异。贵贱明,同异

———————
① 《荀子·解蔽》。

别,如是,则志无不喻之患,事无困废之祸。……名闻而实喻,名之用也。①

荀子认为,名称首先具有分辨事物的功能(名定而实辨、辨同异)和指称事物的功能(制名以指实),这是名称的两个基本功能。荀子对名称这两个功能的描述,不仅展现了名称最基本的作用;他还通过名称具有"明贵贱"作用的描述,显示出名称的政治功能。

荀子的观点无疑是正确的。在我国古代,部分名称的使用与政治密切相关。例如,古代关于人死亡的称呼,不同地位和身份的人,有不同的名称。根据《礼记·典礼下》的记载:"天子死曰崩,诸侯死曰薨,大夫死曰卒,士死曰不禄,庶人死曰死。"所以,荀子提出"制名以指实,上以明贵贱"的观点是合理的。

如前所述,在荀子的名称观中,他还意识到名称具有道德教化功能。关于名称此功能的论述,前面已经作了较为详尽的论证,在此不赘。

此外,荀子还认识到了名称的交际功能。荀子认为人在交流思想时,如果把不同的事物名称相互混杂纠缠在一起,就会导致分不清等级贵贱,区别不了事物的同异。如此一来,则会引起人的价值意识混乱,人的思想不能互相沟通,最终会造成事情的困厄废滞的祸端。

荀子通过对名称功能的详细阐述,明确了"上以明贵贱,下以辨同异",进而达到"志无不喻之患,事无困废之惑"的制定名称之目的。这也是荀子之所以认为听到名称就能知道其所指的

---

① 《荀子·正名》。

事物("名闻而实喻,名之用也")的关键所在。

总之,荀子在"制名"上形成了一套系统的理论,所以其"制名"理论代表了先秦时期的最高成就。不过,在对荀子制定名称理论给予赞誉时,也应该看到,荀子在论述这些制名或命名的理论时,他过于强调圣王、君子的作用(其在论述"正名"思想时也持有同样观点),而对普通大众在制名或命名的贡献鲜有提及。这一点,显示出荀子"制名"思想的局限性。

第二节　荀子的名称约定俗成说

无论是中国语言哲学还是西方语言哲学,名称问题始终都是其核心问题之一。大家知道,名称是对事物的指称,它是专名和通名的统称。所谓专名,指的是自然语言中的专有名词,诸如"鲁迅""孙中山""南京""长江大桥""泰山"等;而通名指的是自然语言中的普通名词,诸如"动物""植物""学校""人"等。

对名称问题的讨论历史悠久,中西方哲学家都在此问题上表现出浓厚的兴趣,并给予了极大的关注。其中,颇具代表性的理论有:荀子的约定俗成说;弗雷格、罗素、维特根斯坦等人的摹状词说;克里普克、普特南(Hilary Whitehall Putnam)等人的因果历史命名理论。不过,我们发现荀子的约定俗成说是名称理论中的一枝奇葩,它不仅开出了具有东方名称理论的奇香,还散发出世界性的芬芳。将荀子的名称约定俗成说与西方的名称理论进行比较探究,可以彰显荀子名称理论的科学性和先进性,并进而帮助我们把握名称的实质所在。

一、荀子关于名称的约定俗成说

荀子是春秋战国时期"名实"争辩的集大成者,当他看到当时的诸子百家在使用名称和概念时出现了极度的"惑乱"之后,决定用"正名"以"破三惑"。

荀子首先给"名"下了个定义,即"名也者,所以期累实也。"①荀子揭示了名称的实质:名称是社会交流的产物,是人们约定俗成的结果。

荀子对名称本质的认识,在当时所处的时代具有开创性意义。因为,当时其他诸子没能明确指出名称的这一本质特征,而荀子不但明确揭示了名称的约定俗成性质,他还对此性质作了精到的分析和论证。

为了进一步说明名称的本质,荀子提出"制名以指实""名足以指实"。② 荀子看到了名称具有指谓性功能,也就是名称能够指称、谓述客观事物。荀子关于名称的指称理论,和现代西方语言哲学的指称理论观点有惊人的相似:"指称理论泛指研究语词和它所指称的东西的理论。"③荀子提出:

> 知异实者之异名也,故使异实者莫不异名也,不可乱也;犹使同实者莫不同名也。……正名而期,质请而喻。④

其中,"正名而期,质请而喻"依照王念孙的解析,"质,是根

① 《荀子·正名》。
② 《荀子·正名》。
③ 陈嘉映:《语言哲学》,北京大学出版社 2003 年版,第 48 页。
④ 《荀子·正名》。

本的意思。'请'读为'情',真实的意思。实与名正相对也。"①
即荀子认为,名称及其指称的东西之间要相符合。

更为难能可贵的是,荀子在语言哲学史上第一个正式提出
了名称的约定俗成学说。荀子关于名称的约定俗成说思想在
《正名》篇里有多处表述,我们在前面讨论荀子制定名称的根据
时曾引用了这段话:

> 散名之加于万物者,则从诸夏之成俗曲期;远方异俗之
> 乡,则因之而为通。……何缘而以同异? 曰:缘天官。凡同
> 类同情者,其天官之意物也同;故比方之疑似而通,是所以
> 共其约名以相期也。②

荀子在这段话中两次表达了名称所具有的约定俗成特征:
一是指名称的"成俗曲期",二是指名称的"共其约名以相期"。
如何理解荀子这里的观点呢? 对此,翟锦程给出了解释:

> 荀况认为,人依靠"天官"(即耳、目、鼻、口、形,这是荀
> 子在《天论》里说的——笔者注)来区分事物的同与异。感
> 官对同一类属、同一情态的事物的感觉是相同的,所以对事
> 物的比拟、描述也基本相同,因此,可以共同约定一个名称
> 来表述事物,达到相互沟通和交流。③

翟锦程对荀子思想的解释是符合其原意的。不过,大家知
道,由于感官受到外在事物的影响,可能不能准确甚至歪曲反映
客观事物的真实面貌,从而导致人的认识发生错误。对此,荀子

---

① 杨柳桥:《荀子诂译》,齐鲁书社 2009 年版,第 450 页。
② 《荀子·正名》。
③ 崔清田主编:《名学与辩学》,山西教育出版社 1997 年版,第 56 页。

明确指出：

> 凡观物有疑。中心不定，则外物不清；吾虑不清，则未可定然否也。冥冥而行者，见寝石以为伏虎也，见植林以为立人也，冥冥蔽其明也。醉者越百步之沟，以为跬步之浍也；俯而出城门，以为小之闺也；酒乱其神也。①

在这里，荀子清晰地指出，人在认识上出现错误是由于外部因素的干扰造成的。所以，荀子提出要破除外界的干扰，必须依靠"心"（思想）的作用达到"大清明"的状态。如他所说：

> 何以知道？曰：心。心何以知？曰：虚壹而静。心未尝不臧也，然而有所谓虚；心未尝不满也，然而有所谓一；心未尝不动也，然而有所谓静。……虚壹而静，谓之大清明。②

荀子"虚壹而静"思想，"源于对老庄和稷下学派等先秦诸子有关思想的批判继承。"③老子倡导通过"致虚极，守静笃"④的方法来把握"道"。稷下学派强调修心、治心，采取"虚壹静因"的方法来帮助人排除思想中的欲念。庄子对"虚静"的修养方法也表达了类似的观点，他认为，"无视无听，抱神以静，形将自正"⑤，所以庄子指明了"神"（心）静，才能身正的道理。

老子和稷下学派等思想家在阐述"虚""静"等观念时，注意到了心（思想）在帮助人们达致"虚""静"时的重要作用或重要价值。这一观点得到了荀子的继承。不过需要指明的是，老子

---

① 《荀子·解蔽》。
② 《荀子·解蔽》。
③ 陈光连：《知识与德性：荀子"知性"道德哲学研究》，东南大学出版社2014年版，第190—191页。
④ 《老子·道德经》第十六章。
⑤ 《庄子·在宥》。

和稷下学派关于"虚""静"的观点中都含有绝对性的因子。荀子对此持批判态度,他在老子和稷下学派关于"虚""静"思想的基础上,对"虚"和"静"的认识进行了合理的改造,赋予它们以辩证的意义。

荀子对"虚"的认识比道家更为合理。道家理解"虚"概念时,侧重已有的知识会妨碍对新知识的接受;荀子则认为,人们不可能在认识新事物时,完全排除先有的知识,他强调"虚中有藏",即"不以所已藏害所将受"①。换言之,因为有"虚",所以才会"藏",同样的道理,由于不断地"藏",才反映了有"虚"。荀子对"虚""藏"关系的认识比道家深刻,他赋予了这对关系的辩证性质。

此外,荀子对"壹"的认识也赋予了其辩证特征。老庄和稷下学派思想中的"壹"是"专一"的意思,强调人们在认识事物时要一心一意,即"一意专心,耳目不淫"②。而荀子认为,"壹"并不意味着排斥"两",他指出,"心生而有知,知而有异。异也者,同时兼知之,两也。"不过,荀子强调"不以彼一害此一"③,换言之,他认为两或多是由一构成的,只有做到专一才能兼知;同时,兼知是专一的结果。

荀子"虚壹而静"中的"静"也具有辩证的性质。他认为,人们在心灵宁静的状态下能够抵达"道"的境界。但荀子强调,这里的宁静不是一动不动的静坐,不是道家倡导的心静如水,而是引导人们思考问题时杜绝胡思乱想的错误做法。

---

① 《荀子·解蔽》。
② 《管子·业内》。
③ 《管子·业内》。

荀子认为,若要真正祛除蒙蔽之祸,必须全面地把握"道"。只有全面地把握了"道",才能真正地把握事物的本质,真正地认识事物,才能做到"物至而应,事起而辨""宗原应变,曲得其宜"。①

荀子提出,人类知"道"、把握"道"的途径在于"心"。他指出:"心者,形之君而神明之主也,出令而无所受令",因此要"主其心而慎治之"。② 在荀子看来,人若不想受蒙蔽,必须自己掌握自己的思想,时刻保持头脑的清醒,只有这样才能把握"道"。

荀子这里的"心"实际上是一种理性之心,他认为理性之心不仅能够对认识的事物作出正确判断,而且能够辨别出事物的优劣。这是因为心(思想)的思知能力能够抑制"欲"与"情"的非理性,从而使人积极向道靠拢。所以,荀子强调心对身体的支配作用:"心者,形之君也,而神明之主也。"③

荀子强调,为了让心不受蒙蔽,需要修心。而人若想修心,必须让心经历"虚"→"壹"→"静"的修炼历程。荀子认为心若想不被蒙蔽,先要保持"虚空"的状态,或者虚心的态度。尽管人的认知有记忆,也就是有储存功能,因此,人的认知会储存很多信息、知识以及经验,但荀子认为,这些在认识新的事物、接受新的事物时都是可以被屏蔽的。换言之,他强调,人们在接受新的信息、知识时应该将之前的信息、知识和经验储存屏蔽掉,不让这些东西妨碍对新事物的认知。如果不能这样做,思想就容不下新的东西,就会造成心(思想)的蒙蔽。故此,心(思想)只有经过"虚"的磨砺,才不会被已有的认识干扰、阻隔新的认识。

---

① 《荀子·非十二子》。
② 《荀子·解蔽》。
③ 《荀子·解蔽》。

在荀子这里,心(思想)经过"虚"的历程之后,还不够。荀子认为,为了深入认识、把握新事物,心(思想)还需要经过"壹"的修炼。大千世界,纷纷扰扰,由于世界万物的多样性,所以,我们的认识需要区分不同的事物。人能区分不同事物,是建立在思想认识了若干种不同事物基础上的。但是,为了深入认识事物,把握事物,必须由广博转入专一。当人的思想专注于某个具体的事物时,思想就不会受其他事物的影响、干扰。思想只有保持"一心一意"的状态,才不会因为对此事物的认识而阻隔对彼事物的认识。

尽管人们的认识经过了"虚"的磨砺,经历了"专一"的历练,但还不能真正的认识"道"。在荀子看来,还需要经历最后一步磨炼才能达到对"道"的明确认知——"静"。荀子注意到人的思想状态有三种情况:一是人在睡眠时的思想状态,荀子意识到这个时候人的思维也在活动,高速地运转;二是胡思乱想时的思想状态,此时人的思想如同脱缰的野马,不受人的控制;三是理性状态下的人的思想,这时人能够抓住事物的本质(道),从而正确地进行概念分析、精确地判断事物的真假和合理有效地进行推理。荀子意识到,尽管人的思想有时会处在活动的兴奋期,但思想也会呈现出相对平静的冷静状态。此时,思想不会受到梦幻和胡思乱想的干扰,而是处在相对宁静的状态,这样有利于我们更加精确地认识事物,"如果心没有'静'的功能,我们的认识就不容易精确。"①

---

① 魏承思:《荀子解读:人生修养的儒家宝典》,上海人民出版社 2019 年版,第 331—346 页。

所以,荀子"虚"→"壹"→"静"的修心历程,就是一个摒除成见、专心致志和保持心理宁静的三个磨炼思想的过程。只有心(思想)经历这三个过程,才能达到"无欲、无恶,无始、无终,无近、无远,无博、无浅,无古、无今"①。需要明确的是,荀子这里讲的"无"并不是取消、舍弃之意,而是指全面地认识事物。

荀子强调人要达到"大清明"。这里的"大清明",意在让人用真诚的心来观照万物。如果人们在认识事物时能够有这样的真诚态度,那么,万物都会明明白白、清清楚楚地呈现在自己的眼前。只有这样才能排除外界因素对感官的干扰,进而达到对事物的正确认识。

故而,在给事物命名时,荀子也强调"心"(思想)的作用。换句话说,荀子这里实际上强调人的思想在命名时具有重要的作用。如翟锦程所分析:

> 荀子强调"心有征之",心的作用就是"清其天君,正其天官",排除外界因素对感官的干扰,并将事物故有的"异""当簿其类",从中找到其"同"的方面。通过"心"的作用,把类似的事物归为一类,"政知必将待天官之当簿其类",然后再共同约定一个名称来加以表达,进行思想交流。②

所以,荀子在这里已经表明名称的产生和存在,是社会共同体通过自由的选择以及共同约定的结果。

荀子直接给出名称的约定俗成原则,是在下面的这段著名论述中。这也是中国语言哲学史上"约定俗成"一词的首次亮

---

① 《荀子·解蔽》。
② 崔清田主编:《名学与辩学》,山西教育出版社 1997 年版,第 57 页。

相、第一次登场。荀子指出：

> 名称没有本来就恰当的，都是人通过共同约定来给事物确定名称，符合约定俗成就叫恰当，不符合共同约定的名称就叫做不恰当。名称没有本来就代表某一事物的，而是共同约定给事物确定一个名称，符合约定俗成就是这个事物的名称。名称没有本来就好的，直接平易而又不相互矛盾，就叫好名称。物体有形状相同而所处的空间位置不同的，有形状不同而所处的空间位置相同的，这是可以区别的。形状相同却处在不同空间的虽可以合并，也称它们为两个实体。形状有变化而实体没有区别，所呈现的不同，叫做变化。有变化，而没有实质区别，还是叫做一个实体。①

在此，我们首先要理解和把握荀子的"名无固宜"和"名无固实"思想。只有对此思想进行把握之后，才能真正掌握荀子关于名称的约定俗成说。

荀子的"名无固宜"和"名无固实"思想是对事物刚开始命名而言的，也就是事物在刚被命名的阶段，用何名称来给事物命名是没有恰当不恰当之分的，没有本来就代表某一事物的固定名称的。为什么在事物被命名的初始阶段，名称没有确切和固定的称谓呢？唐君毅认为，这涉及荀子对事物的"实"与"状"的区分。用唐君毅的话说，就是"名之所以初无固宜固实，则当溯其原于荀子之分开事物之'实'与事物之'状'。"②

荀子用物体所占有的空间位置来确定物体的多少。他认

---

① 参见《荀子·正名》。
② 唐君毅：《中国哲学原论（导论篇）》，中国社会科学出版社 2005 年版，第 90 页。

为,以占据同一空间者为一个物体,以占据不同空间者为多个物体。同时,荀子认为,物体的形状是依附于物体的,不同的物体可以具有相同的形状。这就像一对孪生兄弟,他们的外表形状可能完全相同,但他们所处的空间位置却不同。

此外,荀子还认为同一个个体可以有不同的形状。这如同一个人由婴儿到老死前,他的形状处在不断的变化之中,但这个人始终占有一个空间位置。所以,荀子在谈用"名"以指实时,是把物体的形状作为中介来表达我们思想中所要表征的事物,并不是直接用名称来指称所要表征的事物。

荀子的这种思想与墨家学派直接用"以名举实"和名家直接用"正其所实者,正其名也"大有区别。墨、名两家都是用"名"直接来指实,不需要借助思想世界为中介。也就是说,"依荀子之说,以言名之指实,当是透过名之表吾人意中之'实之状',而间接指'实'。"①这是荀子名称理论的一大特色。

荀子还认为,具有相同形状的事物,不一定是同一事物,诸如孪生兄弟或姐妹,他(她)们外形可能相同,但他(她)们却是不同的个体。而且我们还可以看到,具有不同形状的个体不一定是不同个体,例如,一个单个的人 A,从出生到死去之前,他的形状处在不断的变化之中,但不管怎么变化,还是同一个个体 A。名称一开始来表征事物之形状时,既可以表征此物之形状,也可以表征他物之形状,所以名称没有本来就恰当的。这就是荀子所宣称的"名无固宜"观点。而名称用来指称事物时,由于

①　唐君毅:《中国哲学原论(导论篇)》,中国社会科学出版社 2005 年版,第 91 页。

"名无固宜",这样名称刚开始亦可指此实,也可指他实,从而名称在刚开始命名时,也没有固定之事物为其所指称,所以荀子强调"名无固实"。

既然"名无固宜"并且"名无固实",那么,名称与事物之间的指称关系是怎样确定的呢?荀子认为,名称是由社会共同体的约定俗成来确定的,名称和事物之间没有固定、必然的联系,事物的名称和事物之间的指称关系,是靠社会共同体的共同约定来确定的。

荀子的这种思想非常符合名称命名的实际,也符合人的直观感觉。荀子的名称约定俗成理论,揭示了名称具有社会本质属性的特征。梁启雄就认为:"这(指'约定俗成'——笔者注)说明,名所由制成的社会因素。"①所以,荀子的约定俗成说是深刻且富有超前意识的。在其所处的时代,与其他诸子相比较而言,荀子的这一思想是当时语言哲学中的最高成就。荀子名称的约定俗成理论放在现代语言哲学中,也具有现实的指导意义。

荀子在命名的初始阶段得出了名称具有任意性的科学论断,在名称的使用阶段上,荀子认为名称的使用具有强制性,即"名有固善"。可以说,名称一旦被约定俗成,人们在使用时就应该以大家的共同约定来使用该名称,从而达到"上以明贵贱,下以别同异"②之目的。

二、克里普克、普特南的因果历史命名理论

西方学者对名称问题的讨论由来已久,但在西方对该领域

---

① 梁启雄:《荀子简释》,中华书局 1983 年版,第 315 页。
② 《荀子·正名》。

的讨论真正有所建树且引起轰动的理论是近现代的事。西方学者对名称的讨论主要集中在名称有没有含义的问题上,这一问题的提出肇始于英国哲学家穆勒。穆勒(John Stuart Mill)在《逻辑体系》一书中讨论了名称及其意义问题。穆勒对专名、通名及限定摹状词都进行了论述。他认为,所有像"人"这样的普通名词既有外延又有内涵,它们既能指称被它们所称谓的人或物,又能统摄或表示某些简单或复合的特性。人们根据某些人或物具有这些特性,而将其识别为该名称的所指。关于单独名称或个别名称,他认为:

> 如果它们是限定摹状词,就是有内涵的;如果它们是专名,就是没有内涵的。个体对象在被命名之后,专名就仅仅作为一种标记,使那个对象成为被谈论的对象,它本身并没有内涵,它指称被它称谓的个体,但不表示或蕴涵属于该个体的任何属性。①

弗雷格(Friedrich Ludwig Gottlob Frege)、罗素(Bertrand Arthur William Russell)和维特根斯坦(Ludwig Josef Johann Wittgenstein)等人吸收了穆勒在通名方面的观点,但对其专名的观点进行了修正。他们认为,名称是缩写的摹状词,一个名称的含义是由与该名称相关联的摹状词给出的,含义决定指称。

不过,弗雷格、罗素等人的观点遭到了克里普克等人的批评。克里普克在吸收穆勒关于专名的思想上,提出了专名和通名都是没有含义的"标签",并认为专名不能和一个或一簇摹状词等同,并在此基础上提出了名称的因果历史命名理论。

---

① J.S.Mill,*A System of Logic*,London,1910,p.20.

克里普克认为专名是"严格指示词",而摹状词是"非严格指示词"。他对这两个概念进行了解释:

> 如果一个指示词在每个可能的世界中都指示同一个对象,我们就称之为严格的指示词。否则就称之为非严格的或偶然的指示词。①

克里普克为什么会持有这种观点呢? 涂纪亮的分析可为我们解开这一谜团。他说:

> 专名可以直接指称一个对象,而不把任何特性归属于这个对象,因此,当它指称一个对象时,并不以世界上发生的任何偶然的事件或过程为转移。只要一个对象的本质属性不变,不论这个对象的非本质属性发生多大的变化,这个专名所指的对象始终不变,因此专名是严格指示词。相反,摹状词则并不如此,因为它仅仅借助于把某些特性归之于对象来指称一个对象,因此它的指称方式受到世界上发生的种种偶然的事件和过程的影响。如果对象的属性发生变化,确定摹状词的指称也发生变化,因此摹状词是非严格的指示词。②

既然如此,专名是通过何种方式来指称一个对象的呢? 克里普克通过举例方式加以论证:克里普克通过一个名叫理查德·费因曼的人,从其出生父母给其起名(命名)开始,经由大家看到这个孩子想起他父母为他起的"理查德·费因曼"名字,从而谈论"理查德·费因曼"这个名字。随着时间的推移,"理

---

① 〔美〕索尔·克里普克:《命名与必然性》,梅文译,涂纪亮、朱水林校,上海译文出版社 2001 年版,第 29 页。

② 〔美〕索尔·克里普克:《命名与必然性》,梅文译,涂纪亮、朱水林校,上海译文出版社 2001 年版,第 3 页。

查德·费因曼"这个名字逐渐流转开来。这个过程在克里普克看来就像是借由一根链条一样，在一环一环慢慢地传播。①

克里普克通过上面的例子意在表明，专名是借助于某些与这个名称有关的历史事实来指称某个对象的，并且表达出摹状词（也就是专名的含义）和专名不具有同一性。那么，克里普克必须解决"命名仪式"时对专名的命名途径问题。克里普克给出了两种方式来解决这一问题：一是用实指，二是用摹状词来固定指称的对象。

关于用摹状词来固定指称的对象，可以看出它与传统的摹状词理论是有很大区别的：传统的摹状词理论是把摹状词和专名当作同义词使用的，而用摹状词来固定指称的对象，只是把摹状词作为规定所指对象的手段而已。

克里普克在通名问题上也持有类似的观点。他说：

> 种名可以一环一环地传递下去，就像在专名的情形中那样，以至于许多很少见过和根本没有见过黄金的人也能够使用这个词。它们的指称是由一根因果的（历史的）链条确定的，而不是由任何词项的用法决定的。②

在指称问题上，支持克里普克观点的是普特南。普特南也反对通过一簇属性来识别一个自然种类中的个体，因为他认为任一种类都可能有反常个体，所以，普特南认为应通过实指的方式来给物体命名。他说：

---

① 参见[美]索尔·克里普克：《命名与必然性》，梅文译，涂纪亮、朱水林校，上海译文出版社 2001 年版，第 75 页。

② [美]索尔·克里普克：《命名与必然性》，梅文译，涂纪亮、朱水林校，上海译文出版社 2001 年版，第 125 页。

当我给出"水"的实指定义,说"这(或这种液体)是水"时,我想要说的是:(对于任一可能世界 W)(对于 W 中所有的 x)(x 是水当且仅当 x 与现实世界 W_1 中被指称为"这"的那种实体具有相同液体关系)。[①]

普特南还认为,"这"具有固定指称的作用。他认为,当人们给出"这是水"这样的命题时,实际上是在做一种实指定义。此处的"这",是对"水"的一种固定。通过这种实指的固定方式,"水"这个名称和"这"所固定的样品之间就经由定义达成了逻辑上的必然联系。

普特南强调,如果我们构想一个可能的世界,在这个可能世界中,"水"这一名称所指称的"这"所固定的那种东西,那么这是没有任何意义的。因此,普特南认为,对于诸如"水"这样的指称自然类语词来说,语词不可能有内涵。所谓语词有内涵,按照普特南的理解,是指说话的人与语词相互联结的相当于概念的某种事物。因为只有概念才有内涵,这是概念的基本特征之一。普特南还指出,由于指称自然类语词没有内涵,对于这类语词而言,也就不存在内涵决定外延的问题。[②]

总体而言,以克里普克和普特南为代表的因果历史命名理论的要点可以概括如下:其一,所谓指称,其确切的意义是对对象的命名,这是其本质所在;名称只有通过命名才能成为固定指示词,从而与某个固定的对象形成必然的指称关系。其二,名称

---

① H. Putnam,"Meaning and Reference",Reprinted in A. P. Martinich(ed),*The Philosophy of Language*,Oxford University Press,2001,p.293.

② 参见 H. Putnam,*Mind,Language and Reality*,Cambridge University Press,1975,pp.215-271.

中的专名有指称意义,但没有内涵。其三,通名和专名在指称上具有相同的特征,它们的指称对象都源于对事物的命名;通名在因果历史命名理论中没有内涵。其四,在因果历史命名理论中抛弃了传统上的通名有内涵的说法,传统上的所谓通名的内涵在这里变成了后验必然知识,这种知识是对对象的后天认识而得到的。通名的内涵在这里的作用是可以帮助人们在现实世界中辨认名称的指称对象。其五,在因果历史命名理论中,命名仪式和社会传递方式(或者说社会交际体制)决定了名称的指称对象。由此,又可以分为两种情形,一是人们亲知的对象,名称的指称是通过实指的方式完成的;二是对于人们无法亲知的对象,名称的指称是借助因果链条进行传递来完成的。其六,在社会中,可能无法保证每一个社会成员都精确地把握某一个名称指称何种对象,不过,社会共同体基于对某种语言的把握,这个共同体是可以准确把握每一个名称的指称对象的。①

三、约定俗成说与因果历史命名理论的比较和融合

荀子和克里普克、普特南在各自的时代都提出了一个共同课题——指称问题或者说名称的指称问题,并由此形成了关于名称的两种著名理论,即约定俗成说和因果历史命名理论。

从两种理论的共同点来看,两者都得出了名称具有社会的属性。不过,在名称的命名阶段和名称的使用阶段,两种理论对关于名称具有社会的属性所体现的方式不同。

---

① 参见郭贵春、刘高岑:《指称理论的演变及其语境重建》,《山西大学学报(哲学社会科学版)》2003 年第 3 期。

约定俗成说理论认为,名称的命名阶段和名称的使用阶段都具有很明显的社会性。荀子在论述名称的命名阶段和名称的使用阶段中,均彰显了这一观点。荀子认为,名称的命名是社会共同体共同约定的。在荀子时代,名称命名的社会性通过两种方式来体现:一方面就下层百姓而言,对名称的命名主要是通过大家的共同约定,约定之后先在这部分人之间流转,进而扩大其范围;另一方面就上层统治阶层来说,对事物的命名主要是通过帝王或统治者的宣告。

事物被冠以名称之后,就进入了使用阶段。在使用阶段,名称也通过两种方式在社会中流转,一是在普通百姓之间名称经过约定,先要在约定的这部分人中间流转,随着这部分人活动范围的扩大,名称的使用范围也在逐渐扩大,最终扩大到全社会。二是在由帝王或统治者制定的名称,通常一经帝王或统治者宣布之后就会在社会中流转。所以,荀子要借助帝王来"制名"。名称在使用阶段上都是社会中的人在使用,而且是在语言共同体中使用。这样,使用阶段中名称的社会属性是不言而喻的。

而因果历史命名理论强调的是使用阶段中名称具有社会属性,在命名阶段对名称的命名似乎是个人的事。因果历史命名理论更强调名称在使用中的"历史链条",这种理论认为:

> 命名活动取决于名称与某种命名活动的因果联系,也就是说,我们在给事物命名时,所依据的并不是对名称的意义的了解,而是对某些历史事件及其因果影响的了解。①

---

① [美]索尔·克里普克:《命名与必然性》,梅文译,涂纪亮、朱水林校,上海译文出版社 2001 年版,第 2 页。

基于此,因果历史命名理论借助两种方式完成命名,即实指和摹状词来固定指称对象。

通过上面的分析发现,约定俗成说和因果历史命名理论采取的命名方式不同。然而,两者哪种理论更合理、更具有理论优势? 笔者认为,约定俗成说更符合命名实际。大家知道,名称在初始阶段具有任意性,就像我们给月亮这一事物命名为"月亮"时,我们也可以将之命名为"太阳"。当我们选择将地球上唯一的天然卫星命名为"月亮"时,这只是语言共同体共同的约定结果,而不像因果历史命名理论说的那样是通过实指的方式。因为通过实指是可能出错的,例如,我们指着一只睡着的猫说"这是只猫",而说话的人指的可能是猫身体的某个部位。这时,实指就不能给事物命名了。

此外,名称的约定俗成说和因果历史命名理论,都强调名称一经形成就具有相对固定性。荀子认为:"名有固善,径易而不拂,谓之善名。"①克里普克也提出:

> 专名可以直接指称一个对象,而不把任何特性归属于这个对象,因此,当它指称一个对象时,并不以世界上发生的任何偶然的事件或过程为转移。只要一个对象的本质属性不变,不论这个对象的非本质属性发生多大的变化,这个专名所指的对象始终不变。②

总之,荀子的名称理论深刻揭示了名称具有约定俗成的社会本质属性。他对名称的认识是科学的、合理的。他关于"名

---

① 《荀子·正名》。
② [美]索尔·克里普克:《命名与必然性》,梅文译,涂纪亮、朱水林校,上海译文出版社2001年版,第75页。

无固宜""名无固实"的认知,是符合名称的实际情形的。比较而言,荀子的约定俗成说虽然更符合名称形成和使用的实际过程,但荀子对名称的流转过程的论证过于简单,论证得不够充分。在讨论克里普克、普特南的因果历史命名理论时发现,他们的名称理论上也存在不足。比如,他们对事物命名阶段的论述不符合常理。不过,他们对名称的流转阶段的论述非常详细并形成了一个系统。所以,若将荀子在名称的命名阶段理论和克里普克、普特南在名称流转阶段理论加以融合,那么应是一个很好的指称理论。

第三节　荀子的"用名"观

荀子在名称理论中提出了系统的"制名"观点,并对名称的社会本质有着清晰的认识。基于此,他分析了如何正确使用名称的问题,也就是荀子的"用名"观。此观点是通过对诸子乱用名称的批判过程中展现出来的:对春秋战国时期乱用名称的概括、批判表明使用名称的观点。荀子对春秋战国时期乱用名称的现状深恶痛绝,并对此展开了无情的批判,从而形成了系统的"用名"理论。

一、荀子对名称乱象的概括

从名称与客观事物之间的关系视角出发,荀子把当时名实混乱的现象概括为"用名以乱实"①。所谓"用名以乱实",唐君

---

① 《荀子·正名》。

毅解释为"由名之相异而多,而意其所指之实,亦相异而非一。"①唐君毅将荀子"用名以乱实"理论概括为:

> 此理论之要点,不在用分别之名,以直往指实,而使之如附著于实,而在直接就名之分别,而意其所指之实,亦必分别。于是凡名之可相分别者,皆谓其应指不同之实。②

荀子关于"用名以乱实"所举的例子是:"'非而谒楹'有牛马非马也。"③各代学者对"非而谒楹"和"有牛马非马也"的断句和理解争议较大。其中,杨倞、王绍兰和王先谦等人采取"非而谒,楹有牛,马非马也"的断句方法,但他们对"非而谒,楹有牛,马非马也"观点的归属上存在分歧。

杨倞对此三个命题的归属问题持如下观点,他认为:

> "非而谒,楹有牛",未详所出。"马非马",公孙龙白马之说也。白马论曰:"言白,所以命色也;马,所以命形也。色非形,形非色,故曰白马非马也。"是惑于形色之名,而乱白马之实也。④

而王绍兰则认为这三个命题都是出自墨家,都是墨子所说的命题。因此,他指出:

> 此三者皆墨子说。惟"谒"当作"易","易"误为"曷"又加"言"耳。墨子兼爱中篇云:"凡天下祸篡怨恨,其所以

---

① 唐君毅:《中国哲学原论(导论篇)》,中国社会科学出版社 2005 年版,第 101 页。
② 唐君毅:《中国哲学原论(导论篇)》,中国社会科学出版社 2005 年版,第 101 页。
③ 《荀子·正名》。
④ 王天海:《荀子校释》,上海古籍出版社 2005 年版,第 906 页。

起者,以不相爱生也。是以仁者非之,既以非之,何以易之?
子墨子言曰:以兼相爱、交相利之法易之。"此谓不相爱为
非而易以兼相爱也。是"非而易"之说也。经说上篇云:
"止,无久之不止。当牛非马,若夫过楹。"是"楹有牛"之说
也。又云:"有久之不止,当马非马,若人过梁。"是"马非
马"之说也。马非马,与"白马非马"异。白马非马,辩在
"白"也;马非马,辩在"马"也。今正文云"马非马",不言
"白",则是墨子说。①

另外一种断句方法是孙诒让、梁启雄和唐君毅等人使用的。
他们把上述句子断为"非而谒楹、有牛马非马也"。孙诒让曰:
"此当以'有牛马非马也'为句。谓兼举牛马与单举马异也。"②
唐君毅把这些观点都归属于公孙龙子派。他认为:

> 梁启雄荀子柬释引墨经说上:"坚异处,不相盈相非,
> 是相外也。"遂为"谒"为"谓"之误,"楹"为"盈"之误,应作
> "非而谓盈"云。按墨辩实主坚白相盈不相离,不相外,与
> 世俗常见同。其"相非是相外也",乃斥责之语气。若梁说
> 果是,吾意"非而谓盈",亦应指主坚白相"非",以"论谓"
> 世俗常见之主坚白相"盈"之说,而欲易之者。此当是指公
> 孙龙派之说。故墨辩以相非必归于相外,以斥责之。③

唐君毅把"非而谓盈"认定为公孙龙子的观点是合理的。
公孙龙子持有"离坚白"观点,他在叙述"离坚白"的论题时

① 王天海:《荀子校释》,上海古籍出版社 2005 年版,第 906—907 页。
② 王天海:《荀子校释》,上海古籍出版社 2005 年版,第 907 页。
③ 唐君毅:《中国哲学原论(导论篇)》,中国社会科学出版社 2005 年版,第 102 页。

提出：

> 坚、白、石，三，可乎？曰："不可。"曰："二，可乎？"曰：
> "可。"曰："何哉？"曰："无坚得白，其举也二；无白得坚，其
> 举也二。"曰："得其所白，不可谓无白；得其所坚，不可谓无
> 坚。而之石也之于然也，非三也？"曰："视不得其所坚而得
> 其所白者，无坚也；拊不得其所白而得其所坚者，无白也。"
> 曰："天下无白，不可以视石；天下无坚，不可以循石。坚白
> 石不相外，藏三可乎？"曰："有自藏也，非藏而藏也。"曰：
> "其白也，其坚也，而石必得以相盈。其自藏奈何？"曰："得
> 其白，得其坚，见与不见离。不见离，一。一不相盈，故离。
> 离也者，藏也。"曰："石之白，石之坚，见与不见，二与三，若
> 广修而相盈也。其非举乎？"曰："物白焉不定其所白；物坚
> 焉不定其所坚。不定者兼，恶乎其石也？"曰："循石，非彼
> 无石。非石，无所取乎白。石不相离者，固乎然其无已。"
> 曰："石，一也，坚、白，二也而在于石。故有知焉，有不知
> 焉；有见焉，有不见焉。故知与不知相与离，见与不见相与
> 藏。藏故，孰谓之不离？"曰："目不能坚，手不能白。不可
> 谓无坚，不可谓无白。其异任也，其无以代也。坚白域于
> 石，恶乎离？"曰："坚未与石为坚，而物兼未与为坚。而坚
> 必坚，其不坚石物而坚。天下未有若坚，而坚藏。"白固不
> 能自白，恶能白石物乎？若白者必白，则不白物而白焉，黄
> 黑与之然。石其无有，恶取坚白石乎？故离也。离也者，
> 因是。①

---

① 庞朴：《公孙龙子研究》，中华书局 1979 年版，第 39—42 页。

公孙龙子强调"坚"与"白"要分离的思想，与"非而谓盈"的思想是一致的。关于"有牛马非马"的命题，唐君毅考察了该命题的出处，对之进行了分析并对其给予了详尽的解释。他认为：

> 至有牛之牛字，或谓即白字，若然则此正为公孙龙子白马非马之说。……或谓"有牛马非马也"原文不误，其解当如墨辩经说下，所言"牛不二马不二，而牛马二，则牛不非牛，马不非马，而牛马非牛非马"。……今按墨辩此言与公孙龙子通变论附及之"羊不二，牛不二，而牛羊二"之言近似。依公孙龙亦可言牛羊之非牛非羊，如墨辩之言牛马之非牛非马也。……若单提出而观之，则可纳入公孙龙派之说中。①

从上面的断句分析来看，两种断句方法都有其合理性。问题是，究竟采用何种断句为宜？若从语言哲学和荀子将这些句子放在一起的初衷来看，笔者认为第二种断句方法较为合理。具体原因如下：

其一，从语言哲学的角度来看，强调名实相符，名实不能混乱是语言哲学一贯坚持的。就"非而谓盈"来说，"非"所强调的是"坚"和"白"不能统一，只能分离；而"盈"强调"坚"与"白"的统一和融合。公孙龙子想通过"坚"与"白"的相互分离，否认现实中"坚"与"白"的统一、融合。公孙龙子关于"有牛马非马"的观点，也是同样的运思理路。而这在强调名称约定俗成原则

① 唐君毅：《中国哲学原论（导论篇）》，中国社会科学出版社 2005 年版，第 102 页。

的荀子看来,这些观点混淆了"名"与"实",是要坚决批判的。

其二,从荀子将这些句子放在一起的初衷来看,荀子认为它们有一个共同的错误,即"用名以乱实"。对第二种断句的分析中可以看出,若采取"非而谒楹"和"有牛马非马也"的断句方法,"非而谒楹"和"有牛马非马也"确实都犯了荀子所概括的"用名以乱实"的错误。

二、荀子对名称乱象的批判

针对春秋战国时期人们在使用名称时出现的混乱情形,荀子进行了系统归纳与概括。他把这些名称乱象,概括为"用名以乱实"之惑。为了破除这种混乱的情况,他提出了应对方法:"验之名约,以其所受,悖其所辞,则能禁之矣。"①

各家对这句话的解读不一。王天海对注家们的观点进行了归纳与总结,概述如下:

> 杨倞注:名约,即名之枢要也。以,用也。悖,违也。所受,心之所是。所辞,心之所非。验其名之大要,本以稽实定数。今"马非马"之说则不然。若用其心之所受者,违其所辞者,则能禁之也。物变松曰:名约者,谓名之所记号者也。其所受者,谓其所受名之实也。其所辞者,即下所谓"辞也者,兼异实之名以论一意也"。上三节谓能禁之者,皆言明知其非也。世之不能禁之者,皆不明知其非之故也。冢田虎曰:所受,谓马受马之名、牛受牛之名类也。所辞,谓如"马非马"之辞说也。久保爱曰:其所辞者,谓其人之所

---

① 《荀子·正名》。

言也。刘师培曰：名约，亦指名之界说言。罗焌曰：辞，读为"辟"。说文："辟，不受也。"天海案：名约，前文多言之，即名之约定之原则，杨注未切。悖，逆反也，此指反驳。所辞，所不受也。此"辞"非"言辞"之"辞"，且与下文无涉，杨注、罗说是也。①

综合各家的解读，可以将"验之名约，以其所受，悖其所辞，则能禁之矣"翻译为："根据名称的约定俗成原则来进行验证，用语言共同体所共同接受的名称来反驳大家都不接受的名称，就能禁止这种'用名以乱实'的错误了。"

我们发现，荀子对"用名以乱实"错误的批判，是以名称的约定俗成原则思想为指导的。唐君毅持有类似观点。他说：

人之为白马非马，牛马非马等，以名乱实之说者，其所以为妄之根源，在其所受与所辞之相悖，亦在其有见于名之多，遂忽略其所指之实之一。人之有此忽略之根源，则正在其分别用多名，以直往指实时，即透过此名之多以观实，乃直往意其所指之实，亦应相别而为多，而未尝反溯此多名之"所以次第制立，而约定俗成"之基本原则。②

笔者赞成唐君毅先生的分析。为此，采用约定俗成的原则，来解析荀子对公孙龙子"非而谓盈"和"有牛马非马"观点的批判。

按照世俗的约定，"坚""白""石"这三个语词，前两个语词是从事物的"属性"角度给事物的命名；第三个语词是从实体的

---

① 王天海：《荀子校释》，上海古籍出版社2005年版，第907页。
② 唐君毅：《中国哲学原论（导论篇）》，中国社会科学出版社2005年版，第103页。

角度给事物的命名。"坚""白""石"三者放在一起表示固定的对象,即"白色而坚硬的石头"。"坚"和"白"是作为石头的属性,用来修饰、限定"石头"。但按照公孙龙子的观点,他认为由于"坚"是一种人的感觉,"白"是经由视觉而发现,所以"坚"与"白"不能同时被人认知,故而"坚"与"白"不能放在一起,只能说"白石"或"坚石"。显然,公孙龙子的观点是错误的,他割裂了人认识事物的统一性,也低估了人认识事物的能力。

如果从约定俗成的角度分析,现实生活中人们认识事物可以对事物的多种属性同时加以认知的,而不是割裂地以单一的某种属性认识事物。人们在日常生活中,也一直在使用诸如"白色而坚硬的石头"这种对事物的指称方式。所以,公孙龙子的"离坚白"观点违反了世俗上所共同约定的名称使用原则。

"有牛马非马"的观点,同样也违反了约定俗成的原则。在"牛马"中,已经肯定了"牛"的名称和"马"的名称,而在"非马"或"非牛"中又不接受前面已经认同的"牛"的名称和"马"的名称,这显然是自相矛盾的。这种"所受"与"所辞"之间的矛盾,违背了思维的基本规律——矛盾律,是我们需要拒斥的。周云之也认为:

> 这(指"牛马非马"——笔者注)同样违反了约定俗成的语词正名原则,人们在约定俗成过程中并没有将"牛马"之兼名与"牛"或"马"之单名加以割裂开来,人们并没有提出一个既非指牛又非指马之"牛马"之名,而只是把"牛"之名与"马"之名合在一起用以指牛马之实的"牛马"之名而矣。①

---

① 周云之:《名辩学论》,辽宁教育出版社1996年版,第244页。

如此一来，"有牛马非马"的命题当然是片面的，在思想上对此类命题应加以消除。

不过，王左立基于公孙龙子"唯乎其彼此"[①]的正名原则，对"有牛马非马"从不同角度进行了解释。王左立认为，这里的"有牛马非马"实际上应该是"白马非马"的误写。对此，他指出：

> 我们应根据公孙龙在《名实论》中所提出的正名原则理论来理解"白马非马"这一论题。"白马非马"说的是白马之名与马之名之间的关系，因为名是实的名称，所以要说明白马之名不是马之名就应该将这两个名称所称谓的实加以比较。根据"唯乎其彼此"的正名原则，"白马"所称谓的实是白马，"马"所称谓的实是马。因为"白马"之实不同于"马"之实，所以白马之名不是马之名。[②]

有学者从语词的使用与提及的角度，研究了诸如"白马非马"等句子。林铭钧和曾祥云在这方面做了很好的尝试。他们通过对语词使用与提及的区分，分析了"白马非马"，指出：

> 在《白马论》中，公孙龙虽然没有从理论上明确提出对名的使用、提及的区分，但从他所设定的客难以及在论证"白马非马"的过程中可以明显看出，公孙龙已严格区分了名的两种不同用法。比如，"马固有色"中的马，与"合马与白"中的"马"就是对"马"名的两种不同看法，前者是使用"马"名指称客观存在的马类动物，后者则是使用"马"名提

---

①　《公孙龙子·名实论》。

②　崔清田主编：《名学与辩学》，山西教育出版社 1997 年版，第 142 页。

及"马"名自身。我们往往因为不了解公孙龙对名的两种不同用法,而对《白马论》作出了似是而非的解释,将公孙龙斥责为诡辩家。①

这里所提出的"名的使用"和"名的提及",相当于索绪尔的"能指"与"所指"的含义。

林、曾两位学者的解释,为解读形如公孙龙子"白马非马"等命题提供了一个新的视角。按照两位学者的解析,对"白马非马"论题应该读成"'白马'非'马'"。因为"白马"这个名称指称的是白马这种实体,而"马"这个名称指称的是马这种实体,"'白马'的名称不是'马'的名称",故"'白马'非'马'"。从名称的使用和提及的用法来解读公孙龙子"白马非马"命题,确实没有违反荀子关于名称的约定俗成原则。

问题在于,在公孙龙子的时代,人们有没有达到对语言的这种高度抽象的认识。这是学界需要进一步省思的。

三、荀子名称乱象批判观评析

荀子对"用名以乱实"批判的标准是名称的约定俗成原则。这一原则是解读荀子所列举"用名以乱实"例子的依据。通过对"用名以乱实"例子的解读可知,在《正名》篇中,荀子对名称的约定俗成原则推崇有加,并将此原则贯穿其"正名"的始终。

单就荀子对墨家和名家在"用名以乱实"所举的例子进行批判来看,他主要是为了"正名"。荀子可能对墨家、名家的观

---

① 林铭钧、曾祥云:《名辩学新探》,中山大学出版社 2000 年版,第 217 页。

点存在某些曲解甚至误解。造成这种情况的主要原因,在于荀子过分强调"正名以正政"的作用。在理解墨家、名家的观点时,主要依靠名称的约定俗成原则,他过度强调名称与其指称对象一致的原则。尽管荀子也认为"名无固宜",但当他对墨、名两家学者进行批判时,完全抛开了"名无固宜"理念。正如现代语言学家索绪尔所言:

> 符号(名称也是一种符号——笔者注)施指和符号受指之间的联系是任意的,也就是说,我们用符号是想指认从符号施指到符号受指的联合所产生的整体,所以我们可以说得更简单一些:语言符号是任意的。①

荀子虽然认识到语言符号有任意性特点,但出于"正名以正政"的现实需要,他着重强调名称的约定俗成原则和名称与其指称对象的高度一致性,这是荀子名称理论的缺失。

总之,荀子从"正名以正政"的目的出发,以"制名"思想和约定俗成原则为基础,通过对春秋战国时期名称混乱现象的总结——"用名以乱实",并提出了解决此错误的方法,从而为解决当时乱用名称问题提供了标准范式。需要强调的是,荀子的"用命"观点是从反向展开的:通过对"用名以乱实"现象的概括与批判,强调在使用名称时,要以"正名以正政"为宗旨、以约定俗成为原则,进而解决当时使用名称的混乱问题。

我们从语言哲学的角度,评析了荀子驳斥和批判"用名以

---

① 〔瑞士〕费迪南·德·索绪尔:《普通语言学教程》,裴文译,江苏教育出版社 2001 年版,第 76 页。

乱实"的现象。荀子在对当时人们使用名称混乱的现象进行总结和批判时,他所建构的约定俗成原则理论,为批判这种乱象提供了精美的工具。从现代语言哲学的视角看,该理论在名称的指称问题上仍然具有极高的理论价值和现实指导意义。

第三章　荀子的概念论

概念论是语言哲学与逻辑哲学共同关心的主题之一。荀子的名实观关注的重心包括两个角度：一是语词之名与客观事物之间的关系，二是概念之名与客观事物之间的关系。下面，从概念之名与客观事物之间关系的角度，来探究荀子的概念理论。

第一节　荀子的概念分类观

众所周知，思维形式有三大基本的层次，分别是概念、判断（命题）和推理。事实上，人们认识世界、改造世界的过程，从某种意义而言就是通过准确把握概念、正确运用判断以及有效地进行演绎推理，可靠地进行归纳推理和类比推理的过程。

就基本的思维层次而言，概念是思维的细胞，是逻辑研究的起点。换言之，概念是逻辑思维的最为基本的细胞，细胞出了问题，机体就会产生故障。故而，一旦概念出了问题，相关的思维就会出现偏差。因此，需要认识并准确把握概念。实践证明，把握概念的一个重要方式或途径，就是掌握概念的科学分类。而要把握概念的科学分类,其前提条件就是要对"类"概念有充分的认识与掌握。

"类"概念在各个学科都有重要价值,在哲学中的重要性也是不言而喻的。因为世间万物都是互相联系的,所有的事物从不同方面看,它既是一般的,又是个别的。而这里所讲的"一般的",实际上就是"类"。因此,从这个意义上讲,世界上任何事物都是类与类的联系。如果事物离开类之间的联系,那么将会成为不可认知和不可把握的对象。

此外,"类"概念是思维形式产生作用的逻辑基础。人们认识事物和把握事物的过程一般会经历如下的历程:首先,人们基于对事物本质属性或特有属性的掌握,从而形成对一类事物概念的把握;其次,人们通过不同种类事物的认识,即对此类事物与彼类事物之间的相同点和不同点的认识,作出一定的判断;最后,人们只有掌握不同种类事物之间的性质与关系,特别是关于不同种类概念的内涵和外延的把握,才能进行推理。由此可见,类概念是人们思维活动的基础,离开类概念,人们无法进行思维活动。①

在类概念理论中,分类理论是其核心理论。荀子在类概念理论上颇有建树,他构建了概念分类体系。这种分类体系是荀子在语言哲学上的重要贡献之一,代表了同时期关于概念理论的最高水平。这种最高水平主要表现在两个方面:一是与其同时代的诸子相比,荀子的概念分类思想的科学性与系统性无人

———————

① 参见陈孟麟:《从类概念的发生发展看中国古代逻辑思想的萌芽和逻辑科学的建立——兼与吴建国同志商榷》,《中国社会科学》1985 年第 4 期。

能望其项背;二是与同时代甚至其后的好几百年内的西方学者相比,荀子对类概念理论的深刻把握也鲜有人达到如此的理论高度。

一、荀子概念分类观的理论基础

荀子的概念分类思想,是建构在"类"和"故"两个逻辑概念词基础之上的。正如温公颐和崔清田两位学者所言:

> "类"是荀子"正名"逻辑的基本概念之一。荀子有关名、辞、辩说的思想都离不开这两个(指"类"与"故"——笔者注)概念。①

"类"概念之所以在荀子的概念理论体系中具有举足轻重的作用,是因为荀子这里的"类"所表达的含义是事物的属性之意。荀子能在其生活的时代中有这样的认知,确实难能可贵。有研究者指出,荀子的"类"概念有四种意蕴:一是"实类";二是"相从"关系类;三是由"道"所区分的人之"类";四是作为人的生活世界秩序的"统类"②。尽管荀子的"类"概念的意涵非常丰富,然而在黄伟明看来,"古人对类同类异的区分来自感性经验……缺乏对事物本质的把握"③。基于这样的理论逻辑,他得出荀子的类概念具有感性和价值性统一的特征。

虽然黄伟明关于荀子"类"概念的分析有其新颖之处,但他未能探查到或忽视了荀子"类"概念所具有的事物属性之意涵,

---

① 温公颐、崔清田:《中国逻辑史教程》,南开大学出版社 2001 年版,第 55—56 页。

② 参见黄伟明:《〈荀子〉的"类"观念》,《逻辑学研究》2009 年第 3 期。

③ 黄伟明:《〈荀子〉的"类"观念》,《逻辑学研究》2009 年第 3 期。

着实有点遗憾。

事实是,对类概念的使用早在墨家那里已经赋予了其逻辑概念词的含义,也就是"类"这个概念在墨家那里就已经具有了类属的意义。荀子在墨子之后,他对墨家的理论既有批判亦有继承。晚于墨家的荀子在使用"类"这个概念时,不仅能够把握其中的类属之意蕴,而且扩充了"类"概念的意义。

实际上,对"类"概念的阐释与把握,是荀子建构概念分类思想的前提之一。关于荀子对"类"概念的抽象,可以从下面的一段话中看出:

> 物类之起,必有所始……施薪若一,火就燥也。平地若一,水就湿也。草木畴生,禽兽群也,物各从其类也。①

荀子认为,物体类属的产生有其必然的原因,就像堆放的柴草,看起来好像一样,可是火总是先烧干燥的;平坦的土地看起来好像一样,可是水总是向低洼的地方流;草和树丛生长在一起,飞鸟和野兽总是同类聚居在一起。荀子从自然现象中得出物体类属的产生是由于任何事物总是随从同类事物的结论,从而抽象出"类"的含义是事物的属性之意。

另外,荀子通过对其心目中"大儒"的刻画,展现出其对"类"概念的重视。荀子对"大儒"作了规定:把"其言有类"作为评判一个人是否为"大儒"的标准之一。此外,他还认为,能"举统类"而解决疑难是"大儒"应掌握的方法,进而"能类"才是"以一持万"的前提。荀子认为,"知不能类"是由于"明不能济、法教之所不及、闻见之所未至"的感性局限造成的。所以,

---

① 《荀子·劝学》。

荀子以"知类"为立言之本,这一点在荀子类理论中具有逻辑必然性。所以,他强调:"若夫志以礼安,言以类使,则儒道毕矣;虽尧舜不能加毫末于是矣。"①

类概念在荀子语言哲学中的重要地位,也可以从荀子频繁地使用"类"这个语词得以佐证。仔细审读《荀子》一书,可以发现,"类"这个词在荀子的著作中出现的次数较多。据统计,《荀子》一书中"类"这个词一共出现了62次。在荀子使用的"类"语词中,其意蕴虽然非常丰富,但最常用的类的含义指的是事物属性的意思。在该层意义下使用较为频繁的句子有:"凡同类同情者""推类而不悖""物各从其类也"②等。

如此来看,类概念在荀子语言哲学中具有重要价值。对此,侯外庐等学者的论述颇为中肯:

> 荀子肯定了知类即可打破感性认识的局限,这一思想显然是得之于墨家由"知类"而"以往知来"的理论,但荀子又进了一步。③

荀子较墨家的进步体现在:荀子不仅认识到"知类"可以打破感性认识的局限,而且阐明了"知类"为什么能打破感性认识局限性的最根本的理由或原因。他认为,无论时间如何推移、空间怎么变化,因为一类事物客观上总有自己的事理和规律,只要事物的类属不发生混乱,属于同类的事物,必然具有相同的规律和事理。所以,荀子强调说:

---

① 《荀子·子道》。
② 《荀子·正名》。
③ 侯外庐、杜守素、纪玄冰:《中国思想通史》第一卷,生活·读书·新知三联书店1949年版,第466页。

欲观千岁,则数今日;欲知亿万,则审一二;欲知上世,则审周道;欲知周道,则审其人所贵君子。①

出于对类概念的重要性认知,荀子概括出了把握"类"的重要意义,即"类不悖,虽久同理"②。从荀子的上述论述中可以发现:

由于荀子将"类"与"礼"及"法"相结合,从而他使"类"概念成了儒家君子立场上"听断"的工具,使"以近知远,以一知万,以微知明"的演绎方法成了"有原"的思维规律,使"法后王"的复古政治思想取得了方法论上的根据。③

"类"概念在荀子概念论中的重要地位已经明晰地展现出来。关于这一点,汪奠基强调:"概念的同一,必须按种类属性而为同类之规律性的断定。"④

荀子的概念分类观,不仅建立在对"类"概念的深入把握上,还建基在"故"概念的深刻理解上。"故"概念在荀子的概念理论体系中也占有重要地位,这是因为荀子赋予了"故"新的意涵——事物产生的原因。荀子认为,只有掌握事物的前因后果,把握了事物的类(属性),才能真正把握概念。侯外庐等学者的分析可谓一针见血:

荀子与墨家同样,将"故"概念作为"知类"的说明而加以强调。正名篇所说的"辨则尽故",与墨经小取篇所说的

---

① 《荀子·非相》。

② 《荀子·非相》。

③ 侯外庐、杜守素、纪玄冰:《中国思想通史》第一卷,生活·读书·新知三联书店1949年版,第466页。

④ 汪奠基:《中国逻辑思想史》,武汉大学出版社2012年版,第130页。

"以说出故"为同义语。①

不过,身为儒家的荀子,对"故"概念的理解,与墨家有所不同。荀子对墨家的"故"概念进行了明显的修正。荀子对"故"概念的阐述如下:

> 然而其持之有故,其言之成理。……故因其惧也而改其过,因其忧也而辨其故。……听则合文,辨则尽故。②

这段话中,荀子所使用的几个"故"含有根据、理由的意义。尽管荀子对"故"概念的设置更多的是为其辩论服务的,但其"故"概念已经被赋予了事物之间的因果关系的含义。这一点,明显比早期墨家使用"故"概念的内涵更加丰富了。

荀子对前期儒、墨学派"类"和"故"两个概念的继承与发展,为绘制其逻辑思想的宏伟蓝图搭建了坚实的理论基础。正如侯外庐等学者所分析:

> "类"、"故"两概念的承藉与修正,规定了荀子逻辑思想的具体面貌。这首先表现出分类法与定义法的特点。此所谓特点,一方面指其由于"类"、"故"两概念的把握,在逻辑的分类与定义上有了独特的成就,另一方面指其由于儒家立场的修正,在这分类与定义的逻辑活动上又有了种种的偏见与限制。③

---

① 侯外庐、杜守素、纪玄冰:《中国思想通史》第一卷,生活·读书·新知三联书店1949年版,第467页。

② 此处的三句话分别参见《荀子·非十二子》《荀子·臣道》《荀子·正名》。

③ 侯外庐、杜守素、纪玄冰:《中国思想通史》第一卷,生活·读书·新知三联书店1949年版,第469页。

通过上面的分析发现,荀子从概念的视角考虑名实关系,特别是对"名"的考察,赋予"名"以概念之义已经确定无疑。现在的问题是,荀子如何从概念的视角来对"名"展开分析? 这就是下面要讨论的内容。

二、荀子对概念的界定和分类

荀子在语言哲学上的贡献之一是赋予"名"①之概念意蕴,进而对其进行了定义和分类,尤其是他的概念分类思想,非常接近现在西方语言哲学关于概念的分类理论。

荀子首先对"名"进行了界定,他提出:"名也者,所以期累实也。"②学者们对这句话的理解有不同的见解。周云之认为,荀子的这句话是从概念方面对"名"下的定义。他指出:

"期"具有综合、概括、反映的意思。这就是说,"名"是对许多(一类)实的反映,即是用以反映许多(一类)实的共同属性的。……这里作为思维形态的"名"就具有概念的性质,它所反映的是一类事物的共性。③

刘培育与周云之的观点类似,他也从概念方面对这句话进行了解析:

"期"是会通、反映的意思。"累",指数量很多。这句话是说,名是对许许多多事物的反映。或者说,名是反映一类事物的。荀子不仅肯定了名是对实的反映,而且强调指出名是对一类事物的反映,这就进一步深化了对概念的本

---

① 这里讨论的"名"指概念。
② 《荀子·正名》。
③ 周云之:《名辩学论》,辽宁教育出版社 1996 年版,第 152—153 页。

质的认识。①

有的学者从语言学的视角来理解荀子的这句话,主要将荀子这里的"名"解读为语词。比如,瞿锦程就是这种解释的典型代表,他将荀子这句话解释为:"名是人们共同约定,用来表达实的,藉以相互交流。"②何应灿也持有类似观点,他说:"'名是经由约定而增加于实上的东西。'这样的名,相对事物而言,是指称事物的名称;相对语言来说,是语词。"③陈波认为,荀子的这句话是从名称的功能上对名称所下的定义,因此,这句话的意思是"名称是用来命名、指称、区别不同事物的。"④

就学者们的观点而言,笔者认为,无论从概念层面还是语词层面来解读这句话都有其道理。荀子的"名"本身就有概念和语词两层意义,孙中原亦这么认为,他说:"语词和概念的统一体(指荀子的"名"——笔者注)。……名是辨别事物同异性质的意识、概念,是对实体及其性质的概括反映。"⑤

若仅从概念的角度来理解这句话,荀子之前对"类"与"故"的理论建构为讨论概念理论搭建了基础。他正是基于"类"概念的把握和事物本质的认识,对"名"概念进行了分类:

> 故,万物虽众,有时而欲遍举之,故谓之物;物也者,大共名也;推而共之,共则有共,至于无共,然后止。有时而欲

---

① 张家龙主编:《逻辑学思想史》,湖南教育出版社 2004 年版,第 16 页。

② 崔清田主编:《名学与辩学》,山西教育出版社 1997 年版,第 51 页。

③ 温公颐、崔清田主编:《中国逻辑史教程》,南开大学出版社 2001 年版,第 45 页。

④ 陈波:《荀子的政治化和伦理化的语言哲学——一个系统性的诠释、建构、比较与评论》,《台大文史哲学报》2008 年第 69 期。

⑤ 孙中原:《中国逻辑研究》,商务印书馆 2006 年版,第 249 页。

偏举之,故谓之鸟、兽;鸟兽也者,大别名也;推而别之,别则有别,至于无别,然后止。①

荀子在此表达的意思是:世界上的万物众多,如果要用一个概念把这些事物全部概括起来,可以用物这个概念。物,就是外延最大的属概念。并以此类推作为事物的种概念,在种概念中还有比种概念外延小的概念,一直到没有共同外延的概念(实际上就是单独概念)为止。有时要从事物的特殊性方面考虑,例如鸟、兽。鸟、兽是较大的别名。以此类推,别名当中还有别名,一直到没有别名然后停止。

关于荀子的这段话,孙中原将其解释为:

万物虽多,有时想普遍列举,把万物总称为物。物是外延最大的共名。按普遍性程度往上推演,一种普遍性上还有更大范围普遍性,一直到没有再大范围普遍性为止。有时想要特殊列举,所以说鸟、兽。鸟、兽是外延较大别名。按特殊性程度往下推演,一种特殊性下还有更小范围特殊性,一直到没有再小范围特殊性为止。②

由此可以看出,荀子在概念的分类上是从概念外延关系的角度进行的。他从概念的两个角度,即概念的概括(遍举)和限制(偏举)对概念进行了细致的分类:一方面,从概念的概括角度讲,荀子把概念分为没有共同性的个体或单独概念、共名……大共名;另一方面,从概念的限制角度来讲,荀子把概念分为大别名、别名……直到无别的别名(个体或单独概念)。

① 《荀子·正名》。
② 孙中原:《逻辑哲学讲演录》,广西师范大学出版社2009年版,第329页。

将这两个角度综合在一起,就构成了一个系统的概念分类体系。

关于荀子"大共名"概念的理解,大部分学者都秉持"大共名"相当于逻辑学中的属概念,并且是最高的属概念的观点。如孙中原和陈波都持有此种观点。在孙中原看来:

> 概念概括的方法,叫"遍举",即往普遍化的方向列举。其特点是"推而共之,共则有共,至于无共然后止",即依据一般性往上推,一般之上还有一般,一直到哲学上的最高类概念"物",因为它没有上位概念,就到达概括极限。"物"是"大共名"(外延最大的普遍概念)。①

陈波也认为,"大共名"是"所有事物共有的名称,也就是逻辑学上'最高的属概念',或者说,是当今哲学所谓的'范畴'。"②

学界对荀子"无别的别名"的理解存在较大争论,下面,就其中比较有代表性的观点加以讨论。唐君毅提出:

> 荀子正名篇之名,初不涵吾人今所谓指个体事物之固有名词,而唯包括据所经验事物之性质状态(简名之前文之"状")之同异,所造成之共名与别名,即今所谓类名与种名。③

此外,唐君毅还强调:"荀子所言之名,乃用以直接表吾人

---

① 孙中原:《逻辑哲学讲演录》,广西师范大学出版社 2009 年版,第 329 页。
② 陈波:《荀子的政治化和伦理化的语言哲学——一个系统性的诠释、建构、比较与评论》,《台大文史哲学报》2008 年第 69 期。
③ 唐君毅:《中国哲学原论(导论篇)》,中国社会科学出版社 2005 年版,第 92 页。

意中之事物之同异之'状',而非直接用以指事物之'实'者。"①
换言之,唐君毅不仅认为,荀子没有表达我们现在所讲的语言哲
学中的专名,从而也就没有谈论通过专名来表达单独概念;他还
认为,荀子所谈论的概念不是直接和"实"相对应的,而是要通
过事物的形状这个中介才能表达"实"。

与唐君毅的理解不同,孙中原认为,荀子"无别的别名"的
含义指的是个体或单独概念。他说:

> 概念限制的方法,叫"偏举",即往特殊化的方向列举。
> 其特点是"推而别之,别则有别,至于无别然后止"。即根
> 据特殊性往下推,特殊之下还有特殊,一直到表示个体的单
> 独概念,因为他没有下位概念,就达到限制极限。②

陈波对荀子"无别的别名"给出了另外一种解释,并为这种
解释提供了详细的论证:

> 这样的划分停止于"无别的别名",也就是"专名"或
> "个体名称",例如,尧、舜和孔子等。《斯坦福哲学百科全
> 书》词条荀子注十七写道:"据推测,荀子在这里正在思考
> 专名。如果是这样的话,那么,像后期墨家一样,他区分专
> 名与普遍词项时,所依据的仅仅是前者有更小的外延"。
> 我同意这样的说法。③

陈波从语言哲学"名称"的视角,对"无别的别名"进行了阐

---

① 唐君毅:《中国哲学原论(导论篇)》,中国社会科学出版社 2005 年版,
第 91 页。

② 孙中原:《逻辑哲学讲演录》,广西师范大学出版社 2009 年版,第 330 页。

③ 陈波:《荀子的政治化和伦理化的语言哲学——一个系统性的诠释、
建构、比较与评论》,《台大文史哲学报》2008 年第 69 期。

释。客观而言,他对这个概念也是从概念外延的角度进行澄清的,所以,陈波与孙中原的理解实质上是一致的。

对荀子"无别的别名"的理解,笔者赞成以孙中原和陈波等学者为代表的观点。荀子既然是在讨论"正名"的问题,就不可能抛开单独概念不论。正如他在《正名》篇开篇所说:"后王之成名:刑名从商,爵名从周,文名从《礼》。散名之加于万物者,则从诸夏之成俗曲期。"这里的"散名"当然包括各种个体的名称,也就是专名,这些专名是可以表达单独概念的。

因此,唐君毅关于荀子的概念分类体系中没有表达单独概念的观点,是我们不能苟同的。

不过,就"名"如何表达"实"的问题,笔者赞同唐君毅的观点。因为从现代语言哲学的研究成果来看,语言世界、思想世界和实在世界之间没有直接的连通路径。要让语言、思想和实在之间建立关系,必须通过实践或行动为中介。① 所谓"语言世界、思想世界和实在世界之间没有直接连通路径,而必须以行动为中介",蕴含着以下几层含义:一是当语言在表达思想的时候,主体需要借助行动才能完成;二是思想在表征实在的时候,主体需要借助行动来表征;三是语言在指称世界的时候,也需要主体的行动。

用现代语言哲学的观点来审视唐君毅对荀子用"名"以指"实"的解释,可以发现,他提出人们用名称来指称事物时,需要通过事物的形状来判断名称到底是指称何种事物的思想是非常深刻的,也比较贴近荀子的本意。

---

① 参见张建军:《逻辑行动主义方法论构图》,《学术月刊》2008 年第 8 期。

此外,学界对"大共名"和"无别的别名"之间的概念如何划分,也存在一定的分歧。例如,陈波认为,"大别名不是外延最小的别名,而是别名之中外延最大者,是大共名底下划分出来的第一级别名。"①孙中原却认为,荀子对概念的划分是通过前述两个角度进行的。

笔者赞成孙中原的观点。如果从"共名"的视角来解读荀子的概念分类思想,可以发现,荀子"大共名"的下一级种概念是"共名"。荀子提出"共则有共",所以"大共名"的下一级概念是一般"共名",一般"共名"的下一级概念是外延更小的"共名"。这样一直限制下去,直到只表达一个对象的单独概念。

若从"别名"的角度来探讨荀子对概念的限制,可以看出,荀子"大别名"之下是"别名"。这是从荀子"别则有别"的观点中推导出来的。所谓"别则有别",其意义是指"别名"当中有"别名"。按照荀子的解释,如果有一个"大别名""鸟",那么"鸟"下面又有不同的种类,诸如麻雀、乌鸦、喜鹊、斑鸠等等,而这些动物是"鸟"的"别名";"别名"的下一级概念是"无别的别名",也就是陈波所指的"无别的别名是专名或个体名称。"②

三、荀子概念分类观与波菲利概念分类观的比较

实践证明,荀子关于概念的分类思想是合理的、科学的,他从概念外延的角度正确地阐述了概念之间的属种关系。

---

① 陈波:《荀子的政治化和伦理化的语言哲学——一个系统性的诠释、建构、比较与评论》,《台大文史哲学报》2008 年第 69 期。

② 陈波:《荀子的政治化和伦理化的语言哲学——一个系统性的诠释、建构、比较与评论》,《台大文史哲学报》2008 年第 69 期。

"荀子实际上揭示了名称及其所指称的事物之间的包含和被包含关系,也就是逻辑学和生物学中的属种关系。"①陈波这里想表达的是对荀子概念分类思想的赞许,但他的这段论述没有清楚地区分语词之"名"与概念之"名"。也就是说,"名称及其所指称的事物之间的包含和被包含关系"的论述是不严谨的,应该表达成"概念及其表征的事物之间的包含和被包含关系"。

西方的波菲利(Porphyrios,233 年—约 305 年)在给亚里士多德《范畴篇》写的导论中,对属种关系进行了论述:

> 让我们借助一个范畴来说明这里的意思。实体本身是属,其下是物体;物体下是有生命的物体;其下是动物;动物下是理性的动物;其下是人;其下面是苏格拉底、柏拉图和单个的人。在这些概念中,实体是最高的属并且只是属,而人是最低的种并且只是种。……属于中间的类将是前面类的种,后面类的属。②

在这里,波菲利"从最高的属到个体名称之间,有连续的分类系列,即属、种、亚种……直至个体,而且这种分类至今仍然大致成立。"③波菲利在导论中还分别对属、种、种差、固有属性、偶性、属和种差的区别等,给予了严密的说明和定义。由此,我们可以从概念分类的视角,辨析荀子和波菲利关于概念分类思想

①　陈波:《荀子的政治化和伦理化的语言哲学——一个系统性的诠释、建构、比较与评论》,《台大文史哲学报》2008 年第 69 期。
②　波菲利:《范畴篇导论》,王路译,《哲学译丛》1994 年第 6 期。
③　陈波:《荀子的政治化和伦理化的语言哲学——一个系统性的诠释、建构、比较与评论》,《台大文史哲学报》2008 年第 69 期。

的共同性和区别。

首先,两个人都是从属种关系的角度对概念进行了分类。荀子从两个角度,即概念的概括和限制的角度分别得到了单独概念、共名……直到大共名;大别名、别名……无别的别名(单独概念)。而波菲利也给出了从属、种、亚种……直到个体的名称分类体系。就两人对名称的分类的方法来讲,两人都基于概念的外延关系,都是从概念外延的大小来对概念进行的分类。不过,与波菲利相比,陈波认为荀子的概念分类思想存在如下缺陷:

> 荀子没有连续的分类序列,缺失了一些中间环节,只是通过举例来说明;在波菲利那里,从最高的属到个体名称之间,有连续的分类系列,即属、种、亚种……直至个体,而且这种分类至今仍然大致成立。[①]

笔者对陈波的"荀子没有连续的分类序列,缺失了一些中间环节,只是通过举例来说明"这一提法持反对意见。因为在对荀子的"共名"和"别名"的讨论分析中可以看出,荀子对概念的划分,是形成了单独概念、"共名"……"大共名"和"大别名""别名"……"无别的别名"(单独概念)这样两个系统的分类链条。在这两个分类链条中,并不存在陈波所讲的"没有连续的分类序列,缺失了一些中间环节"情况。其实,无论是从概括层面的分类链条来看,还是从限制层面的分类链条来看,都有连续分类序列和中间环节存在。从概括的层面看,荀子在单独概念

---

① 陈波:《荀子的政治化和伦理化的语言哲学——一个系统性的诠释、建构、比较与评论》,《台大文史哲学报》2008 年第 69 期。

和"大共名"之间有"一般的共名""共名"等；从限制的层面看，在"大别名"中间有"别名"等中间环节的存在。

其次，两人都清楚地表达了概念的功能。两人都认为，概念的功能是对不同事物的表征。荀子说"名也者，所以期累实也。"①而波菲利则认为：

属被解释为对不同种的许多事物的本质谓述……种是被用来谓述许多事物的……属是一些事物的属，种是一些事物的种。②

由此可见，无论是荀子还是波菲利，他们都清楚地发现概念具有表征事物的功能，也都表达出概念是对不同事物表征的思想。无论是荀子还是波菲利，两人都认为，属概念（"大共名"）、种概念（"共名"）以及单独概念（"无别的别名"）都是对事物的表征。

再次，两人采取的概念分类方法相同。荀子和波菲利都采取了归纳分类法和分析分类法。所谓归纳分类法和分析分类法，就是"我们或先考察共通的类属习性，而后论列各别的品种特质，抑或经以各别的品种为之开始。"③归纳分类法和分析分类法，"这两种方法在《荀子》中称之为'推而共之'和'推而别之'的方法。"④波菲利在导论中对属和种等概念的讨论，也用到了这两种方法。

---

① 《荀子·正名》。
② 波菲利：《范畴篇导论》，王路译，《哲学译丛》1994 年第 6 期。
③ 周济、兰毅辉：《中国古代分类思想的共性和个性》，《科学技术与辩证法》1989 年第 3 期。
④ 周济、兰毅辉：《中国古代分类思想的共性和个性》，《科学技术与辩证法》1989 年第 3 期。

最后,荀子的概念分类思想早于波菲利的概念分类思想。从两个人所生活的年代比较,荀子生活在大约公元前四世纪到公元前三世纪,而波菲利生活在公元三到四世纪。这么来看,荀子的概念分类理论远远早于波菲利,在当时整个人类思想史上所达到的高度和深度无人可及。从中国语言哲学的视角来看,荀子的概念分类观在当代中国更具有科学认知意义。这种理论彰显了中国古代概念理论的先进水平,需要现代人高度重视并加以发扬。

第二节　荀子对"用名以乱名"的批判及解决

荀子在概念分类理论上对概念作了明确划分,并由此建构了一套系统的概念理论。虽然这套理论的初衷是为"正名以正政"服务的,但在论述"正名以正政"的过程中,荀子借助自己建构的名实理论,对当时搅乱人的思想、不利于社会统治的"用名以乱名"和"用实以乱名"等混淆概念或偷换概念,以及"以偏概全"等逻辑错误和诡辩进行了严厉的批判。

荀子对当时名实乱象的批判,主要是以对"名"(概念)分类为基础并借助相关的名实理论而展开的。诚如孙中原所说:

> 荀子在横扫战国诡辩风云的激战中,汲取战国名辩思潮的逻辑营养,把孔子"正名"的逻辑语义学传统发挥到新高峰,建构以"名"统"辩"的儒家"正名"逻辑体系。荀子以其正名逻辑中的"制名之枢要"……"所缘以同异"和"约

定俗成"的三原则,横扫战国三类诡辩。①

　　荀子主要对墨家、名家和道家的一些诡辩造成的名实混乱的现象,给予了条理透彻的分析,批评了他们所犯的错误。

一、荀子对"用名以乱名"的概括

　　荀子对墨家、名家和道家在其理论中出现的名实相乱的问题,不仅从名称使用角度进行了归纳概括,提出了解决之道,他还从概念的角度进行了概括总结。"用名以乱名"是荀子对人们使用概念时出现的名实混乱现象的第一种概括总结。"用名以乱名"从字面意思来理解,就是"用名称来扰乱名称"或"用概念扰乱概念"。荀子这里主要是从概念的角度,即"用概念扰乱概念。"对当时人们在使用概念时所犯的逻辑错误进行的归纳概括。具体而言,荀子这里的"用名以乱名"指的是人们在使用概念时容易出现混淆概念或偷换概念的逻辑错误。荀子对"用名以乱名"现象的概括,实际上是针对当时人们在使用概念时出现混淆概念或偷换概念的现象进行的总结。他将当时颇具代表性的混淆概念或偷换概念的错误概括为:"'见侮不辱','圣人不爱己','杀盗非杀人也'。"②

　　其中,"见侮不辱"是宋钘的观点。从字面意义理解,这个命题,这里表达的意思是"被别人侮辱不感到耻辱"。宋钘之所以提出此种观点的本意是想让每个人在遇到侮辱的事情时,都能保持忍让,从而达到天下太平。按照宋钘的想法,如果一个人

---

① 孙中原:《逻辑哲学讲演录》,广西师范大学出版社 2009 年版,第 333 页。
② 《荀子·正名》。

被别人侮辱了,他自己没有耻辱感的话,人与人之间就不会争斗;不争斗就可以和睦相处。因而,翟锦程着重指出:

> 他(指荀子——笔者注)从新兴地主阶级的荣辱观出发,提出"辱"有"义辱"和"势辱"之分,"流淫污僈,犯分乱理,骄暴贪利,是辱之由中出者也,夫是之义辱;詈侮捽搏,捶笞膑脚,斩断枯磔,籍靡后缚,是辱之由外至者也,夫是之谓势辱。"他认为,"君子可以有势辱而不可以有义辱。……有势辱无害为尧",而"义辱势辱,唯小人然后兼有之"。从这个意义来讲,如果"见侮不辱"之"辱"为"势辱"的话,则其"无害为尧",对一般人来说也无害于事。但若为"义辱",则不是"君子"应有的。荀况认为,宋钘从名的角度把"侮"与"辱"混为一谈,而且也将"义辱"与"势辱"的区别抹杀掉了,因此是"用名以乱名"的不良表现。①

可见,翟锦程是从名称的角度来理解"见侮不辱"的。不过,唐君毅认为,"侮"是"辱"的一种,应从属种关系来理解这一命题。他说:

> 盖侮虽可说是辱之一种,即荀子正论篇所谓"势辱";然荀子于此,亦谓"势辱"非"义辱"。宋子盖不以势辱为辱,则见侮而可不必为辱,不名之为辱。……是见宋子于侮,乃只存侮之种名,而废辱之类名。即亦种名掩类名,而用一名遂废他名之事也。②

显然,唐君毅是从概念外延关系的视角来理解"见侮不辱"

---

① 崔清田主编:《名学与辩学》,山西教育出版社1997年版,第65页。
② 唐君毅:《中国哲学原论(导论篇)》,中国社会科学出版社2005年版,第96页。

这个命题的。笔者认为,翟锦程和唐君毅两位先生对"见侮不辱"的理解都是合理的,两人从不同角度解释了荀子"见侮不辱"的意义。比较而言,笔者倾向于唐君毅的解释,他对"侮"和"辱"的关系进行了阐释,而翟锦程没有对"侮"进行解读。

"圣人不爱己"和"杀盗非杀人"是墨家学派的观点,不过,也有学者认为"圣人不爱己"与"杀盗非杀人"是庄子的观点。杨倞就认为:"'圣人不爱己',未闻其说,似庄子之意。'杀盗非杀人',亦见庄子。"①不过,大部分学者认为这两句话是墨家说的,代表着墨家的观点。比如,孙诒让、钟泰、唐君毅等人都认为是墨家的观点。诚如王天海对这两句话的解释:

> 孙诒让曰:此谓圣人爱己不加于人,是为不爱己也。墨子大取篇云"爱人不外己,己在所爱之中",即此意。钟泰曰:"杀盗非杀人",亦见墨子小取篇。②

笔者采取从众的方法,将这两个命题归结于墨家。那么,墨家学派为什么说"圣人不爱己"呢? 按照翟锦程的解释,他提出:

> 荀况从名的角度提出,圣人爱人,己也在人中,"人"和"己"这两个名称不是相互排斥的,而墨家将其对立起来,是"用名以乱名"的表现。③

可见,翟锦程仍然是从名称的角度来理解"圣人不爱己"的。在"圣人不爱己"的理解上,孙中原持有和翟锦程的类似看法。他认为:"墨子提倡以古代圣人夏禹为榜样,自苦利人,'爱

---

① 转引自王天海:《荀子校释》,上海古籍出版社 2005 年版,第 905 页。
② 王天海:《荀子校释》,上海古籍出版社 2005 年版,第 905 页。
③ 崔清田主编:《名学与辩学》,山西教育出版社 1997 年版,第 65 页。

人'而'不爱己'。"①

不过,唐君毅却从概念之间的属种关系的角度解释"圣人不爱己"。按照唐君毅的观点:

是因"己在所爱之中",其意盖谓己亦是人类中之一个体,亦可视为人之一种,而包括于人类之中;故只言圣人爱人即包括爱己,而不需再言爱己。②

在对"圣人不爱己"的分析中,笔者认为,翟锦程、孙中原和唐君毅的分析都有道理,只是分析的角度不同而已。出于对这几个命题都是惑于"用名以乱名"一致性出发,笔者仍然采用唐君毅的观点。

至于墨家所持"杀盗非杀人"观点的理由,在翟锦程看来:"墨家通过这样的推断,得出结论:多盗,非多人也;爱盗,非爱人也;故,杀盗,非杀人也。"③唐君毅认为,墨家之所以持"杀盗非杀人"乃在于:

盗虽为人,然杀盗乃杀其为盗,而非杀其为人。此即谓于杀盗之时,吾人可只用杀盗之一名,以表此杀盗之实事,便废置"杀人"之一名不用。④

那么,荀子为什么说"杀盗非杀人"犯了"以名乱名"的错误呢?翟锦程对此给予了解释。他认为:

---

① 孙中原:《逻辑哲学讲演录》,广西师范大学出版社 2009 年版,第 334 页。
② 唐君毅:《中国哲学原论(导论篇)》,中国社会科学出版社 2005 年版,第 96 页。
③ 崔清田主编:《名学与辩学》,山西教育出版社 1997 年版,第 65 页。
④ 唐君毅:《中国哲学原论(导论篇)》,中国社会科学出版社 2005 年版,第 95—96 页。

　　从"多"、"爱"、"杀"这三个名来看,它们是相互不同的名,而把"异"视为"同",这是"是非不分"(《正名》)的表现,此为一方面;另一方面,"盗"和"人"这两个名,它们之间则是"共名"(人)与"别名"(盗)的关系,是以"同"为基础的,而"杀盗非杀人"则是把"盗"与"人"这两个名置于"异"的基础之上,因此,是混淆了名的"同异"而"用名以乱名"的表现。①

而唐君毅对此有不同的解释,他指出:

　　盗为种名,人为类(属概念——笔者注)名,杀盗之事亦原为杀人之事;今用"杀盗"之种名,而不用"杀人"之类名,是使类名为种名所掩,而被废弃也。②

　　比较翟锦程和唐君毅两位先生的观点,可以发现,翟锦程主要从语词的角度分析了上述三个论题,而唐君毅是从属种关系的角度解释上述三句话的。与唐君毅持有类似观点的是周云之。周云之强调:

　　荀子对"用名以乱名"的批判在理论上是有价值的,它指出不能以"名"(词)的不同而否认作为反映实的"名"(概念)或"名"所指之实所具有的类属关系或内在联系。③

　　从思维的同一性的角度来说,笔者赞成唐君毅的分析。将荀子这三句话放在一起,也能说明这三句话有其共性所在:它们都是在使用概念的过程中,由于没有遵守同一律的要求,从而出

---

　　①　崔清田主编:《名学与辩学》,山西教育出版社1997年版,第65—66页。
　　②　唐君毅:《中国哲学原论(导论篇)》,中国社会科学出版社2005年版,第95—96页。
　　③　周云之:《名辩学论》,辽宁教育出版社1996年版,第236—237页。

现了混淆概念或偷换概念的逻辑错误。

二、荀子对"用名以乱名"的解决

针对"用名以乱名"的错误,荀子不仅对这些错误提出了严厉的批评,他还给出了解决方法,即"验之所为有名,而观其孰行,则能禁之矣"①的解惑之策。

当然,荀子解决"以名乱名"的前提,是在其思想中有清晰的概念属种关系之间的区分,以及以"同则同之,异则异之"②为思想规律作为指导。

就其思想中清晰的概念属种关系之间的准确把握和区分而言,前面已就荀子建构系统的名称分类体系作了详细论述。如前所述,荀子提出的"大共名""共名""大别名""无别的别名"等,都是基于概念的属种关系的视角来对"名"的理解。

值得注意的是,荀子这里是围绕概念之间的属种关系(在唐君毅那里说的是类和种的关系),来对人们使用概念时出现错误进行的批判。

需要明确的是,就概念的属种关系来看,荀子所提出的"共名""大共名""大别名""无别的别名"等概念之间既有联系,也有区别。换言之,一个"共名"相对于其"大共名"而言,"共名"的外延要小于"大共名"的外延,因此它们之间构成属种关系。但就这个"共名"来说,有比它外延更小的"共名",此时这个"共名"又是属概念,与之相对应的更小的"共名"就成了种概念。

①《荀子·正名》。
②《荀子·正名》。

这是理解荀子解决"以名乱名"观点必须明确的。

此外,荀子旗帜鲜明地提出,使用概念时一定要遵循"同则同之,异则异之"的思维规律。这一规律就是逻辑学上的同一律。在这个意义上,荀子认为,当人们进行思维时(当然包括使用概念的过程,因为概念是思维形式之一)一定要注意,在思维的同一个过程中,即同一时间、针对同一个对象和事物的同一方面,人的思想要保持同一性,也就是每一个概念、判断的内容都是确定的,是什么内容就是什么内容。

所谓思想保持同一性,具体而言又分为两种情况。第一,当我们使用概念时,同一律要求在同一思维过程中,任何一个概念的内涵和外延必须具有确定性,不能随意变换。比如,当我们使用一个语词"白头翁"时,一般而言,这个语词可以表达三层含义:一是指白发苍苍的老年男性;二是指一种头顶为白色的小鸟;三是指一种毛茛科植物,多年生草本。这是典型的一词多义现象,也就是一个语词表达多个概念。因此,当我们在使用这个语词时,一定要确定在何种意义上使用它。第二,当我们在进行判断时,同一律要求在同一思维过程中,任意一个判断断定了什么内容就是什么内容,不能任意更改。比如,"青年应当有远大的理想"与"许多青年有远大的理想",这是两个不同的判断,前一个判断是一个全称肯定判断,后一个判断是一个特称肯定判断,在讨论时不能随意变换。

基于概念理论和同一律规则,荀子对"用名以乱名"的错误提出了解决办法:"验之所为有名,而观其孰行,则能禁之矣。"①

① 《荀子·正名》。

如何理解荀子的这句话,不同注家给予了自己的解释:

> 杨倞注:验其所为有名,本由不喻之患、困废之祸。因观"见侮不辱"之说精熟可行与否,则能禁也。言必不可行之于王者之所为有名而观名之所以熟行,则知彼等之说不行焉,故能禁止之也。久保爱曰:观其孰行,谓观彼所名,与古来所名孰行。禁之,谓验其非而禁之也。本注非。王引之曰:"验之所"下"以"字,及下文"验之所缘"下"无"字,皆后人所增。又案:孰者,何也。杨读"孰"为"熟",而训为精熟,则义不可通。天海案:"验之所以为有名",谓用制名的原因来考察这些论说。观其孰行,观其是否能通行。故曰"则能禁之矣"。①

综合各家的注解,笔者认为,荀子的"验之所为有名,而观其孰行,则能禁之矣",可以解释为"通过分析制定名(概念)的原因来考察这些论说,并看这些论说能否行得通,就能禁止这种疑惑了。"

前面强调了,荀子提出"正名"的原因是他感到当时名实混乱的现象非常严重。由于名实混乱现象带来了"贵贱不明、同异不别"的麻烦以及"志必有不喻之患,而事必有困废之祸"的后果,为了有效地解决这些麻烦、扭转这种结果,尽快恢复名实相符相称,荀子认为必须"正名"。而宋钘提出"见侮不辱"和墨家提出的"圣人不爱己"与"杀盗非杀人",在荀子看来,这些观点均严重扰乱了其"正名"的伟大计划。

---

① 王天海:《荀子校释》,上海古籍出版社 2005 年版,第 905 页。

由上述可知,荀子认为,"用名以乱名"的错误源于宋钘和墨家过度强调了属概念("大共名"或"大别名")与种概念("共名"或"别名")的差异性,而忽略了它们的共同性。换言之,荀子认为,宋钘和墨家没有注意到"大共名"("大别名")的外延包含"共名"("别名")的外延,也就是"大共名"("大别名")与"共名"("别名")之间的属种关系。

而周云之则认为,"用名以乱名"违反了三个正名原则:约定俗成的语词正名原则、名实一致的哲学正名原则和概念之名的确定性原则。① 但从周云之对这三个正名原则的分析来看,他还是围绕着"大共名"("大别名")与"共名"("别名")的外延关系来论证的。因此,荀子所概括的"用名以乱名"的错误,其根本症结在于提出这些观点的人没有注意到"大共名"("大别名")与"共名"("别名")的外延关系的共同性。从逻辑的角度来说,实际上这些论题均违反了同一律的逻辑要求,犯了混淆概念或者偷换概念的逻辑错误。

三、关于荀子"用名以乱名"批判的评析

在现实生活中,人们在使用概念时,由于多种原因,把种名(种概念)和类名(属概念)相互混淆是司空见惯的事。对此,唐君毅指出:

> 人之用名而以种名掩类名,或以类名掩种名之事,并非毫无理由。依于名之可用可不用,人固可于一事,只名之为杀盗,而不名之为杀人;只名之为见侮,而不名之为见辱也。

① 周云之:《名辩学论》,辽宁教育出版社1996年版,第237—238页。

然吾人于一名,虽可不用,然不可谓其可废而不可用。①

唐君毅在这里认为,种名(种概念)和类名(属概念)在使用的时候容易出现互相遮盖的现象,但遮盖不等于在使用种名(种概念)时就只能使用种名(种概念)而不能使用类名(属概念),同样,不等于在使用类名(属概念)时就只能使用类名(属概念)而不能使用种名(种概念)。

荀子制定名称的一个重要目标是"制名以指实,上以明贵贱,下以别同异",以防止"志有不喻之患,事有困废之祸"。之所以把概念分为类名(属概念)和种名(种概念),是基于对事物本质属性的深刻洞察。只有这样才能明确概念,进而更好地把握事物。

因此,对事物进行有效的区分,即"别同异",是准确把握事物的一种有效方法,也是明确概念的一种有效途径。类名(属概念)是对诸多事物的共有属性的概括,是为了强调事物共同性的一面。种名(种概念)是对一类事物中的不同种类或个体的称呼,强调的是事物不同的一面。由此:

> 一类事物之各种既相异,遂连带有价值上之高下贵贱可说矣。夫然,故吾人于一实事实物,必须兼有种类之名以表之,乃能别同异而明贵贱。故以"杀盗"名之事,亦可兼以"杀人"名之。②

为什么这样说呢? 这得从名称(概念)之间的属种关系及

---

① 唐君毅:《中国哲学原论(导论篇)》,中国社会科学出版社 2005 年版,第 96 页。
② 唐君毅:《中国哲学原论(导论篇)》,中国社会科学出版社 2005 年版,第 97 页。

属种的区别来理解：当我们使用"杀盗"这个概念时，是为了强调杀盗这件事和其他杀人之事是不同的，意在强调"杀盗"与"杀人"的差异性；若我们称"杀盗"是"杀人"，那就是为了强调"杀盗"和"杀人"之间的共同性。这种共同性体现在：从概念外延关系的角度看，"盗"相对于人而言，是一个种概念；"人"相对于"盗"而言，是一个属概念，两者构成种属关系。

"见侮不辱"和"圣人不爱己"这两种观点，也可以从概念的属种关系的角度进行解读。

不过，荀子对宋钘和墨家学派的批判并不是完全正确的。从荀子对宋钘的批判所举的例子可以看出，他对宋钘提出"见侮不辱"观点的批判存在一定的误读。在宋钘这里，他提出"见侮不辱"的本意是出于天下太平美好愿望考虑的。荀子可能没有意识到宋钘的这种良苦用心，从而对其展开了无情的批判。荀子对墨家提出"杀盗非杀人"观点的理解，也存在类似的情形。

总之，荀子批判"用名以乱名"的现象，是为了批评人们使用概念的错误，解决当时名实混乱的困境。但是，当荀子过于强调"大共名"（"大别名"）与"共名"（"别名"）在外延上的真包含关系或者说属种关系时，他没有注意到"大共名"（"大别名"）与"共名"（"别名"）之间在表征事物时不同的一面。也就是说，荀子只重视属概念和种概念之间的共同性，而忽略了属概念和种概念的差异性，这是荀子关于概念理论的局限。不过，在荀子看来，只有遵守"同则同之，异则异之"的同一律所规定的思维规范，以及严格区分概念属种关系之间的区别，才能真正做到"正名"。所以说，荀子只重视属概念和种概念之间的共同性,而忽视两者的差异性,是为了达到"正名"目标的一种权宜之计。

第三节　荀子对"用实以乱名"的
批判及解决

在荀子看来,人们使用概念时不仅容易出现"用名以乱名"①的错误,现实生活中可能还会出现另外一种错误,这就是他对名实混乱现象进行的第二类概括:"用实以乱名"②。

一、荀子对"用实以乱名"的概括

荀子这里的"用实以乱名",是指"用特殊情况下的事物来扰乱概念的一般含义",或者翻译为"用个别、例外的事实以扰乱反映普遍现象之一般认识。"③可见,"用实以乱名"实际上也违反了同一律的要求,采用的手法也是混淆概念或偷换概念。我们有时也可以把这种错误称作"以偏概全"。

荀子对春秋战国时期"用实以乱名"的典型错误进行了归纳。他说:"'山渊(泽)平','情欲寡','刍豢不加甘,大钟不加乐',此惑于用实以乱名者也。"④

"山渊(泽)平"是战国时期名家代表人物惠施的观点。庄

---

① 《荀子·正名》。
② 《荀子·正名》。
③ 周云之:《名辩学论》,辽宁教育出版社1996年版,第239页。
④ 《荀子·正名》。

子曾把惠施观察分析事理的观点归结为"历物十事"。庄子把惠施的十个论题放在一起,认为惠施表达了一种"泛爱万物,天地一体"①的思想。

对"山渊(泽)平"如何理解? 若只从字面上来理解"山渊(泽)平",其含义是指"山和泽一样高"。按照这种解释给人一种很奇怪的感觉。故而,为了让人对荀子的观点有更加信服的理解,有的学者从不同的角度对其给予了解析。孙中原指出:"从个别事实说,有的山(较低的山)和有的渊(高山上的渊)一样平。"②周云之认为:"这很可能是从世界'至大无外'的无限性来观察,认为天之高与地之低的差别是相对的,山与泽的高低是相对的。"③

唐君毅从天地大同、天地一体的视角,对"山渊平"的命题给予了详尽的解释:

> 惠施之所重者,则似又在自万物之变化,及其同在于大一中,同属于天地一体,见其毕同处;以谓一般诸别同异之名皆无异,而趋于混一诸同异之名……而庄子所言十事中之"天与地卑"、"山与泽平",则正与荀子所谓以实乱名之说中,所举之"山渊平"相类。此则人之观"天地""山泽"之同在大一中,而自属于天地之一体处看者,固可不见此"天地""山泽"之高下之分别;而人自变化之流,以观"洼者盈"(老子),"丘夷而渊实"(庄子),以见高者之可低,低者之可高,及地之升于天,天之降于地者;或自天地山渊之相

---

① 《庄子·天下》。
② 孙中原:《逻辑哲学讲演录》,广西师范大学出版社2009年版,第335页。
③ 周云之:《中国逻辑史》,山西教育出版社2004年版,第74页。

连处,观"高""下"之名之于此可不用,而"平""与……卑"之名可用者;亦同可说此"天与地卑""山与泽平"。然要之,皆是谓一切同异之名,一用于观天地之一体及变化之流之实际。或依不同观点所观之同一之实际自身,则其名之分别者,皆可视同无别,而名之分别者,亦可废而不存之说也。①

翟锦程和唐君毅的观点类似,他从逻辑学的视角,对惠施关于"山渊平"的命题进行了解读。翟锦程从人们对事物同异认识的角度,对惠施的"历物十事"进行了整体解释:

> 从这十个论题之中,我们可以发现,惠施理论的出发点和根据主要是建立在对万物的同异认识基础之上的。惠施将同异分为"小同异"和"大同异"两类。小同异是"大同而与小同异"……说明的是万物在一定范围内,在相对静止的情况下,彼此之间都具有与他物相区别的特质,这些特质在名称上则表现为一系列相对立的名——大、小;外、内;天、地;山、泽;中、睨;生、死;同、异;无穷、有穷;今、昔;南、北等。大同异是"万物毕同毕异"……惠施从"天地一体"的角度说明,万物俱存于天地之间,这是它们"毕同"的一面,但这种"同"是基于万物又各自有其"毕异"的特殊形态。"大同异"所说明的是天地万物之间同中有异,异中有同,这一思想表明惠施已经意识到了万物既有统一性,又有多样性和复杂性的实际存在。②

---

① 唐君毅:《中国哲学原论(导论篇)》,中国社会科学出版社 2005 年版,第 98 页。

② 翟锦程:《先秦名学研究》,天津古籍出版社 2005 年版,第 146 页。

还有研究者从语词概念意义的角度来解释"山渊平",其中,刘利民的解释颇有代表性。他指出:

我们为什么不可以把这个命题解释为关于"高""低"的纯语言性思辨呢?假设把这个命题中的关键词加上引号,重新写成:"'天'与'地''卑','山'与'泽''平'";那么我们完全可以设想,惠施当时可能是在谈论"天""地""山""泽""卑""平"等不同的语言概念的意义到底是什么,怎样才能确定这些语词的语义本质。惠施不是在关注、议论天到底是高还是不高,或者天到底是不是一定比地高,而是在借人们关于"天高地低"的常识性判断语句,来思辨"卑""平"所言说的本质到底是什么;人用语言能否像把握"天、地、山、泽"的意义那样把握"卑"和"平"的意义,并确切地把握住什么是真的"卑"、真的"平"。事物之间确实存在诸如"卑"与"平"之类的位置关系,但是这种位置关系必须由人的语言加以范畴化抽象,才能成为人的思维加工的意义内容。没有语言,则"卑"与"平"的概念意义无法出场于人的思想世界之中,人也就不可能对之进行思考和判断。事物的位置关系固然是客观存在的现象,但现象并非等于本质。人对于"卑"与"平"的本质的认识是另一回事,是人凭借语言进行的,因而必然有其主观性。①

在此,刘利民认为,惠施是在谈论词语之间的差别。"天""地""山""泽"都是名词,分别是对天、地、山、泽的指称。而

① 刘利民:《在语言中盘旋:先秦名家"诡辩"命题的纯语言思辨理性研究》,四川大学出版社 2007 年版,第 167—168 页。

"卑"与"平"是形容词,是对事物关系或性质的描述。刘利民认为,"惠施很可能注意到了古汉语名词与形容词的语义性质差别,并提出了更深刻的追问。"①

以上学者从不同的角度对"山渊平"的解析,都有一定的合理性。但在这里讨论荀子对"山渊平"观点的批判时,则应该采取周云之、翟锦程和唐君毅的观点。因为,庄子在列举了惠施的"历物十事"后,他用"泛爱万物,天地一体"②这句话作为总结,从而说明,在庄子看来这十个命题具有共性:庄子所列举惠施的"历物十事",是从整体的角度来讨论的。

如果从逻辑学的视角讨论"山渊平",那么显然这个命题是错误的。因为该命题混淆了"山"与"渊"两个概念的不同,这是一种典型的偷换概念或"以偏概全"的逻辑错误。山之所以成为山,是因其高大;渊之所以成为渊,是因其低洼,这是客观事实。当然,不能排除事物的特殊性,即有的山可能没有渊高,比如,处在高山之上的某处"渊"。但这只是一种特殊情形,我们不能用特殊性来代替一般性。荀子批判的,恰恰正是惠施的这种故意将"山"与"渊"两个不同的概念偷换成同样的概念;或者说,荀子批判了惠施这种将特殊性或个别性普遍化的观点。

关于"情欲寡"的命题,这是宋钘提出的论断。如何理解这个论断,唐君毅对此命题作了较为详尽的解释:

荀子正论篇曰:"子宋子曰:人之情欲寡,而皆以己之情为欲多,是过也。"则宋子固意在以寡代多,而使寡无别

---

① 刘利民:《在语言中盘旋:先秦名家"诡辩"命题的纯语言思辨理性研究》,四川大学出版社2007年版,第167—168页。

② 《庄子·天下》。

于多。老子言："少则得，多则惑"，又曰"知足常足"。则亦涵寡同于多之意。今观人之同此一实得之财者，人多欲，则视为寡而不足，人少欲，则视为多而有余，是一实而有二名，而二名同指此一实。自"实"之同而言，则可言"多"与"寡"同，"欲多"与"欲寡"同，人亦可不欲多而欲寡，以使"人我之养毕足而止"矣。此是否是宋子意，固无明文可证；然以理推之，其意盖当如此，荀子方得谓其为以实乱名之例，以与山渊平之说之泯高低之别者并举也。①

　　笔者认为，唐君毅的分析是正确的。宋钘之所以得出"情欲寡"的论断，是因为他基于部分人或者说个别人的"情欲寡"的状况，得出所有人的情欲都是寡的这种一般性结论。这是逻辑学上典型的偷换概念或者说"以偏概全"。由此可见，宋钘"情欲寡"的论断所犯的逻辑错误，与惠施"山渊平"观点所犯的逻辑错误是一样的。

　　"刍豢不加甘，大钟不加乐"是墨家的观点。"刍豢"是指猪牛羊狗等，代指肉类。我们知道，墨家提倡"节用""非乐"，因而会持有"吃猪、牛、羊、狗的肉不会比吃其他东西更甜美，听音乐不会使人快乐"的观点。显然，墨家这一观点，仍然是针对个别情形或特殊情况而言的。在普遍情形或一般情况下，吃肉会让人感到更甜美、听音乐会使人感到更快乐。因此，"刍豢不加甘，大钟不加乐"的判断，也是典型地犯了偷换概念或"以偏概全"的逻辑错误。

_____

　　①　唐君毅：《中国哲学原论（导论篇）》，中国社会科学出版社 2005 年版，第 100 页。

综上,荀子将"山渊平""情欲寡""刍豢不加甘,大钟不加乐"放在一起,说明它们有共同的特征:这些观点都是用个别抹杀普遍,用特殊掩盖一般。从逻辑上分析,这些判断或论题都犯了偷换概念或"以偏概全"的逻辑错误。故而,荀子把这些论断放在一起讨论,并得出它们的共同错误就是"用实以乱名"。

二、荀子对"用实以乱名"的解决

基于上述分析,荀子在对"用实以乱名"的名实乱象进行概括的基础上,指出了这些论断的错误所在。荀子认为,为了避免犯"用实以乱名"的错误,需要采用"验之所缘以同异,而观其孰调"①的解决策略。在荀子看来,只有这样,才能禁止或者避免类似错误的发生。

对荀子这里的"验之所缘以同异,而观其孰调"的解决方法,《荀子》注家们进行了不同的解读:

> 杨倞注:验其所缘同异,本由物一贯,则则不可分别,故定其名而别之。……若观其精孰,得调理与否,则能禁惑于实而乱名也。物变松曰:调,即"谓"字之混。冢田虎曰:"无"字当作"而",上文可见。调,谐也。郭嵩焘曰:此三惑,仍承上言之。荀用此三者,以明诸家立言之旨,所以为正名也。②

故而,我们可以参照注释者的解释,将荀子提出"验之所缘以同异,而观其孰调,则能禁之矣",翻译为"通过感觉经验与常

---

① 《荀子·正名》。
② 王天海:《荀子校释》,上海古籍出版社 2005 年版,第 906 页。

识,考察当时制定概念和使用概念的根据,检验哪一个更与实际情况相符合,并能在实践中行得通,就能禁止这种用特殊情况下的事物来混淆概念的一般含义的错误。"

众所周知,概念是反映对象的特有属性或本质属性的思维形式。从概念的特征来说,任何一个概念都有内涵与外延,概念是内涵与外延的统一。为了有效交流,巩固人类认识的成果,所以在一段时期内,概念的内涵与外延二者是不能随意变换的,从而才能保证思维和思想交流的确定性。由此表明,概念具有确定性特征。同时,随着时间、空间等的发展变化,客观事物也会改变,随之,人的认识也得不断变化。由此,为了使概念能够正确反映变化了的实际,概念也需要变化,增加新的内容。这表明,概念具有灵活性的特征。

基于概念的确定性特征,一个概念在某个阶段它要保持相对稳定性。关于山和渊这两个概念而言,根据概念相对稳定性,一般认为山通常是比渊高的,因此,"山渊平"的观点是错误的;同样,就人的欲望而言,通常是"欲壑难填"的,显然,"情欲寡"的观点是错误的;根据社会的共同看法和常识,猪、牛、羊、狗等的肉(刍豢)是能使人感到更甜美、人们听音乐能使人更快乐,所以,"刍豢不加甘,大钟不加乐"的观点是错误的。

因此,荀子解决"用实以乱名"问题的方法,主要是要求人们应遵循同一律的思维规范。这种思维规范反映在荀子这里,就是指人们在使用概念时,应遵循"同则同之,异则异之"①的逻辑规律要求。具体来说,就是要求人们在使用概念时,一定要保

---

① 《荀子·正名》。

持其相对稳定性。在一定的论域内,需要借助概念的基本特征,即概念的内涵与外延,通过人们对客观事物的普遍现象规律性的认识,来改正"用实以乱名"的错误。

三、关于荀子"用实以乱名"批判的评析

荀子之所以批判"用实以乱名"的现象,最主要还是为了其"正名"服务的。从维护社会统治而言,荀子反对"用实以乱名"的观点是合理的;从人们正常的生活交际而言,荀子的批判也是有其必要性的。当然,从语言哲学的视角看,荀子强调概念的同一性、差异性、客观事物的普遍性以及要求人们遵守思维的规律等观点无疑是正确的。

客观而言,荀子对"用实以乱名"的批判带有片面性。比如,他对惠施"山渊平"观点的批判,就是片面的。按照常识,惠施是不可能不知道山比渊高的,那么,他为什么会提出"山渊平"呢? 这就如同前面所说,这里涉及对"山渊平"的理解。惠施的本意可能是认为"有的山和渊一样平",如果能这样理解惠施的观点,那么其论题无疑就是正确的。荀子则没有对这种特殊情况下进行理解,如果荀子在对其他诸子的理论或观点带有同情的理解,能考虑到其他诸子理论的特殊情况,那么其名实论的理论力量就会更加有说服力。但若对"山渊平"作"所有的山和所有的渊一样平"理解的话,显然,惠施的观点是错误的。

当然,从特殊性视角来理解惠施等人的论题,只是理解的一种运思方向。如前面很多学者所研究的结果显示,惠施主要是从万物的统一性角度来理解此论题的。荀子在对惠施观点的批判时,就没有打开思想的闸门,多考虑论题的多个视角、多个层

面。此外,刘利民从纯语言的角度来解读"山渊平"等观点,显然在荀子所处的时代是很难做到的。从荀子的时代背景以及荀子思考名实观的初衷来看,他在理解惠施等人的论题时,也不可能从纯语言上进行分析。否则,就不是以"帝王师"自居的荀子了。

　　总体来看,若从"同则同之,异则异之"的思维规律出发,就概念使用的同一个层次维度来看荀子对惠施、宋钘和墨家等论题的批判,荀子的这些批判是合理的。

第四章　荀子的"言意"观

——基于春秋战国"言意之辩"的背景

语言和思想的关系问题,是语言哲学讨论的核心问题之一。关于人们对语言使用和描述上,在东西方曾经都有对语言巨大威力的崇拜,甚至有语言创生世界的夸张说法。但是,当我们冷静下来,细细品味语言时,可能会感到,有时语言并不像想象的那么可靠、思想好像总有用语言表达不出的诸多困惑。现实生活中经常呈现"意犹未尽""词不达意",以及"言在此,而意在彼"的情形。针对这种种现象,褚孝泉指出:

> 语言这个意义的渡船去向不定而航迹多变。有什么法子可以把握住它的方向,限制住它的飘逸呢?人们或许会想,语言的不可靠,大半是因为在对话中或演讲中口说无凭,仅靠瞬间即逝的语音来传递的语言只会给听话者的脑中留下一个模糊的印象,因此语意的蜕变就势所难免了。①

褚孝泉的意思是人们的口语在传递人的思想时,会出现错

---

① 褚孝泉:《语言哲学——从语言到思想》,上海三联书店1991年版,第48页。

误。那么,用书面语是否能避免这种错误的发生呢? 褚孝泉对此强调:

> 如果依靠文字,依靠明确清晰、恒久不变的书面文字来记载和传递的语言,则有可能避免语言带来的混乱而保证人们用语言交流的思想的准确和稳定。我国传统中有书之简帛,藏之名山,传之后世的做法。这里就包含了一种以为写成文字的语言,即便过了千秋万代也不会被人误解或不被人理解的想法。①

书面语言是否像我们古人所想象的那么可靠,在后面的讨论中会对此问题给予解答。现在的问题是,语言与思想到底是什么样的关系。对这个问题的思考,贯穿人类的始终。诚然,我国古人在这个问题上也进行了深入思考,并表达了自己的看法。

"言"与"意"在魏晋时期是一对重要的认识论范畴,但"'言''意'之间的关系问题,早在先秦时期(主要指春秋战国时期——笔者注)就已引起许多思想家的注意。"②因此,对春秋战国时期诸子"言意"观的考察是合理的,更是有学理依据的。但在阐释春秋战国时期的"言意"观之前,有必要考察此背景下"言意"观中的"言"和"意"的含义。

"言"字甲骨文的写法是"口上加辛",许慎《说文解字》的解释为"直言曰言,论难曰语。"因此,"言"是一个象形字,"辛"是带大把手的刺墨用针,属于一种刑具。"口"在甲骨文中表示人向神祷告的祷辞的祝咒之器。"口"上加"辛",表示向神灵起

---

① 褚孝泉:《语言哲学——从语言到思想》,上海三联书店 1991 年版,第48 页。

② 赵书廉:《魏晋玄学探微》,河南人民出版社 1992 年版,第 230 页。

誓发愿，但祷告中如果含有不诚之意，将甘受黥刑之罚。因此，"言"本义为向神立下的誓言。由此"言"派生出祷言、言语、话语、说话之义。①

而"言意"观中的"意"字的意义，要比"言"字的意义丰富。根据许慎的《说文解字》里对"意"的解释，"意：志也。从心，察言而知意也。从心，从音。"根据有关注家的解释："意：志也。意愿，志向，心意。从心，察言而知意也，从心，从音。意是内心想法，音是心声，外部表现。通过音才能知心，故从心从音。"②也有学者将"意"解释为：

> 会意（指"意"字——笔者注），"音"与"心"组合之形。通过语言来揣度心思，所以，此字的本义为揣度。"音"本指神灵发出之声，将"言"（向神祷告的文辞）呈献于神灵之前。"言"为"口"加刺墨之针"辛"，表示若此祈祷含有邪意将甘愿承受黥刑，从而对神起誓。此"言"置于神前，向神祷告后，到了夜间，口中沙沙作响，昭示神意。沙沙的音响究竟昭示着怎样的神意，需要细心揣度，故"意"有揣度、推测、猜想之义。此外，还有思想、考虑、心思之义。③

因此，"意"主要用作动词和名词。"意"用作动词意思为"揣度""推测""猜想"，"意"用作名词意思为"思想""考虑""心思"。

众所周知，中国古代思想家认为人的精神之主宰在人的内心。因此，中国古代"心"与"意"密不可分。诚如有研究者

①　白川静：《常用字解》，苏冰译，九州出版社 2010 年版，第 120 页。
②　宋易麟：《说文解字今注》，江西教育出版社 2004 年版，第 770 页。
③　白川静：《常用字解》，苏冰译，九州出版社 2010 年版，第 9 页。

所言：

> "心"在殷商卜辞中的意义已经超出了心脏的意义，具
> 有思维器官的涵义。……中国古人所以将"心"作为思维
> 的器官，一方面是由于心脏对于人的生命具有极端重要的
> 意义，直接关系到人的生死；另一方面是由于心脏受人的精
> 神活动影响较大，反应很敏感。……以"心"作为具有意识
> 的机能器官，在中国延续了几千年，……"心"的涵义多样，
> 主要指人的思想、感情、意志等。①

还有的研究者认为，与"意"概念有关的"心"的概念，还有
"灵魂""神""精""精神""魂魄""知、情、志、信"等意涵。

陈波对我国古代哲学中"意"的含义作了总结，他将"意"总
结为四种相互关联的意义：

> 第一种是表示派生宇宙万物的本原，统摄、支配宇宙万
> 物的根本规律，相当于老庄哲学的"道"；第二种表示人生
> 存于世的根据、目的、归宿、境界和准则等；第三种表示形而
> 下的器物之"理"；第四种表示人特别是圣人对"天道"与
> "人道"以及器物之"理"的认识、体悟与把握，它存在于人
> 特别是圣人的"心"中，是一种内涵性、精神性的存在。②

也有研究者认为，先秦时期的"意"有三层含义：一是指意
思，这个意思是与主体无涉的，表示语言表达式本身的意义；二
是指意味、意向，这与主体的心理意向有关；三是指道。③

---

① 李敏生：《汉字哲学初探》，社会科学文献出版社 1997 年版，第 35 页。
② 陈波：《言意之辩：诠释与评论》，《江海学刊》2005 年第 3 期。
③ 参见黄奕霖：《王弼言意观研究》，华东师范大学，硕士学位论文，2004
年，第 26 页。

关于中国古代"意"的理解,笔者赞成陈波对中国古代哲学范式下"意"的解释。① 陈波的解释比较符合"意"这一概念在中国哲学中的语境以及演变进程。

不过,需要指出的是,"言意"关系在先秦时期的语境中有自己独特的意涵。据有关文献记载,中国古代语言哲学中最早讨论"言意"关系的是《周易》。《易传·系辞下》中阐述伏羲从观察万物到制成八卦的整个思维过程,就是对"言意"关系的生动写照与极好说明。

大家知道,伏羲创制八卦的思维过程是"观物取象"的过程。所谓"观物取象",其中,"所'观'之'物',乃是自然、生活中的具体事物;所'取'之'象',则是模拟这些事物成为有象征意义的卦象。"②《周易》的深层意蕴是:"通过阴阳两种符号的组合结构与变化方式,象征性地反映世间万物的本质特征与变化规律的世界观和方法论。"③《周易》的深层结构是:"'天道和人道(意)+卦象(象)+卦辞和爻辞(言)',于是派生出'言'、'象'、'意'的关系。"④由此可见,《周易》是第一个对"言意"关系进行阐释的中国元典。

"观物取象"之所以被看作对"言意"关系的注解,源于"观物取象"中的"象"是一种语言或者说是一种表达自然、生活中各种事物的符号。因此,"观物取象"是借助对具体事物的图画

---

① 中国古代哲学语境下"意"的意义,显然和现代哲学语境下"意"的意义是不同的,笔者会在后面的讨论中涉及。
② 黄寿祺、张善文:《周易译注》,中华书局 2018 年版,第 3 页。
③ 杨天才、张善文:《周易》,中华书局 2011 年版,第 11 页。
④ 陈波:《言意之辩:诠释与评论》,《江海学刊》2005 年第 1 期。

（即"象"）来表达类概念（语言的含义或字的含义），以具体的图画或具象来表达抽象的含义，其目的则是通过"立象"来"尽意"，也就是通过"立象"这种语言符号形式来表达人的思想（意）。①

第一节　荀子"言意"观的理论渊源

如前所述，荀子是春秋战国时期思想的集大成者，其在名实观上对道家、墨家、儒家和名家继承和批判已经交代得很清楚了。荀子的"言意"观，也是建立在对诸子"言意"观批判、继承的基础上的。那么，荀子在"言意"观上对诸子的继承与批判体现在哪里呢？由此，有必要简单地阐述一下老庄和孔孟的"言意"观②，从而探析荀子"言意"观的出处与突破。

一、荀子"言意"观与老庄的渊源

根据传统观点，道家的老子处在诸子的前面，所以首先考察老子的"言意"观。

如前所言，老子在《道德经》的开篇就明确展现了其名实观。其实，老子在《道德经》的开篇也表明了他的"言意"思想。关于这一点，可以从老子《道德经》开篇的一段论述中看出："道

① 　岳山岳：《"象形""会意"思维与〈周易〉》，《周易研究》2008 年第 1 期。
② 　由于荀子的言意观主要受到老庄和孔孟的影响，因此本书主要介绍老庄和孔孟的言意观。

可道,非常道;名可名,非常名。"①

　　基于前面的论证发现,"道"在老子的哲学体系里既具有本体的意义,也具有语言的意义。关于老子"道"的本体论意义已经阐释得相当清晰了,下面的工作是要着重探讨"道"的语言层面的意义。

　　事实上,在老子提出的"道可道,非常道;名可名,非常名"中,可以将这里的"道"分为两类,即"常道"与"非常道"。如前所述,老子通过对"道"的无限性、无定型性、无处不在和处在不断的运动之中特点的描述,总结出"常道"的基本特征就是"无"。在得出"常道"的基本特征是"无"的基础上,老子进一步得出了区分"常道"与"非常道"的方法,即通过对"道"而言,是否"可道"或"不可道"和"可名"或"不可名"的区分,来判断"道"是"常道"还是"非常道"。

　　事实是,老子把是否能言说、命名作为标准和尺度以区分"道"和"器"、"常道"和"非常道"、"形而上"和"形而下"。确切地说,老子此处所谈的"道"与"名",指的就是人们日常生活中所运用的语言。老子实际上对"道"的基本属性进行了规定:不可言说、没有名称(不能命名)。另外,老子也通过对"道"的基本性质的规定,意在将人类知性名理语言从"形上常道"之域驱赶出去。如此一来,人们的日常知性语言就无法把握"道","道"顺其自然地成了高深莫测的东西,从而造成了"道"无法用语言诉说的结果,"道"与"言"被切割。从而,"形上与形下之间的鸿沟也就无法凭语言逾越。人类语言只适用于形下器用和日

---

　　① 《老子·道德经》第一章。

常生活的范围,语言的功能也就无法企及形上之'道'了。"①

当知道了"道"与"言"被切割后,通过语言也就无法把握"道"了。关键是"言"和"意"在老子这里,如何通过"道"来登场呢? 可以发现,老子提出"道可道""名可名"这种提法,本身实际上暗含了一个看不见的语言主体,一个掌控日常名理层面的语言主体。因为有了这样一个主体,也就表明存在着一个正在感悟或者体验"道"的人。正是因为这个人的存在,他感悟到了"道"是不可言说、不能命名的。这种感悟就是"意"。可以发现,正是因为这个感悟主体的存在,使"道"与"言"的关系能够过渡到"言"与"意"的关系:"体'道'之'意'不可言,识'器'之'意'可言"②。由此可见,老子这里将"道"分为两个部分:一是形而上的部分,二是形而下的部分。基于此,与"道"相对应的"意",正好可以分成形而上("常道")之"意"和形而下名理之"意"。故而:

> 正是在体道之"意"不可言这个意义上,老子率先在中国思想史上提出了"言不尽意"(实则不仅不"尽"意,而且根本无法言说"意",即"言"不能传达"意")论。③

本杰明·史华兹和朱立元的观点类似,如前所引本杰明·史华兹所说:

---

① 朱立元:《言意之间——先秦时代的言意观》,沈阳出版社1997年版,第34页。

② 朱立元:《言意之间——先秦时代的言意观》,沈阳出版社1997年版,第34页。

③ 朱立元:《言意之间——先秦时代的言意观》,沈阳出版社1997年版,第34—35页。

语言在终极实在面前表现得无能为力,在《老子》和《庄子》中都是基本的主题。①

通过本杰明·史华兹的论述和分析,笔者认为,他的观点符合老子的思想原意。老子对待语言的态度确实存在拒斥语言的情况,这通过老子在《道德经》"大道无言"思想的表达得以彰显。

大家知道,老子对待语言的态度是:语言无法讨论和描述终极实在(大道)。因为,在老子这里"大道"是无言的。因此,老子"大道无言"思想蕴涵的意义是:虽然在非永久的、有限的自然等方面,是能够用语言谈论的,但是我们不能用语言讨论终极实在。由此,我们可以得出如下结论:在日常名言领域,即在非"常道"知性范围中,语言完全可以表达人的思想,即"言能尽意";但在"常道"的形上超验领域中,语言无法表达人的思想,更不可能"尽意",即"言不尽意"。因此,老子既秉持"言尽意"观点,又秉持"言不尽意"观点。需要强调的是,两种观点的归属范围不同。不过,在有的学者看来,"从根本上说,从本体论视角切入,则老子主张'言不尽意'论。"②

由此表明,老子的"言意"观实际上可以分为两个层面:在终极实在层面,老子持有"言不尽意"的观点;在日常生活、自然面前,老子持有"言尽意"的观点。但若从以"道无论"为特征的角度来对老子"言意"观进行观察,那么,老子"言不尽意"思想

---

① [美]本杰明·史华兹:《古代中国的思想世界》,陈钢译,江苏人民出版社 2008 年版,第 266—267 页。

② 朱立元:《言意之间——先秦时代的言意观》,沈阳出版社 1997 年版,第 39 页。

更符合其理论逻辑。

既然老子认为语言是无法把握终极实在的,那么,在终极实在面前(诸如老子的"道")人们又是依靠什么去把握它呢? 由于在老子这里,他讨论的"道"主要是本体层面的,因此需要理解的"道"也处在本体的层面。

然而,从语言哲学的角度看,我们的世界分为本体世界、语言世界和思想世界。因为在语言世界中,人类无法用语言把握终极实在,所以,我们最终只能求助思想世界("意")。

老子在《道德经》中透露出思想("意"),可以认识"道"的本真观念。当然,这是对于圣人而言的。换言之,老子认为在圣人的思维中,思想("意")是可以认识"道"的本真的;但对普通人而言,他们无法借助思想来把握"道"。

问题是,为何圣人能把握道,而普通人却不能呢? 究其原因:一方面,由"道无"的特征所决定;另一方面,是由于老子提供把握"道"的方法对于普通人来说是无法做到的。

事实上,老子认为认识事物的方法有两种。对于普通大众而言,可以采用"致虚极,守静笃"的方式来体认"道"。正如老子所言:

> 致虚极,守静笃,万物并作,吾以观复。夫物芸芸,各复归其根。归根曰静,是谓复命,复命曰常,知常曰明,不知常,妄作,凶。知常容,容乃公,公乃王,王乃道,道乃久,殁身不殆。①

老子这里的"虚极"是指一种心境,即内心摒除杂念而达致

---

① 《老子·道德经》第十六章。

清明的状态；"静笃"是指人思想上宁静纯一的境界。老子认为，人的私欲杂念在人认识"道"的过程中，会干扰认识的结果，故而必须达到真正的虚静状态，才能把握"道"。老子意在强调，应该尽力使人的心灵达到虚无、保持清净。这是把握"道"必要条件。在老子看来，万物纷纭呈现，人们观其往复循环。事物变化纷繁，各自回到出发点。回到出发点，叫做"静"，这叫做"复命"，"复命"叫做"常"，认识"常"（的道理）叫做"明"。不认识"常"，而轻举妄动——必遭凶险。认识"常"，才能包容一切；包容一切，才能坦然面对一切；坦然面对一切，才能符合自然。只有做到这些，我们才能体认"道"。

　　由此可见，老子这里不仅为人们提供了认识一般事物的方法，他还向人们展示了认识事物的过程：首先，保持虚无的状态。因为，人们在对事物没有进行彻底的认知之前，心里一定要保持一种"虚无"的状态，只有这样才能进行第二步的工作，即思想上回到原点——"静"。只有思想上回到"静"的时候，人才会采取积极的态度，认真观察事物，从而对事物有一定的了解，然后深入对事物的认识，进而抓住事物的实质，从而达到"明"的效果。

　　需要指出的是，老子提供的这种认识方法，只是认识一般事物即形而下，或器物层面事物的方法，只是在体认"道"，还不能把握老子心目中的形而上之"道"，即形而上的事物。因此，老子又提出了把握形而上之"道"的方法："涤除玄览"①。

　　那么，老子提出的"涤除玄览"到底是何种含义？此种方法

---

① 《老子·道德经》第十章。

在把握形而上之"道"中又能起到何种效果呢？

关于第一个问题，所谓"涤除玄览"，其意思是"清除杂念，深入静观"。对于第二个问题，即为什么"涤除玄览"就能够认识老子心目中的"道"呢？对此，詹剑峰指出：

> 老子用这个方法，涤除了拟人的目的观，涤除了超越经验的实体。这样一来，对自然的解释，就不加上一点外来的东西，而只就自然以解释自然。因而老子所见的"道"是自在（整个自然），是自因（内在矛盾），是自成（矛盾统一），是自化（矛盾转化）。……所以我们认为"玄览"乃是理智的直观，这样的理智直观是理智的又是经验的。理智与经验的统一的直观，是为玄览。这样的"玄览"是富于活泼的具体性，是富于完全的统一性。直接把握整体，显然不离经验，直接"明"整体的法则，显然不离理智，故用"玄览"，能知宇宙大全。①

由此可见，老子借助"涤除玄览"的方法，意在达到把握整个宇宙世界，把握世界中"道"的本质。

问题在于，老子在形而下之器物层面和形而上之精神层面提供的认识事物方法，对把握事物的效果如何以及它们之间有何关系呢？詹剑峰认为：

> 老子认识客观事物的方法有三：一曰"观"，二曰"明"，三曰"玄览"。所谓"观"，指直观或直接观察，所谓"以物观物"者是也。观物之后，还要知其"常"，亦即知其条理法则。要知"常"就须用"明"。所谓"明"，则照见而把握其

---

① 詹剑峰：《老子其人其书及其道论》，华中师范大学出版社2006年版，第245—246页。

本质,所谓"知常曰明"者是也。知"常"仅知一类事物的条理法则,还是偏而不全,所以要融合诸法则而"一以贯之",那就要"玄览"。所谓"玄览",则综合全体大用而统观之。这三种方法也表示认识由浅入深、由偏至全的过程:第一是观物,第二是知常,第三是知"大道"。①

需要强调的是,从老子借助"玄览"的方法来把握"道"来看,老子对语言能否把握"道"是持否定观点的。

作为老子思想的继承者,庄子在"言意"观上也承继了老子的"言不尽意"观点。庄子对语言和思想("意")之间关系的认识,在《庄子·秋水》中作了明确界划。庄子认为:

> 可以言论者,物之粗也;可以意致者,物之精也;言之所不能论,意之所不能察致者,不期精粗焉。

在这里,庄子实际上是将认识对象分为三种:"物之粗""物之精""物之不期精粗"。"这三者存在于人所面对的世界中,可以说是世界的三种不同层次的存在。"②针对这三种不同层次的存在,庄子又提出了把握这三种不同存在的方法,即"语""意""彼之情"。正如褚孝泉所言:

> 这三者(指"语""意""彼之情"——笔者注)存在于人的认识中,可以说是人所能达到的三种不同层次的认识。显然,前三者与后三者是有一种对应关系存在的。③

---

① 詹剑峰:《老子其人其书及其道论》,华中师范大学出版社 2006 年版,第 240 页。

② 褚孝泉:《语言哲学——从语言到思想》,上海三联书店 1991 年版,第 81 页。

③ 褚孝泉:《语言哲学——从语言到思想》,上海三联书店 1991 年版,第 81 页。

　　根据庄子对存在的理解和划分,他认为语言只能表达事物的外在属性(物之粗),而事物的内在本质是无法用语言述说,也无法用语言把握,只能靠思想来把握或领悟。庄子这里的中心意思是,他认为对事物本质的把握需要借助思想("意")来进行。

　　在庄子的思想中,语言和思想("意")之间到底有什么关系呢? 庄子认为在一般情况下,语言是能够表达思想的。换言之,庄子并没有完全排斥语言能够表达思想("意")的认识。只是,在庄子看来,语言不能完全表达思想,思想的真正意蕴语言表达不了。

　　实际上,庄子对"意"进行了分解:一是知性名理层面的"意",二是形上超验层面的"意"。换言之,在庄子的思想中,他认为在知性名理范围内,语言可以表达思想;如果超过知性名理范围的界限,语言是不能表达思想的。故而,庄子指出,在形而上的超验领域,语言不能完全表达思想("意")。

　　庄子为什么认为在形而上的超验领域,语言不能表达思想("意")呢? 对此,他通过一个故事形象地表达了原因:

　　　　庄子以轮扁砍凿木头做车轮子时的经验为例,表明他在砍凿木头时能得心应手、恰到好处,是因为心中把握了其中的分寸度量(数)。但这个分寸度量只存在于人的心中,却不能够通过语言将其表达出来,告诉别人。沿着这个思路,轮扁认为古代圣人体悟大道的思想肯定不能通过话语说出来、通过著述写出来(即口语和书面语,这是语言的两种表现形式),因而轮扁认为圣人和他那无法言传的东西(思想或"意")随着圣人的离开与时间的流逝一起死掉了,留下的只是古人的糟粕。①

显然,庄子这里是借用轮扁之口,表达出"言不尽意"的思想。这个故事是庄子"言不尽意"思想的间接表达,不是其"言不尽意"思想的直接呈现。只是在下面的论述中,庄子直接表达了其"言不尽意"观点。他认为:

> 世之所贵道者,书也。书不过语,语有贵也。语之所贵者,意也。意有所随,意之所随者,不可以言传也,而世因贵言传书。世虽贵之,我犹不足贵也,为其贵非其贵也。②

在此,庄子表达出对语言的两种态度。一是认为语言是珍贵的,所以值得人去珍视。语言之所以值得珍视,是因为语言能表达意义(部分表达)。二是认为意义不可以完全用语言表达。庄子这里的论述似乎包含了一个"矛盾"。如何理解这里的"矛盾"呢? 实际上,这里看似矛盾,实则包含着大智慧。如前所述,庄子对"意"的理解基于两个层面:语言能表达人的思想,或者说语言能够表达意义是从形而下的名理层面来说的。意义不可以完全用语言表达,这是基于形而上的超验领域,属于"体常道"之"意"。在有研究者看来:

> 庄子一反世俗"贵言"的态度,并非因为言完全不可传"意",尽物之"意",经验之意,言可合之传之;而是因为不可传"意之所随者"即"物"外之"意",体"道"之"意",超验之"意"。③

---

① 参见《庄子·天道》。

② 《庄子·天道》。

③ 朱立元:《言意之间——先秦时代的言意观》,沈阳出版社 1997 年版,第 55 页。

根据庄子的观点,鉴于语言不能完全表达思想,那么,人们对待语言应该采取什么样的态度呢? 对此,庄子给出了建议。他说:

> 筌者所以在鱼,得鱼而忘筌;蹄者所以在兔,得兔而忘蹄;言者所以在意,得意而忘言。吾安得夫忘言之人而与之言哉![①]

这段话的大意是:筌是用来捕鱼的,捕到鱼就可以把筌放在一边;蹄是用来套兔子的,套住兔子就可以把蹄放在一边;语言是用来表达思想的,获得了思想就可以忘了语言。我怎么才能够遇到忘了语言的人来和他讨论问题呢?

其实,庄子这里是想借助筌和鱼的关系、蹄和兔的关系的比喻,来显示其对语言和意义关系的看法。庄子认为筌和蹄只是一种工具,当工具完成了其作为工具的使命时,人们就应该将其忘记(放在一边)。进而庄子认为,语言也只是表达思想的工具,当人们通过语言获得了思想之后,就应该将语言忘记。

基于上面的分析,可以看到,庄子的"得意忘言"观点是其"言不尽意"思想演绎的必然结果。

综上所述,通过对老庄"言意"观的简单概述和评析,可以看出,老庄在形而下的器物层面(名言领域)主张"言能尽意";但在形而上的知性名理层面(超名言领域),老庄主张"言不尽意"甚至排斥语言的使用。因为老庄着重以"道"作为本体,而"道"的根本特征又是"无",所以,老庄在"言意"观上主要持"言不尽意"的观点。

---

① 《庄子·外物》。

　　基于这样的事实,老庄在形而上的知性名理层面(超名言领域)对语言持排斥态度,所以,老庄在此层面上顺理成章地秉持"言不尽意"的观点。老庄的这种观点在以天下为己任的荀子看来,当然不能接受(后面我们会详细讨论)。不过,荀子对老庄在形而下的器物层面(名言领域)所展现出的"言能尽意"观点,是持认可态度的。

二、荀子"言意"观与孔孟的渊源

　　作为儒家学派的标志性人物,孔子和孟子两人也参与到"言意之辩"的论题之中,并各自表达了对语言和思想之间关系的看法。

　　尽管孔子在《论语》中没有直接阐述语言和思想的关系问题,只是在《论语》中零星地透露出其对语言和思想关系的看法,然而,就语言和思想的关系而言,孔子非常强调语言的作用。比如,前面讨论孔子的名实观时,就有一段孔子对名称(语言)重视的论述。

　　　　子路曰:"卫君待子而为政,子将奚先?"子曰:"必也正名乎!"子路曰:"有是哉,子之迂也! 奚其正?"子曰:"野哉,由也! 君子于其所不知,盖阙如也。名不正,则言不顺;言不顺,则事不成;事不成,则礼乐不兴;礼乐不兴,则刑罚不中;刑罚不中,则民无所措手足。故君子名之必可言也,言之必可行也。君子于其言,无所苟而已矣。"①

　　这一段所记载的子路和孔子的对话,实际上就是孔子关于

---

① 《论语·子路》。

"正名"的著名观点。实际上,孔子提出"正名",其目的是"正政"。但当他说"必须要纠正名分上的用词不当"(必也正名乎)时,其实就是为了强调语言的重要作用。

事实上,《论语》中多次强调语言的重要性,孔子甚至讨论了语言对国家治理的重要作用。魏义霞清楚地阐述了孔子关于语言在国家政治中的重要作用思想:

> 孔子注意到了人们的言说方式和谈话内容与政治环境清浊的联系:"邦有道,危言危行;邦无道,危行危言。"《论语·宪问》循着这个逻辑,既然国家政治环境如何必然在言上有所反映,那么,言便成为观察政治环境最好的指示器和晴雨表。……孔子对言与政关系的表述则证明了言对于国家治理和天下兴衰的重要作用。①

魏义霞准确分析了孔子关于语言在国家治理中的重要认识。在孔子这里,他通过对社会大众语言使用的分析可以看出国家治理的好坏,比如,他认为"邦有道,危言危行;邦无道,危行危言。"②在此,孔子想劝诫和教导人们,如果国家政治清明,那么人们的语言和行为都应该正直;如果国家政治黑暗,人们的行为要正直,但说话要委婉谦顺。因此,孔子这里既在劝说与其同时代的人们在国家政治清明和黑暗时如何说话和做事,又向人们显示可以通过人们的说话和做事的情况来判断国家政治是否清明。

此外,孔子还提出语言的好坏关系到国家的安危。比如,

---

① 魏义霞:《七子世界——先秦哲学研究》,中国社会科学出版社 2005 年版,第 386 页。

② 《论语·宪问》。

《论语》中记载孔子和定公的对话,就是对语言涉及国家安危的最好注解:

> 针对定公的问题:"一句话能否丧失国家?"孔子从做臣子和做君主的两个角度给予了回答。从做臣子的角度来看,之所以"做君上很难,做臣子不容易('为君难,为臣不易')",是因为如果臣子知道做君上的艰难,自然会谨慎认真地做事,这样就等于一句话就可以使国家兴盛;从做君主的角度来看,"我做国君没有别的快乐,只是我说什么话都没有人违抗我('予无乐乎为君,唯其言而莫予违也')。"针对这样的语言,孔子进行了理性的分析,进而给出了解释:假如君主说的话正确没有人违抗,这是好事情;但如果君主说的不正确却没有人违抗,就等于一句话便丧失国家。①

显然,孔子对"一言可以兴邦"和"一言可以丧邦"是持肯定态度的。由此可以看到,孔子在这里明显流露出"言尽意"观点。关于这一点,朱立元分析得比较清晰:

> 这(指孔子"一言可以兴邦"和"一言可以丧邦"的观点——笔者注)亦可从侧面证明孔子看到并相信语言的达意和交流功能,如果言意对立、言不能达意,更不能为他人领会,何以能使人了解,更何以能兴邦或丧邦?!②

确实如此,孔子正是看到了语言能够表达人的思想,从而坚定了其在某个层面相信语言的积极功能,展现出"言能尽意"的观点。所以,他才极力说明语言具有重要的作用与功能。

---

① 参见《论语·子路》。
② 朱立元:《言意之间——先秦时代的言意观》,沈阳出版社1997年版,第5页。

不过,有的学者认为,孔子在"言意"观上到底持有"言尽意"观点还是"言不尽意"观点不太好作判断。刘文英就持有这种观点,他认为几千年来,人们是将下列一段话作为研究"言意"关系的圭臬:

> 子曰:"书不尽言,言不尽意。"然则圣人之意,其不可见乎? 子曰:"圣人立象以尽意,设卦以尽情伪,系辞焉以尽其言。"①

然而,他认为,实际上在这段话中,人们可以解读出两种相互对立的观点:一是"言不尽意"观点,这源于孔子"书不尽言,言不尽意"的思想;二是"言尽意"观点,这基于孔子"象以尽意"和"辞以尽言"两个判断。通过刘文英对此段的分析,可以发现孔子"言不尽意"观点和"言尽意"观点这样一对具有反对关系的判断,似乎都能从这一段话中得出。

那么,孔子到底在语言与思想的关系中持何种态度? 对此,刘文英认为,就这段对话来说,作者倾向于"言尽意"观点。问题是,这段话所涉及的"言不尽意"观点到底是谁的观点,无法考察。孔子的主要言论和观点由其徒子徒孙记录,并且这些言论和观点都记录在《论语》之中。但是,从《论语》中考察孔子的"言意"观可以发现,孔子没有直接言明和讨论"言意"关系问题。②

但大部分学者认为,孔子确实关注过"言意"关系问题。不过,就孔子是持有"言尽意"观点或"言不尽意"观点,这在学者

---

① 《易传·系辞上》。
② 参见刘文英:《中国古代的言意问题(上)》,《兰州大学学报》1984年第1期。

之间存有争论。比如,张恩普认为孔子主张"言尽意"观点,他说:"在言意关系上,儒家与道家的思想明显不同。儒家主张'言尽意',但要有一个前提,那就是离不开'象'这个中介。"①

陈波的观点与众不同,他明确指出孔子持"言不尽意"的观点。陈波经过考证指出:

> 言意之辩的思想资源最早可追溯到《周易》和《论语》。《周易》是中国文化的元典与源泉……它首先是一部占卜人世吉凶的书……提出了"言不尽意"的最初说法:"子曰:'书不尽言,言不尽意。'"②

不过,也有学者对孔子在"言意"观上进行了一分为二的分析,提出孔子在名言领域(知性名理范围)持有"言尽意"观点而在超名言领域(形而上哲理范围)持有"言不尽意"观点。朱立元和韩东晖等学者持有这一观点。朱立元认为,孔子已经感悟到了语言的局限,并体会到"言不尽意"的窘迫。在他看来,孔子实际上将"言尽意"框定了一个区域,这个区域就是在日常知性思维层面,在此层面下"言"与"意"具有一致性,"言能尽意""辞可达意"。问题是,离开这个范围,在形上超验思维领域,日常语言很难把握"意旨",故而"言"与"意"出现背离,"言不能尽意","辞很难达意"。③

朱立元的观点得到了学界的响应。韩东晖就赞同朱立元的

---

① 张恩普:《儒道言意之辩与中古文论言意理论》,《东北师大学报(哲学社会科学版)》2008 年第 6 期。

② 陈波:《言意之辩:诠释与评论》,《江海学刊》2005 年第 3 期。

③ 参见朱立元:《言意之间——先秦时代的言意观》,沈阳出版社 1997 年版,第 8 页。

观点,他也在两个层面的基础上进行了分析:

> 如果说超名言之域是不得不言、而又言而不尽、不可执着于言的层面,即所谓不可说的(自形而下观形而上),那么名言之域则是必须说、而且必须说得清楚明白的层面,即所谓可说的(自形而上观形而下)。①

对于以上学者的相关论证和说明,笔者赞成朱立元和韩东晖的观点。通过对孔子强调语言重要作用思想的分析,可以明确得出其在名言领域持有"言尽意"观点。

实际上,在《论语》中关于在名言领域语言和思想的关系,孔子正式表达过"言能尽意"的思想。比如,他提出:"辞,达而已矣!"②换言之,孔子认为:"言辞,足以达意就可以了。"这是孔子在名言领域表达自己"言意"思想的宣言,也是他在名言领域持有"言能尽意"观点的最好说明。

但是否由此就能断定孔子在所有的情况下,都对语言抱有充分的信心或者说都持"言能尽意"的观点呢?答案是否定的。因为孔子曾经提出:"天何言哉?四时行焉,百物生焉,天何言哉?"③孔子的意思是说天不言,而四季照常运行,百物照样生长。因而,孔子这里是借助天不言,来表明在超名言领域,语言无法表达人们的思想;在超名言领域,思想是不可言说的。

此外,子贡的一段话也间接表明,孔子在超名言领域持"言不尽意"的观点。子贡曰:"夫子之文章,可得而闻也。夫子之言性

---

① 韩东晖:《先秦时期的语言哲学问题》,《中国社会科学》2001年第5期。
② 《论语·卫灵公》。
③ 《论语·阳货》。

与天道,不可得而闻也。"①也就是说,在子贡看来,孔子在天道、仁等形而上的超名言领域,几乎保持沉默或持不可言说的态度。

概而言之,孔子的"言意"观与老庄的"言意"观有相同之处,其"言意"观亦应分为两个层面:一是名言之域层面,二是超名言之域。就名言之域层面而言,孔子持"言尽意"观点;就超名言之域而言,孔子持"言不尽意"观点。

孟子是儒家的亚圣,也是孔子思想的重要继承者,其在"言意"观上与孔子的"言意"观一脉相承。孟子的"言意"观也在两个层面上进行:名言领域和超名言领域。孟子在"言意"观上所持的观点,与孔子基本一致。

首先,在名言之域,孟子持"言尽意"观点。大家知道,孟子以"好辩"著称。实际上,在辩论中,若要保证能够胜出,除了需要高超的辩论技巧,还需要对语言灵活巧妙运用的能力。诚如唐君毅所说:

> 人谓孟子好辩,而孟子书所载其论辩之辞,其最多者,即为万章篇等其弟子之举时人之致疑于尧、舜、禹、武王、伊尹、周公、孔子,与其弟子之言行志业之言,而孟子皆不惜一一为之辩者。孟子为尧、舜之禅让之事辩,为舜之所以对其弟象之行事辩,为人谓"至于禹而德衰"辩,为武王伐纣之血流漂杵之事辩,为伊尹之割烹要汤之事辩,为周公之杀管蔡之事辩,为孔子之出处辩,为曾子、子思之行事辩,亦为其自己之出处进退、辞受取与之事自辩。此孟子之诸辩,皆由于其不愿其所崇敬之古圣贤,为世俗之偏邪之见之所诬枉,

---

① 《论语·公冶长》。

亦不愿其自己之行事,为其弟子之误疑为失道。此即一意在使一切古今人物有价值之行事心志为天下人所共见,不对之产生偏邪之见之一辩。①

通过唐君毅先生的解读,可以看到孟子辩论的目的很清晰:他是为了使"一切古今人物有价值之行事心志为天下人所共见"。显然,孟子对自己能够达到这个目的充满自信。那么,在此就有一个问题了:孟子为什么认为通过辩论就能达到"一切古今人物有价值之行事心志为天下人所共见"呢? 从语言("言")和思维("意")的角度讲,孟子一定相信通过辩论(语言)能够表达人们的思想("意")。如果孟子没有这个信念(即"言尽意"的信念),他就没法将辩论进行下去,以达到其辩论的最终目的。所以,孟子对辩论的重视是其"言尽意"观点非常重要的佐证。

此外,孟子认为:"征于色,发于声,而后喻。"②换句话说,孟子强调人们只有显露于形貌、流露于言谈,思想才能被人了解。在这里,实际上表达了语言在表达思想中的重要作用。因此,朱立元对孟子这句话的分析非常精辟:

> 人的意愿总要通过色、声等外在形态表现出来,然后使人能明白,可见,言者籍言以达意,听者循言(外在形态)能知意,言意之间体现出一致性。③

---

① 唐君毅:《中国哲学原论(导论篇)》,中国社会科学出版社 2005 年版,第 167—168 页。
② 《孟子·告子下》。
③ 朱立元:《先秦儒家的言意观初探》,《复旦学报(社会科学版)》1994年第 4 期。

孟子持"言能尽意"的另外一个佐证是孟子的"知言"观。如《孟子·公孙丑上》记载:"'敢问夫子恶乎长?'曰:'我知言,我善养浩然之气。'"也就是说,孟子在语言上非常自信,他自认为自己能够"知言"。所谓"知言"就是指"能分析别人的言辞"。显而易见,"知言"必须要懂得"言"后面所要表达的"意",所以孟子必须相信"言意"一致,否则无法知"言"。

孟子回答弟子公孙丑的问题时,进一步彰显其"言意"一致思想。据《孟子·公孙丑上》记载:

> "何谓知言?"(这是公孙丑问其老师孟子的——笔者注)曰:"诐辞知其所蔽,淫辞知其所陷,邪辞知其所离,遁辞知其所穷。"

换句话说,孟子认为自己能够分析别人的言辞。如他自己所说:"偏颇的言辞我知道它片面的地方,浮夸的言辞我知道它失实的地方,邪僻的言辞我知道它背离正道的地方,闪烁的言辞我知道它理屈词穷的地方。"

我们不禁要问,孟子凭借什么能"知言"?孟子依据的是"什么样的话,就有什么样的意,透过其话,便知其情意"①这样的理念。换言之,在孟子这里,他坚信语言能够表达人的思想。所以,孟子在名言领域持有"言尽意"的理念。

其次,在超名言之域,孟子持"言不尽意"观点。关于孟子的这一思想,可以从以下几个方面得到佐证:

其一,孟子通过"以意逆志"表达"言不尽意"理念。孟子认

---

① 朱立元:《先秦儒家的言意观初探》,《复旦学报(社会科学版)》1994年第4期。

为："故说诗者,不以文害辞,不以辞害志。以意逆志,是为得之。"①孟子这里想表达的是:解说《诗》的人,不能拘泥于文字而误解了诗句,也不能只停留在诗句上而误解了诗歌的原意;用自己的体会去揣测诗歌的原意,才能得到正确的理解。孟子此处尽管是在谈论如何理解诗歌问题,但已经触及了"言意"问题。

事实上,孟子"以意逆志"的观点里含有语言能够尽诗人之志,语言也能表达诗人之意的思想。但我们看到孟子强调"说诗者,不以文害辞,不以辞害志",说明当时存在"以文害辞、以辞害志"的现象。这种现象的存在也说明"言"与"意"的不一致,因而,孟子的"以言逆志"的观点"兼顾了言意之间的一致与不一致两个方面,因而相当辩证。"②

其二,孟子借助"天不言"观点间接展现了"言不尽意"思想。正如前面所言,孔子"天不言"观点,到了孟子这里得到了继承。孟子认为:"天不言,以行与事示之而已矣。"③孟子的"天不言"观点除了继承了孔子关于天论思想以外,还扩大了孔子天论思想的范围。

大家知道,孔子的天论思想主要针对自然界而言,而孟子将天论的思想扩大到人世间。孟子认为,"天不言"实质上就是要阐明不能用语言表达天意,天意只能在人的行为和事实中展现出来。在行为和事实中展现出来的天意要靠人的思想来体悟从

---

① 《孟子·万章上》。
② 朱立元:《先秦儒家的言意观初探》,《复旦学报(社会科学版)》1994年第4期。
③ 《孟子·万章上》。

而把握它(当然不一定把握的准确)。因此,孟子通过"天不言",再次强调"言不尽意"。

其三,孟子基于"尽信《书》,则不如无《书》"①的观点显示"言不尽意"思想。孟子认为,"完全相信《书》,还不如没有《书》"。究其缘由,孟子认为《书》中所书写的文字不能完全表达作者的思想。这反映出孟子对《书》中所写的内容不信任。由此表明,孟子认为语言无法完全反映人的思想,从而使孟子对《书》的态度表现出不信任。

其四,孟子通过类比表达出"言不尽意"的观点。孟子指出:"梓匠轮舆,能与人规矩,不能使之巧。"②孟子的这段话与庄子《天道》中的"轮扁斫轮"的故事有异曲同工之妙,都是想表达语言无法完全表达心中所想的观点,即"言不尽意"。在孟子看来,梓匠轮舆可以把规矩尺寸告诉他人,但无法将心中的"数"(对事情情况的了解和把握)通过语言表达出来使人明白。

最后,孟子明确提出"言不尽意"观点——"言近而旨远"。孟子说:"言近而旨远,善言也。"③这是孟子对语言最明确、最直接的观点。孟子认为,"语言浅近但却意旨深远,就是善言。"因此,孟子这里的"旨"就是"意"的意思。我们知道,如果"言"与旨("意")完全一致的话就会出现下面的情况:"言"近则"旨"("意")近;"言"远则"旨"("意")远,就不会出现"言近而旨远"了。既然孟子提出"言近而旨远",就表明这里出现了"言"和"旨"不一致的情况。故此,孟子"言近而旨远"的观点是最能

---

① 《孟子·尽心下》。
② 《孟子·尽心下》。
③ 《孟子·尽心下》。

表达其"言不尽意"的思想的。

通过对孔孟"言意"观的简单论述和分析,可以发现,孔孟之所以都是儒家,不仅体现在两人都对"仁"的关注表现出极高的兴趣,而且两人的"言意"观也基本上一致。

基于上面的分析,可以发现在"言意"观上,老庄的观点和孔孟的观点非常接近。如果其中有什么区别的话,前期道家和前期儒家在"言意"观上的区别主要体现在以下方面:

一是两家的着力点不同,老庄着重超名言层面的"言不尽意"观点,而孔孟强调名言层面的"言尽意"观点(尽管在超名言领域老庄和孔孟都持有"言不尽意"观点)。

二是"言意"观的基础不同,老庄的"言意"思想是以"道"本体为基础,而孔孟的"言意"思想是以"仁"作为出发点。

三是目标不同,老庄主要是在超名言领域讨论"言意"关系,以体现自己超脱的理念或对现实的一种逃避;孔孟更多谈论的是积极入世、积极投身社会,更好地为社会作贡献。

通过对孔孟"言意"观的分析可以看出,孔孟"言意"观虽然分为两个层面,但两人更看重名言领域的"言意"关系。荀子赞成孔孟在名言领域的言语思想,但对两人在超名言领域的"言意"观,荀子持反对意见。

总之,前期道家和前期儒家在"言意"观上虽然有上述诸多不同,但最后两家在"言意"观上都为语言不能完全表达人的思想("言不尽意")预留了较大的空间。这是先秦时期很多思想家们的共识,从某种意义上说,也是语言发展的动力所在。

第二节　荀子"言尽意"观点

作为春秋战国时期思想的集大成者,荀子除了在名称理论、概念理论上对这个时期的相关思想作了系统的归纳总结并作出了突破性的贡献以外,他还对该时期诸子(主要是老庄、孔孟)的"言意"观进行了分析、归纳与总结,并提出了自己独特的"言意"观点。

一、荀子"言尽意"观点理论基石

"类"与"故"两个概念,既是荀子概念理论的建构依据,也是荀子"言意"观建立的两个理论前提。不过,与概念分类观建立基础不同的是,荀子"言意"观的建立还需要以"理"概念作为基本的理论铺垫。众所周知,名(语言)实(事物)关系和"言"(语言)"意"(思维)关系如影随形,不可分割。因此,荀子名实观展开的条件也是其"言意"观的理论条件或基石。

就先秦语言哲学讨论"言意"关系的焦点而言,诸子们主要围绕"言能否尽意",即"言意之辩"这一论题而展开。围绕这一论题,诸子们主要讨论了两个核心问题:其一,语言能否完全表达我们的思想;其二,语言能否把握超名言之域的形而上之"道"。

在讨论荀子对这两个问题的回应之前,先探讨荀子"言意"观的建构基础。因为荀子与孔孟相比较而言,他更重视从名言之域对"言意"关系进行思索。他在这个论域中探究"言"与

"意"的关系时,颇为注意对"类""故""理"三个逻辑概念词的运用。毫不夸张地说,荀子在讨论"言"与"意"的关系时,始终以"类""故""理"三个概念为基础。对此,冯契给予了分析:

> 在荀子看来,分析和综合的客观根据是事物的同异关系,要正确地进行"辨合",就必须正确地运用"类""故""理"的范畴。①

冯契先生的总结非常到位,也非常符合荀子思想实际。可以发现,荀子的"言意"观就是借助这三个逻辑概念词来进行铺展的。

一是"类"概念是荀子"言意"观的建构前提。荀子"言意"观建立的第一个条件是"类"概念。由此,可能会产生疑问:为什么"类"概念在荀子"言意"观中有这样的作用? 对这个问题的回答,涉及对分类观重要性的认识。关于分类观的重要性,褚孝泉说得很明白。他说:"一切分析,不管是针对什么样的对象或属于哪一个领域的,都是要从分类工作开始的,对语言的分析也是一样。"②

"逻辑学之父"亚里士多德在《范畴篇》中提出了著名的十种范畴,即"实体、数量、性质、关系、地点、时间、姿态、状况、活动和遭受。"③亚里士多德"十范畴"理论的提出,具有重要意义:

---

① 冯契:《中国古代哲学的逻辑发展(上)》,华东师范大学出版社 2015 年版,第 268 页。

② 褚孝泉:《语言哲学——从语言到思想》,上海三联书店 1991 年版,第 61 页。

③ 马玉珂:《西方逻辑史》,中国人民大学出版社 1985 年版,第 27 页。

范畴不仅是人类所拥有的各种各样的意义的分类，它更是人类对世界的思考的规定方式。范畴的建立，使得人类的意义世界有了一个基本的秩序。类别的建立，更开辟了崭新的思想操作的可能性。①

尽管这段话是对亚里士多德"十范畴"理论价值的评析，却表达出分类观在人类思想世界的重要意义。虽然荀子没有亚里士多德对十种范畴的划分思想，不过其在概念分类观上所体现出的概念划分思想，正是一种理性思考世界的方式，也是用一种新的思维思考世界的表现。

荀子正是以概念分类为核心，并将这种分类观扩展到其他事物领域。需要强调的是，荀子的"类"概念，其含义主要指事物共有的属性。毫无疑问，认识事物，必然要认识事物的属性，特别是事物的本质属性，只有抓住了事物的本质属性，才能说真正认识了事物。因此，"类"概念是荀子"言意"观的建构前提。诚如周云之所言："荀子的整个正名学说和辩说体系都离不开'类'，都是建立在'类'的同异基础上的。"②因此，可以说，明确的概念分类思想是沟通思想和语言的桥梁之一。

二是"故"概念是荀子"言意"观的理论基石之一。如前所述，《荀子》一书中有多处对"故"概念的阐述，诸如"然而其持之有故""故因其惧也而改其过，因其忧也而辨其故"以及"听则合文，辨则尽故"③等等，句子中都含有"故"字。在这里，"故"概

---

① 褚孝泉：《语言哲学——从语言到思想》，上海三联书店 1991 年版，第66—68 页。

② 周云之：《名辩学论》，辽宁教育出版社 1996 年版，第 332 页。

③ 此处三句话分别参见《荀子·非十二子》《荀子·臣道》《荀子·正名》。

念的含义有多种，但其基本意蕴是指根据、理由。由此可以看出，荀子关于"故"概念的思想，既继承了墨家对"故"概念的理解，也赋予了很多荀子自己的理解。如侯外庐等人认为：

> "故"概念在墨家同为判断或命题所从生长的客观根据，在荀子则基于"以辩止辩"的儒家传统，而修正成为只有主观意义的范畴。①

因此，在讨论"言意"问题时，立论要有根据和理由，是正确思维必须具备的条件。可见，荀子的"言意"观以"故"为其理论基石之一，也就理所当然了。

三是"理"概念是荀子"言意"观的指导原则。在诸子之前，已经对"理"这个概念进行了较为频繁的使用。最早有文献记载的关于"理"字的使用，出现在《诗经》中，"我疆我理，南东其亩"②以及"乃疆乃理，乃宣乃亩。"③《诗经》中这里的"理"字，含义是治理、整理的意思。随后的《左传》《国语》中，"理"的含义也基本框定在《诗经》中"理"的意义。不过，在《易经》中，"理"的含义得到了进一步的丰富。在《易经》中："'理'这一概念的内涵扩展到了表示客观事物及人类自身所具有的条理、规律。"④

到了荀子这里，"理"概念的"规律"含义更加明晰。如荀子

---

① 侯外庐、杜守素、纪玄冰：《中国思想通史》第一卷，生活·读书·新知三联书店1949年版，第467页。
② 程俊英译注：《诗经》，上海古籍出版社1985年版，第431页。
③ 程俊英译注：《诗经》，上海古籍出版社1985年版，第497页。
④ 孙彬：《西周的哲学译词与中国传统哲学范畴》，清华大学出版社2015年版，第122页。

说:"类不悖,虽久同理。"①因此,周云之认为:"'理'在荀子那里主要是指事物的规律。"②

毋庸置疑,荀子在参与"言意之辩",表达其"言意"思想时,当然要认识事物的客观规律,并在规律的指导下达到对事物的深入认知。同时,"言必当理"③是语言正确表达思想的必要前提。因为只有言论符合条理和规律,也就是言语要符合客观事物的规律性和思想的规律,语言才能正确表达思想,故而,"理"概念是荀子"言意"观的指导原则。

综上所述,对"类""故""理"三个逻辑概念词的灵活运用,是荀子"言意"观建构的逻辑基础。正如冯契所言,"运用'类''故''理'的范畴来揭示'性与天道',是哲学家们(指春秋战国时期的思想家们——笔者注)在实际上进行着的逻辑思维。"④

二、荀子论"言意"关系及其认识论根据

荀子从"正名以正政"名实观为出发点,对"类""故""理"三个逻辑概念词的灵活运用为运思基础,他随之对"言意"观的认识论依据展开了探究。

首先,荀子给出了"言"和"意"关系发生的认识论基础和逻辑机理。在《荀子》一书中,有多处谈论语言("言")和思想("意")的关系。在荀子对语言和思想关系的讨论中,可以发现

① 《荀子·非相》。
② 周云之:《名辩学论》,辽宁教育出版社1996年版,第333页。
③ 《荀子·儒效》。
④ 冯契:《中国古代哲学的逻辑发展》(上),华东师范大学出版社2015年版,第215页。

其在"言意之辩"中的相关见解。关于这一点,有研究者指出:
"至于《荀子》一书,其所论及的语言哲学问题更多。关于语言
与思想的关系问题,其见解尤为精辟。"①如荀子在《正名》篇开
篇就说:

> 人们关于散杂名称(指非政治制度的一般名称)的形
> 成,是与生俱来的天赋本性。本性从阴阳之气中产生,生理
> 健全产生的作用,是感官接触事物引起心理上感应的本能,
> 这种本能是不学而能的自然现象。心理上产生好恶、喜怒、
> 哀乐等诸多情感,这样思想上再辨别其是非可否,这就叫思
> 虑。思虑辨别是非,本能随之而发生动作变化,这就叫
> "伪"(即"作为"、"修养的功夫")。思虑积久,本能经常按
> 思虑所指的方向学习改变本质,最后达到化性的成熟阶段
> 也叫"伪"(指"修养的效果")。对准利益目的要求必达叫
> 做"事",对准道义目标而努力叫做"行"(即"德行")。人
> 得以知晓这些的本能叫做"知"(指"知的不能")。知的本
> 能与外物相接触,叫"智"(指"对事物的认识")。人得以
> 有认识事物的能力叫做"能"(指"本能的能")。对事物的
> 认识能力与外物相接触叫做"才能"。生理残缺叫做"病"。
> 适逢其会,就叫做"命运"。这就是人们之所以能有对非政
> 治制度的一般事物有认识能力而将其认识形成概念语词
> (即"名")的原因所在。②

由此说明,荀子已经清楚地认识到名称是如何产生的。荀

---

① 　吴礼权:《中国语言哲学史》,台湾商务印书馆 1997 年版,第 32 页。
② 　本段翻译主要参考吴礼权和杨柳桥的翻译。

子认为,名称的产生首先是人具有认识事物的主观能动性,即人具有认识客观事物的本能("能之在人者"之"能")。除了这个本能外,还需要客观事物的存在。在荀子看来,名称是主体的认知能力(主观能动性)和客观事物本身存在的客观性结合起来共同作用(即"能有所合")的结果。换言之,人认识事物是主客观统一的结果。事物之所以被人命名,源于人的主观能动性和客观事物存在的客观性共同的作用。事物被命名,就是人通过思想进行去伪存真、辨别是非,最后再通过抽象概括而形成名称。因此,荀子对语言和思维的考虑是符合现实情况的。对此,吴礼权指出:"毫无疑问,这种对语言与思维的关系之认识是正确的,是唯物主义的语言哲学观,亦是符合现代科学的。"①

　　实际上,荀子已经意识到人之所以能认识世界、语言之所以能表达思想,是由于人有感性和理性。这正是荀子所提出的:"何缘而以同异?曰:缘天官。凡同类同情者,其天官之意物也同。"②

　　在此,荀子明确表达了感觉经验是人们认识事物的条件观点。也就是说,荀子认为,凡是相同的民族、具有相同心理的人,他们的感官对客观事物的认识也相同,所以能对事物有共同的认知。同时,荀子也认为,人们认识世界不能只依靠感官,还要有思想(心)的参与。所以,荀子强调"心有征知"③的作用。

　　在荀子看来,因为人有"心"(在中国古代将"心"当作思维器官),所以能思维。荀子这里提出"心有征知",表明"理性能

---

① 　吴礼权:《中国语言哲学史》,台湾商务印书馆 1997 年版,第 33 页。
② 　《荀子·正名》。
③ 　《荀子·正名》。

检验观念与事实是否相符,从而做出判断……荀子所谓的'征知',是指理性进行比较、分析、判断的活动。"①换言之,荀子认为,认识的过程是感觉(感性)和思想(理性)共同作用的结果。因此,荀子的"言意"观具有较为坚实的唯物主义认识论基础。

其次,荀子从认知角度讨论了"言意"关系发生的逻辑机理。荀子提出:"凡以知,人之性也;可以知,物之理也。"②这里,荀子展现出朴素的唯物主义思想,即荀子认为世界是可以被人认识的,人们也是可以认识世界的。换言之,人因为具有认识世界的能力,因而客观世界的规律是可以被人把握的。

其实,荀子正确表达了客观事物与名称之间的关系,即客观存在的事物具有第一性,而名称是第二性的观点。这是一种典型的朴素唯物主义认识论。以这种较为科学的认识论为前提,荀子自然地表达出自己的言意观。荀子指出:"能之在人者,谓之能。能有所合,谓之能。"③此处,荀子尽管是在讨论名称的产生过程,但实际上探讨了"言"和"意"发生的机理——名称的产生是人认识世界的能力(即"能之在人者"之"能")和客观事物存在共同起作用的结果(即"能有所合")。

具体而言,人具有主观能动性,人通过思想来对客观事物进行辨别,最后再通过抽象概括而形成名称。换言之,名称(语言)所反映的事物必须建立在人的思想对世界的理性理解或者说正确理解的基础之上,只有这样才能避免名不符实,才能为

---

① 冯契:《中国古代哲学的逻辑发展》(上),华东师范大学出版社 2015年版,第 257 页。
② 《荀子·解蔽》。
③ 《荀子·正名》。

"言"与"意"的有机结合提供保障。

三、荀子"言尽意"观点分析

通过讨论荀子"言意"观的理论基石和荀子论"言意"关系及其根据,可以看出,荀子对人们能够充分把握事物的规律和本质颇有信心。这说明,荀子对语言能否把握思想①("言"能或不能尽"意")持肯定态度。如果上面只是间接地证明荀子在"言意"关系问题上持有"言尽意"的观点,那么,下面可以从《荀子》中找出直接的证据。

(一)荀子对制定名称的原因与目的的讨论,展现了"言尽意"观点

荀子认为由于事物形态各异,从而使人在认识事物时容易产生两种可能的错误:一是导致模糊观念的产生("异形离心交喻"),二是名实混乱("异物名实玄纽")。在这两种情况下,显然"言"与"意"是相互脱节的。

在荀子看来,上述两种错误是可以避免的。荀子提出"志无不喻之患"的观点,表明"名"("言")与"意"具有一致性,"言"可以达"意","言"可以尽"意"。此外,荀子在谈论名实关系时,实际上也包含"言意"关系。荀子对"名定而实辨"的肯定,也是对"言尽意"的肯定。

(二)荀子通过两种方式来传达"言能尽意"的观点

其一,荀子基于"王者制名"传递"言"能尽"意"理念。荀

_____

① 荀子的言意观中的"言"和"意"两个概念内涵,和西方语言哲学中的"言"和"意"概念的内涵很接近,但也有不同的地方。

子在论述统治者制定名称即"王者制名"时,表达了"言"能尽"意"的观点。

荀子认为,统治者制定名称的目的是为了国家的有效治理。因为只有名称确定,才能分辨清楚客观事物;只有遵循制定名称的基本原则,人们的思想意志才能互相交流沟通。只有这样,统治者才能谨慎地率领人民来一起遵守制定名称的规则,并使用这些名称。

荀子指出,名实的定与辨是"道行""志通"的决定性因素。如果名称与事物惑乱纠结(名实混乱)就会"贵贱不明,同异不别",那么,统治者(王者)的意图老百姓就理解不了,命令就会得不到遵行,国家就有灭亡的危险。

因此,荀子在这里不仅是讨论给事物制定名称的问题,更表明了王者通过制定名称来传达自己的政治意图思想。当然,荀子提出"王者制名",主要是为了使普通老百姓"慎率而一"。由此可见,荀子讨论"言意"关系时,主要是通过形而下的器物之"理"层面的系统分析,来表达其"言意"思想的。

其二,荀子通过对"君子之言""圣人之辩"的描述彰显了"言"能尽"意"思想。

一方面,荀子通过对"君子之言"的描述,表明了"言"能尽"意"的观点。荀子提出:"君子之言,涉然而精,俛然而类,差差然而齐;彼正其名,当其辞,以务白其志义者也。"①荀子理想中的"君子之言"是"精、类、齐"的统一体,"君子之言"足以指实、达意。故而,"君子之言"足以尽意——"君子之言"足可表达其

_____

① 《荀子·正名》。

— 271 —

所思、所想。

另一方面,荀子对"圣人之辩"的推崇,显示了"言能尽意"的思想。荀子说:"心合于道,说合于心,辞合于说。正名而期,质请而喻。……是圣人之辩说也。"①这是对"君子之言"的进一步理想化。荀子认为,"圣人的辩说"能够高度契合人的思想与"道"之间的关系;特别是对事物的解说能够完全符合人的思想,所运用的判断高度符合现实情形。于是,对名称的使用(指"圣人的辩说")不经意间既正确又能满足共同的约定,从而能切合事物的实际,进而能增进人与人之间相互了解。所以,荀子认为"圣人之辩""足以相通""足以指实""足以见极"。

问题是,为什么"圣人之辩"能够有这三个"足以"的特点呢? 这是因为,在荀子看来,符合正道是治理国家的基本原则,只有圣人的辩说才能够始终以正道为中心。为此,荀子清晰地描绘出"圣人之辩"能够满足这三个特点的逻辑路线,即建立一个"道→心→言"的理想化路径,也就是他说的"辩说也者,心之象道也。心也者,道之工宰也。道也者,治之经理也。"②因此,这个层面下的"言尽意"之"意",应是一种内涵性、精神性的存在。

关于荀子"圣人之辩"的论述在荀子"言意"观中的作用,唐君毅进行了精到的分析。他指出:

> 此中荀子论圣人之辩,乃纯从其心之能为道之工宰,而

---

① 《荀子·正名》。
② 《荀子·正名》。

本道以成就治国天下之常法条贯处说。圣人之道能成治；心能合说；其一切提出故或理由之言说，合乎此心；其言说中之一一命辞，皆在一推论之线索中，而合为一说；一一命辞中之名项，又皆有其确定之意义，而可本之以期其所指之情实或实事，以为人之所可喻。①

对荀子关于"圣人之辩"的理解以及由此所展现出的荀子"言意"观，朱立元所持观点与唐君毅类似。他说：

在治世，统治者思维与治国之道相合，则言说与思维统一，文辞又与言说统一，名实相配合，情志得以彰明。辨异恰如其分，推理类比而合乎规范；这样，听言说则与所说文意相吻，辨异同则尽异同之来龙去脉。②

笔者赞成两位学者的观点，荀子一贯强调在治世时期，一定要重视名与实、"言"与"意"的统一性。

总体来看，荀子"言能尽意"观点展开的路径，是以"凡同类同情者，其天官之意物也同"为认识论基础，借助"王者制名""君子之言""圣人之辩"表达出"言能尽意"的理想信念。

必须强调的是，荀子"言能尽意"观点需要一定的条件：其一，具备一个太平盛世下的王者；其二，存在荀子理想状态下的"君子"；其三，存在荀子心目中的"圣人"。

然而，荀子生活的时代是一个诸侯争霸的时代。因此，太平盛世只是一个奢望，故"王者制名"的条件在荀子这里已经失去

---

① 唐君毅：《中国哲学原论（导论篇）》，中国社会科学出版社 2005 年版，第 176—178 页。

② 朱立元：《言意之间——先秦时代的言意观》，沈阳出版社 1997 年版，第 125 页。

了现实基础。所以,荀子倡导"言能尽意"只能寄希望于"君子"和"圣人"。对于荀子心目中的"君子"和"圣人"而言,"言"肯定能尽"意"。那么,对于普通大众来说,如何才能做到"言能尽意"呢?荀子认为,普通大众若想做到"言能尽意",需要下一番苦功夫。正如他所言:"涂之人百姓,积善而全尽谓之圣人。"①

事实上,荀子认为人是环境和教育的产物,如果普通老百姓能把善积累到完全的地步,他就可以成为圣人了。在此,荀子强调了人在认识事物过程的主观能动性以及对事物的认识需要不断努力积累的思想。基于此,荀子认为,普通百姓可以通过自己的不断努力,不断积累成为圣人。成为圣人,他(她)当然能做到"言尽意"。

客观上来说,荀子的"言意"观,主要集中在语言能否表达人的思想的论域中进行探究。虽然他在语言能否把握超名言之域的形而上之"道"这个层次上没有做过多的探讨,但从儒家"天人合一"的思想理念以及荀子提出的"明于天人之分""制天命而用之"②和"人定胜天"的观点,以及"他强调要用人为来检验有关天道或自然界的各种理论"③来看,荀子"言能尽意"思想在超名言领域的形而上之"道"层次上也是一以贯之的。

---

① 《荀子·儒效》。

② 《荀子·天论》。

③ 冯契:《中国古代哲学的逻辑发展》(上),华东师范大学出版社 2015年版,第 241 页。

第三节 "言意之辩"的总结和分析

很多学者对"言意之辩"与"言意之辨"两个概念不作区分，从而造成了一些讨论的混乱。笔者以为，应该对这两个概念的含义作深入理解，从而对它们作严格的界分。只有这样，才能弄清两者讨论的主题及其论域所在。

事实上，单从"言意之辩"中的"辩"和"言意之辨"的"辨"的不同字形来看，表明两者的含义一定是有区别的。根据相关研究者对"辩"字的解释：

> "辩"由两个"辛"和"言"构成。"辛"字表示罪犯，整个字的意思是两个犯罪嫌疑人互相揭发对方的问题，并为自己辩解，由此产生争论和说明是非的含义。①

不过，也有研究者将"辩"字的含义作了更加宽泛的理解，并对其作了形象的解释：

> 形声，声符为"辡"。"辡"为两个"辛"（黥刑用针）并排之形，表示法庭审判时原告、被告二人的誓辞并立，双方均言明如果违背誓言将甘受黥刑之罚，由此"辡"义指法庭讼争。"言"为向神发出的誓言。原告、被告双方相互理论，谓"辩"，义为争论、争议、巧辩、治理。此外，"辩"亦通于"辨"，有裁决、辨明之义。②

---

① 豆文宇、豆勇：《汉字字源：当代新说文解字》，吉林文史出版社 2005 年版，第 68 页。

② 白川静：《常用字解》，苏冰译，九州出版社 2010 年版，第 396 页。

综合学界对"辩"字的解析,可以将"辩"字的基本意义概括为"争论""说明"。

就"辨"字而言,学界对其解读也是众说纷纭,莫衷一是。比如,有研究者将其解释为:

篆文"辨"字由两个"辛"和"刀"构成。"辛"字表示戴木枷的罪犯,整个字的意思是应用将刀行刑的罪犯从众多的罪犯中挑出来,由此产生辨别的含义。①

还有的研究者将"辨"与"辩"进行了类似的解读,对其中的区别只作了细微的阐述:

形声,声符为"辩"。"辩"为两个"辛"(黥刑用针)并排之形,表示法庭审判时原告、被告二人的誓辞并立,双方均言明如果违背誓言将甘受黥刑之罚,由此"辩"义指法庭讼争。"刂"(刀)用来切分物事。辨明原告、被告双方的申诉,进行裁决,谓"辨"。裁决之义以外,"辨"亦有分辨、调查、辨明之义。②

基于上述学者们对"辩"与"辨"的解析,若从字面上来区分"言意之辩"和"言意之辨",笔者认为,"言意之辩"是对"言"能否表达"意"这一问题的辩论(或者是"言不尽意"观与"言尽意"观的辩论)。而"言意之辨"的意思,是分辨"言"和"意"的意义。

需要注意的是,就"言意之辩"来说,不能仅从字面加以理解,还需要对其内容上进行把握。诚如冯契所说:

---

① 豆文字、豆勇:《汉字字源:当代新说文解字》,吉林文史出版社 2005 年版,第 69 页。

② 白川静:《常用字解》,苏冰译,九州出版社 2010 年版,第 396 页。

中国哲学中的"言意之辩"就是讨论言和意之间有无对应关系。"言尽意论"强调言与意有对应关系;"言不尽意论"则认为这种对应关系是不稳定的,以名指物并不能达到对象。①

但就"言意之辨"而言,它相当于一个专有名词,故而有其确定的内涵,即"言意之辨"是一种认识本体的方法。学界认为,"言意之辨"源于汉魏之间。汤用彤在讨论魏晋玄学时说:

> 夫具体之迹象,可道者也,有言有名者也。抽象之本体,无名绝言而以意会者也。迹象本体之分,由于言意之辨。依言意之辨,普遍推之,而使之为一切论理之准量,则实为玄学家所发现之新眼光新方法。②

换言之,汤用彤认为,魏晋玄学发现了具体事物可用语言和名称表达或指称出来,但抽象的本体是不能用语言和名称表达出来的,只能借助于思想。因此,"言意之辨"是认识本体的方法。

魏晋玄学家为什么要提出"言意之辨"的新方法呢? 汤用彤作了解释。他首先从总体上给出了原因:

> 名家原理,在乎辨名形。然形名之检,以形为本,名由于形,而形不待名,言起于理,而理不俟言。然则识鉴人物,圣人自以意会,而无需于言。魏晋名家之用,本为品评人物,然辨名实之理,则引起言不尽意之说,而归宗于无名无形。夫综核名实,本属名家,而其推及无名,则通于道家。

---

① 冯契:《人的自由和真善美》,华东师范大学出版社 1996 年版,第 85 页。
② 汤用彤:《汤用彤学术论文集》,中华书局 1983 年版,第 214 页。

而且言意之别,名家者流因识鉴人伦而加以援用,玄学中人则因精研本末体用而更有所悟。王弼为玄宗之始,深于体用之辨,故上采言不尽意之义,加以变通,而主得意忘言。于是名学之原则遂变而为玄学家首要之方法。①

分析了"言意之辨"新方法出现的总体原因之后,汤用彤又给出了这种新方法出现的三个具体原因:一是用于经籍之解释,二是由玄学的宗旨决定的,三是忘言得意可以会通儒道二家之学。②

一、关于春秋战国时期"言意之辩"的总结

综合比较"言意之辩"与"言意之辨",结合春秋战国时期诸子对"言""意"关注时所表现出来的学术兴趣,笔者以为,对春秋战国时期"言意"观进行总结时,可以用"言意之辩"这个名称来对这个时期诸子们在"言意"关系上所持有的观点进行归纳。但具体到某个思想家时,可以用"言意之辨"这个认识论方法来对其"言意"观进行掌握。正如汤用彤所说:

> 过去人们都认为,"言意之辨"乃是"言不尽意"说与"言尽意"说的辩论。若就整个魏晋时期的"言意之辨"而论,这看法尚可成立;但若仅就正始时期的"言意之辨"而论,这看法便不合适了。因为正始时期并未产生"言尽意"说,"言不尽意"说是当时学者共同赞同的见解。③

虽然汤先生的这段话是对魏晋时期"言意之辨"的总结,但

---

① 汤用彤:《魏晋玄学论稿》,上海古籍出版社 2001 年版,第 25 页。
② 汤用彤:《魏晋玄学论稿》,上海古籍出版社 2001 年版,第 26—29 页。
③ 王葆玹:《正始玄学》,齐鲁书社 1987 年版,第 321 页。

是笔者认为,这段话也适合春秋战国时期诸子之间"言意之辩"的总结。

从前述笔者对道家、儒家的"言意"观的讨论中可以发现,"言意"关系问题在春秋战国时期与名实关系问题一样,都是诸子讨论的语言哲学上的核心议题。就道家而言,他们主要持"言不尽意"的观点;就儒家而言,他们主要持"言尽意"的观点。那么,就学派内部而言,道家的老子开辟了"言不尽意"观点的先河,庄子继承并发扬了老子的这一观点;儒家的孔子开创了"言尽意"观点的先河,而且得到了孟荀二子的继承和发扬。

单就道家学派来说,这个学派之所以持"言不尽意"的观点,是由道家学派所推崇的"道"的特点决定的。道家的"道",可以从本体论和认识论两个层面来理解。从本体论层面来说,"道"是指一种存在的根据;从认识论层面来说,"道"是指真理。① 由于"道"处在超名言之域,所以没法用语言对之把握。

如前所言,以孔孟为代表的儒家主要考虑名言领域的问题,因此,他们在"言意"观上主要持"言尽意"的观点。但不可否认,孔孟也简单地论及了超名言之域的"言意"关系问题。可以说,正是因为有了孔子在"言意"观上奠定的基础,并且孟子对其作了进一步的巩固与发展,才有了后面荀子在语言哲学和逻辑哲学对"言意"观点的总结与发挥。

孔孟在"言意"观上赞成"言""意"之间较为稳定的相似性,一定程度上赞成语言(日常用语)在人们的日常生活、日常

---

① 杨国荣:《心学之思——王阳明哲学的阐释》,上海三联书店 1997 年版,第 218 页。

交流中的表情达意功能。但在日常生活实践中,孔孟也感受到并发现了某些特殊情况下,特别是关涉形上超验领域时,鉴于日常语言的局限性与模糊性,会造成"言""意"之间的不一致甚至偏离,从而造成"言不尽意",最后导致在某种程度上的思想困惑。

就各个学派之间整体上在"言意"观上所呈现的观点而言,春秋战国时期的道家学派,主要围绕"道"来展开其"言不尽意"的观点;春秋战国时期的儒家学派,主要围绕"仁"来展开其"言尽意"思想。但最后在超验名理层面却殊途同归,道儒两家同时持"言不尽意"观点。

二、"言意"关系的现代分析

"言意"关系问题不仅是先秦时期语言哲学讨论的核心问题之一,而且它也一直占据着中西方语言哲学的核心位置。不过,中西方在讨论"言意"关系问题时,对"意"的解读是不同的。如前所述,中国古代哲学家主要从以下四个方面讨论"意",即第一种是表示派生宇宙万物的本原,统摄、支配宇宙万物的根本规律,相当于老庄哲学的"道";第二种表示人生存于世的根据、目的、归宿、境界和准则等;第三种表示形而下的器物之"理";第四种表示人特别是圣人对"天道"与"人道"以及器物之"理"的认识、体悟与把握,它存在于人特别是圣人的"心"中,是一种内涵性、精神性的存在。而西方主要在认识论层面讨论"意",主要讨论语言和思维之间的关系。

众所周知,西方哲学到了 20 世纪经历了一个"语言转向"或称之为"语言学转向"。经过这个转向以后,学界把这个时期的西方哲学称作"语言哲学"。这期间,涌现了一批杰出的语言哲学家,诸如弗雷格、索绪尔、罗素、塔尔斯基(Alfred Tarski)、卡尔纳普(Paul Rudolf Carnap)、克里普克、维特根斯坦、莱尔(Gilbert Ryle)、奥斯汀(John Langshaw Austin)、蒯因(Willard Van Orman Quine)、普特南、塞尔、戴维森(Donald Davidson)、乔姆斯基(Noam Chomsky)等。其中,现代逻辑学之父——弗雷格,又被称为现代语言哲学的开创者。他在《论意义与意谓》这篇著名的文章中,通过对"a=a"和"a=b"这两个具有不同认识论价值句子的讨论,分析了认识论的差异问题。

　　值得关注的是,弗雷格在讨论这个问题的时候,同时分析了语言和思维的关系问题。他从两个方面分析了"a=a"和"a=b"之间的关系,并通过对它们之间关系的讨论,得出了著名的"名称三角"。弗雷格首先把"a"和"b"的相等当作符号相等。他说:

　　　　a=b 要表达的似乎是"a"和"b"这两个符号或名字意谓相同的事物,因此说的恰恰是这些符号;也陈述了这些符号之间的关系。但是,这种关系存在于名字或符号之间,仅因为它们指称或表示某种东西。①

　　弗雷格这段话实际上表达了一种观点,即名称是对事物的指称。所以,弗雷格这里实质上是在讨论名称和事物之间的关系。

　　此外,弗雷格还把"a"和"b"的相等当作对象之间的关系。

---

　　① ［德］弗雷格:《弗雷格哲学论著选辑》,王路译,王炳文校,商务印书馆1994年版,第90页。

因此,他接着为此进行了论证:

> 如果符号"a"与符号"b"仅仅作为对象(这里是通过形
> 态),而不是作为符号相区别,这应该指:不是以它表示事
> 物的方式相区别;那么,如果 a＝b 是真的,则 a＝a 与 a＝b
> 的认识价值就会基本相同。不同之处的形成只能由于符号
> 的区别相应于被表达物的给定方式的区别。①

在这里,弗雷格所说的"被表达物的给定方式"实际上就是符号的意义。如他自己所说:

> 对于一个符号(名称,词组,文字符号),除要考虑被表
> 达物,即可称为符号的意谓的东西以外,还要考虑我要称之
> 为符号的意义的那种其间包含着给定方式的联系。②

也就是说,弗雷格通过对"a＝a"和"a＝b"具有不同认识价值的讨论,得出了符号、符号的意义和符号的意谓之间的有规律的联系。弗雷格正是对它们之间联系的讨论,建构了一个完善的"名称三角"或"语义三角",如下图所示:

Meaning（意义）

Name（名称）　　reference（指称对象）

---

① ［德］弗雷格:《弗雷格哲学论著选辑》,王路译,王炳文校,商务印书馆
1994 年版,第 91 页。
② ［德］弗雷格:《弗雷格哲学论著选辑》,王路译,王炳文校,商务印书馆
1994 年版,第 91 页。

　　问题是,名称、意义和指称对象之间到底是什么关系呢? 按照现代语言哲学的解释,就名称和意义之间的关系而言,名称是用来表达意义的;就意义和对象之间的关系来说,意义是用来表征指称对象的;从名称与对象之间的关系来看,名称是对指称对象的指称。

　　显然,弗雷格对"名称三角"的建构在语言哲学中是一个伟大的创建。但我们对之解读时可以发现,这个三角形没有把认知主体放进来,是有缺憾的。因此,张建军在总结佛莱斯达尔(Dagfinn Føilesdal)对弗雷格的"name-meaning-reference"三分法和胡塞尔(Edmund Gustav Albrecht Husserl)的"act-noema-object"三分法比较研究的基础上,并借助马克思的社会实践论,建构了如下逻辑行动主义方法论认知三角构图:

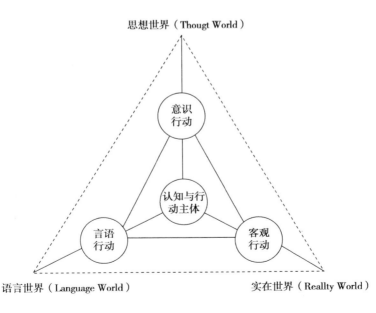

思想世界(Thougt World)

意识行动

认知与行动主体

言语行动

客观行动

语言世界(Language World)　　　　　　实在世界(Reallty World)

张建军用两个嵌套三角形,对逻辑行动主义方法论构图进行了形象的说明。正如他所说:

> 这是两个三角形的嵌套图。中心圆圈代表认知与行动主体(subject),既可以是单个主体,也可以是集体行动的共同体。外层三角形的三个角分别代表语言世界、思想世界和实在世界,内层三角形的三个角居于主体与三个"世界"之间,分别代表 SA(Speech Action,言语行动),CA(Conscious Action,意识行动),OA(Objective Action,客观行动)。客观行动也就是马克思所谓的"实践"(Praxis)。请注意,外层三角形三条边都是虚线,而内层三角形三条边及其他连线都是实线。虚线的意思是没有直接连通路径,而必须以行动为中介。①

在逻辑行动主义方法论构图里,就语言世界("言")和思想世界("意")的关系而言,理想状态应该是认知与行动主体通过语言来表达思想,但当认知与行动主体通过语言来表达思想时,必须通过言语行动和意识行动这两个环节共同作用才能完成。因此,在理想状态下(即言语行动和意识行动这两个环节能良好运作,不会出错的情形),语言("言")和思想("意")具有一致性,语言能完全表达思想,也就是"言能尽意"。但若在非理想状态下,语言("言")和思想("意")的一致性很难保证,这样就会造成"言不尽意"。

纵观人类语言哲学史,可以发现,荀子"言能尽意"思想具有一定的合理性,也是人类的一种美好愿望。不过,需要指出的

---

① 张建军:《逻辑行动主义方法论构图》,《学术月刊》2008 年第 8 期。

是,人们在使用语言来表达思想时,"言不尽意"的情况是经常发生的。荀子的"言能尽意"思想对破解"言不尽意"之弊,具有启发价值。在日常生活中,从人们使用语言的具体情形来看,"言不尽意"是由以下原因造成的:

(一) 人们未能真正厘清语言、思想与实在三者之间的关系,是"言不尽意"的根本原因

这里,包括两种情形:

其一,人们没有厘清思想与实在的关系。按照马克思主义的观点,物质决定意识,意识是对物质的能动反映。在思想中,一个概念要想正确反映客观事物,它必须能够反映客观事物或对象的本质属性(实在)。思想与实在之间发生分离("言不尽意""言意"不一致),很大程度上是由于人们的思想未能正确把握客观事物的本质造成的。这源于人们在实际生活中,厘清思想与实在的关系存在困难。正如格雷林(A.C.Grayling)所言:

> 倘若没有详细说明与一个给定的内容相联系的到底是哪一个对象或哪一个独立存在的事态,就不可能对内容做出完全的详细说明,即不可能将这个内容个体化并对其性质做出充分说明。①

其二,人们没有真正把握语言和思想的关系。大家知道,语言是通过语词、语句等方式来指称事物,进而表达思想。语言是思想的载体,没有语言材料的赤裸裸的思想是不存在的。诚如马克思所说:"语言是思想的直接现实。"②所以,语言、思想和作

---

① [英]A.C.格雷林:《分析哲学在语言、思想与实在之间的关系问题上的新进展》,牟博译,《哲学研究》1987 年第 6 期。
② 《马克思恩格斯全集》第 3 卷,人民出版社 1960 年版,第 525 页。

为认识对象的客观实在之间的关系紧密,可用一个简洁的认识三角形表示如下。

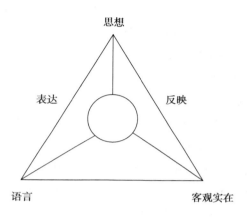

思维(思想)中最基本的单元层次,是概念、命题和推理。就语词和概念的关系来说,语词是概念的物质外壳,但两者不能构成一一对应的关系。这种不能一一对应关系主要体现在三个方面:一是并非所有的语词都表达概念,也就是说有的语词不能表达概念,诸如助词、叹词等。因为这些词并不反映对象的特有属性或者说它们没有独立的思想意义,如"吗""呢"。二是多个语词表达一个概念,如生我们、养我们那个伟大的男性——父亲。表达父亲这个概念的语词就有很多,比如:父亲、爸、大、爹、father。三是同一语词表达多个概念,如"道"这个语词,它就有多种含义:"道路""方式、方法""某种最高的本体"等等。

如果人们在日常生活中没能对语词和概念进行很好的把握和区分,就容易造成"言不尽意"的结果。

同样,就语句和命题的关系而言,语句是命题的物质外壳,命题是通过语句来表达的。但两者也不是一一对应的关系,具体体现为三种情况:一是并非所有的语句都表达命题,一个语句若想表达某个命题,这个语句必须申述了某种意义。二是一个语句表达多个命题,比如我们经常看到的歧义句。三是多个语句表达一个命题,比如同义句。因此,若想真正把握命题的含义,必须结合具体的语境。如果人们在使用语句来表达命题时,未能结合语境来真正把握语句和命题的关系,也会造成"言不尽意"。

(二) 对语义与思义两个概念的混淆,是造成"言不尽意"的重要原因

根据现代语言哲学的观点,语言的意义与思想的意义隶属于不同的领域。然而,"哲学家们不仅谈论语言中的意义、思想中的意义(往往又将二者混同),而且还谈论实在世界中的意义。"①如此一来,就容易造成对"意义"在同一层次的理解,进而造成意义的混淆。

实际上,语言中的意义(语义)或者说语言领域中的意义,包括两方面内容:语言领域的指称与语言领域的含义;而思想领域中的意义(思义)也包括两方面的内容,即思想领域中的内涵与思想领域中的外延。如果语义与思义相混淆,就会把语言领域的意义与思想领域的意义这两种不同层面的意义当作一个东西,如此,就会将言语行动的产物与心智行动的产物混淆。

其实,语言的意义具有客观性,是长期进化来的公共语义;而思义是认知主体个人或集体的思想的意义。因此,语义和思

---

① 张建军:《逻辑行动主义方法论构图》,《学术月刊》2008年第8期。

义是有区别的。如果混淆了语义和思义,就会造成"言意"分离,"言不尽意"。也就是说,"言不尽意的重要原因在于语言文字这种码符系统与大脑中以神经网络系统的生化状态这种'码符'表示的意识系统之间远非一一对应的。"①当然,虽然两种"码符"系统不是一一对应的关系,但相信随着科学技术的发展和人们劳动技术的提高,语言的功能会逐步提升,这两种"码符"会逐渐接近甚至达到一一对应。

（三）未能真正把握语言达意功能的特点,是造成"言不尽意"的又一原因

虽然有的学者认为:具有离散性的语言无法完全表达连续性的思想;具有一维性的语言也不能完全展现多维性的意;线性和静态的语言更不能把握非线性和动态的思维。② 不过,孙中原却认为,持"言不尽意"观点的人,是囿于"语言表达意义的相对性、过程性和阶段性"③造成的。所以,需要拓展语言的达意功能。褚孝泉指出:"语言作为一种存有物,是用来描述存有物的,若用来描述存有本身,它就不敷应用,人就必须超越其日常用法,予以拓展。"④因此,若要真正发挥语言的达意功能,一定要充分把握语言的灵活性和变动性特征。

① 苗东升:《"言意之辨"新辨》,《贵州大学学报(社会科学版)》2003 年第 5 期。
② 参见苗东升:《"言意之辨"新辨》,《贵州大学学报(社会科学版)》2003 年第 5 期。
③ 孙中原:《言意之辨的逻辑哲学意义》,《重庆工学院学报(社会科学版)》2007 年第 5 期。
④ 褚孝泉:《语言哲学——从语言到思想》,上海三联书店 1991 年版,第 29 页。

　　总之,名实相符、"言意"一致("言能尽意")是在语言世界、思想世界以及现实世界中,通过认知主体或行动主体的言语行动和意识行动的良性运作而达到的理想状态。这种理想状态是荀子眼中的"君子""圣人"才能达到。荀子虽然认为普通民众通过努力有机会成为圣人,但让每个人都成为圣人显然不现实。因此,当我们用语言表达思想时,由于上述三个原因,所以"言不尽意"经常发生。

　　不过,荀子从儒家的立场出发,通过系统论证名("言")与实、"言"(名)与"意"的关系,强调了语言的工具性功能、规范性功能与描述性功能,从而凸显了语言表达思想的价值属性;其"言意"思想,高扬名言的社会价值,彰显语言的规范与约定俗成功能,具有朴素唯物主义认识论价值。荀子的"言意"观在中国语言哲学发展史上起到了承上启下之功,对后世特别是魏晋时期的"言意之辩"产生了重要影响,也为现今从事语言哲学的研究者提供了运思方向,对探究语言与思想之间的关系问题具有重要的启发和借鉴价值。

三、余论

　　由于"言"在春秋战国时期有多种表达方式,有诸多功能,"意"本身也有丰富的内涵。所以,不能对春秋战国时期的"言意"观简单地从"语言能否完全表达思想"来分析。

　　就语言的表达方式而言,其中比较常用的两种是"思辨地表达"和"富有诗意地表达"。所谓"思辨地表达",是指人们在说话时,借助概念、范畴等进行符合逻辑的言说。"思辨地表达"主要限于认知的范围。而"富有诗意地表达",是指通过意象来感受掩藏在语言里的深层意蕴。所以,就"言意"关系在这两种表达方式来看,显然当人们使用"思辨地表达"方式时,"言"和"意"的一致性可以保证,"言"能尽"意";而用"富有诗意地表达"方式时,"言"和"意"的一致性很难得到保证,"言"和"意"也就达不到统一了。诚如冯契所说:

> 如果名限于认知的范围,言、意与事物确有对应关系,这是逻辑要求;但如不限于认知的范围,"言不尽意"也是有道理的,文学作品(这是一种"富有诗意地表达"方式——笔者注)就要求言外之意,要求言有尽而意有余。①

就"意"的丰富内涵来说,"言"与"意"的关系也就有了不同层次的区分。也就是说,当我们在日常名理层面使用"言"来表达"意"时,"言"和"意"的一致性可以得到保证,因而"言"能尽"意";但当我们在超验领域使用"言"来表达"意"时,由于对象本身难以把握,所以"言"和"意"两者不一致,故而两者的一致性得不到保障,这样,"言"也就不能尽"意"了。

---

① 冯契:《人的自由和真善美》,华东师范大学出版社 1996 年版,第 85 页。

结　语

　　无论是古代语言哲学还是现代语言哲学,名(语言)和实(世界)、"言"(语言)和"意"(思想)之间的关系问题,始终是语言哲学中的核心问题。春秋战国时期的诸子百家几乎都围绕这两个问题进行了热烈的讨论,并分别表达了各自的看法。所以,春秋战国时期是我国古代语言哲学发展的繁荣期和高峰期。荀子,无疑是这个时期语言哲学研究的总结者和集大成者,他既有对前人语言哲学思想的继承,又有对前人关于此方面的批判。因此,本书采取比较研究的方法,将荀子的语言哲学思想与其他诸子语言哲学思想进行比较分析,既可以探查荀子语言哲学的渊源和突破处,又可以勾勒出春秋战国时期语言哲学的发展概况,从而为荀子的语言哲学思想研究提供重要的背景知识。

　　此外,"语言哲学"这个概念发端于西方。西方语言哲学中的许多概念和方法,为本书提供了方法论依据。但是,本书并不是以西方语言哲学的思想为标准对荀子语言哲学思想进行比附性研究,而是以荀子语言哲学思想的内在逻辑为依据,深入研究其核心内容。本书将荀子语言哲学思想中的一些核心概念与西方语言哲学中的核心概念作了对比分析,这为深刻理解荀子语言哲学思想提供了帮助,同时也为更好地理解西方语言哲学的相关概念和理论提供参照。

以中西方语言哲学的发展概况为背景,我们系统探讨了荀子在语言哲学方面所取得的成就。如果对荀子在语言哲学方面所取得的成就进行总结,笔者认为,可以从以下几个方面来进行界定。

第一,在名称理论上,荀子站在儒家的立场上,从孔子提出的"正名以正政"主张为出发点,批判吸收了道家、墨家和名家在名实观上的诸多合理思想基础上,建构了春秋战国时期第一个系统的名称理论。从现代语言哲学的视角审视荀子的名称理论,可以发现该理论具有极高的理论价值和现实意义。尤其是荀子关于名称的约定俗成理论,真正揭示了名称的本质。这是荀子在名称理论上的巨大成就。此项成就既彰显了中国古代哲学在语言哲学的理论高度,又体现了中国古代语言哲学思想家对世界语言哲学思想的理论贡献。

同时,荀子对当时人们使用名称混乱的现象进行了总结和批判。他将春秋战国时期名实混乱的现象概括为"用名以乱实"①的"名实"乱象的"三惑"之一,并有针对性地提出了破除此"惑"的方法,即"验之名约,以其所受,悖其所辞"②。荀子提出的制止名称乱象的理论,为当时的人们使用名称提供了有益的工具。

此外,荀子还在"正名"和"制名"上作了系统的论述和总

---

① 《荀子·正名》。
② 《荀子·正名》。

结。这与春秋战国时期的诸子相比,荀子的名实理论显得更加合理,更具有理论的张力和系统性的魅力。

第二,在概念理论上,荀子为中国语言哲学史作出了卓越贡献。这主要体现在以下三个方面:

一是荀子揭示了概念的本质。他为概念下了一个精准的定义,即"名也者,所以期累实也。"①根据现代哲学的思想,概念是反映对象的特有属性和本质属性的思维形式。荀子对概念的定义,科学地揭示出概念的内涵,显示出其理论高度与深度。

二是荀子对概念进行了系统的分类。荀子在墨家的基础上,对概念进行了细致的划分。他从两个方向对概念作了分类:从概念的概括角度,把概念分为没有共同性的个体或单独概念、共名……大共名;从概念的限制角度,把概念分为大别名、别名……直到无别的别名(个体或单独概念)。如果把荀子对共名和别名的概念分类思想结合在一起,就形成了具有由没有共同性的个体或单独概念、共名……大共名的概念概括思想与从大别名、别名……直到无别的别名(个体或单独概念)所构成的概念限制思想,从而形成了一套系统的名称分类体系。荀子的这套概念分类体系是科学且合理的,在人类概念的分类历史上,这种概念分类方法处于领先地位。由此可见,荀子真正地把握了概念的实质,抓住了概念的本质属性。这是荀子对中国语言哲学史的一个重要贡献。

客观而言,荀子关于概念的分类思想与西方同时期的概念分类思想相比,其概念分类思想早于西方的概念分类思想。如

① 《荀子·正名》。

果从世界范围来看,荀子的概念分类思想在同时期的语言哲学家中,其理论高度处在世界领先水平。当荀子讨论概念分类问题时,西方第一个讨论概念分类问题的思想家波菲利还没有出生。

三是荀子对诸子使用概念过程中出现的错误现象进行了系统归纳、总结、批判,并提出了解决之道。荀子将春秋战国时期诸子们使用概念时所犯的错误,归纳为"用名以乱名"和"用实以乱名"的"二惑"。为此,他针对"用名以乱名"①的错误,给出的解决策略是"验之所为有名,而观其孰行"②。对于"用实以乱名"的错误,荀子给出的解决方法是:"验之所缘以同异,而观其孰调"③。

如果从名实观的视角看荀子的名称理论和概念理论,可以发现荀子概括的"三惑"和破"三惑"的方法,无疑为解决当时名实混乱的现象提供了理论支撑和操作方法。荀子对名实混乱现象的批判,在当时对维护社会稳定具有积极的作用。

第三,在"言意"观上,荀子也是从儒家立场出发,批判继承了道家、儒家的"言意"思想,形成了独具特色的"言尽意"思想。荀子的"言尽意"观点,与道家在两个层面上讨论"言意"关系是不同的。如前所述,道家认为,在形而下的器物层面(名言领域)语言是能表达思想的。也就是说,语言和思想是一致的,即"言意"一致、"言"能尽"意";但在形而上的知性名理层面(超名言领域),道家认为,语言是不能完全表达思想的,由此得出,

---

① 《荀子·正名》。
② 《荀子·正名》。
③ 《荀子·正名》。

道家在这个层面上排斥语言的使用。儒家的孔孟也持有与老庄类似的"言意"观,只不过孔孟与老庄强调的层面不一样。老庄强调超名言领域层面的"言不尽意",孔孟强调积极入世、积极投身社会,为社会作贡献的名言之域的"言尽意"层面。

此外,本书从现代语言哲学的角度及其取得的新成果作为评价标准,对"言意"关系进行了较为细致的分析。本书借用张建军先生的逻辑行动主义方法论,作为评价"言意"思想的标准。由此得出,"言不尽意"现象是由于语义与思义的差别及语义对思义的表达具有可错性而造成的。而"言尽意"是理想状态下,认知主体或行动主体的言语行动和意识行动的良性运作而不出错的情况下才能达到。

辩证地看,作为人类,经常保持理性状态和理想状态很难,所以我们经常会遇到"言不尽意"的情况。但是,如果我们能够很好地把握我们的认知,力求让我们的言语行动和意识行动经常处在良好的运作状态下,那么,"言"能尽"意"是可求的。荀子在意义理论中对语言把握思想的作用,流露出了较为充分的信心。换言之,荀子在"言意"观上持"言能尽意"理念。

就语言能否完全表达人的思想而言,先秦时期的哲学家们都表达了自己的看法。而荀子最为充分与彻底地表达出"言能尽意"的思想,他通过"王者制名""圣人之言""君子之辩"等方式,将"言能尽意"的理念体现得淋漓尽致。

第四,荀子认识到了语言的语用问题。荀子提出,人们在使用语言过程中必须把礼法(或道德)作为参考标准。他说:

> 问楛者,勿告也;告楛者,勿问也;说楛者,勿听也;有争气者,勿与辩也。故,必由其道至,然后接之;非其道,则避

之。故，礼恭，而后可与言道之方；辞顺，而后可与言道之理；色从，而后可与言道之致。故未可与言而言谓之傲，可与言而不言谓之隐，不观气色而言谓之瞽。故君子不傲、不隐、不瞽，谨慎其身。①

质言之，荀子认为，"怀着恶意发问的人，不要告诉他；怀着恶意告诉的人，不要追问他；怀着恶意讲说的，不要听取他；怀着争强气势的人，不要和他辩论。所以，只有他是顺从礼仪而来的，然后才接近他；如果不合乎礼仪，就要躲避他。因此，持礼恭敬，然后才能和他谈论道义的方向；言辞和顺，然后才能和他谈论道义的条理；面色从容，然后才能和他谈论道义的精义。故而，不可以和他谈论，而和他谈论，叫做浮躁；可以和他谈论，而不和他谈论，这就叫做隐秘；不观察面色，就和他谈论，这就叫做眼瞎。君子不浮躁、不隐秘、不眼瞎，谨慎地顺随着对方的行动展现自己。"在此，荀子强调了人们在谈话时态度要恭敬、和顺，谈话内容要围绕礼仪、道义加以展开。由此可见，荀子在论述人们使用语言时特别强调，要以道义为根本。

第五，荀子注意到了语言和环境之间的关系。他指出，"居楚而楚，居越而越，居夏而夏，是非天性也，积靡使然也。"②换言之，荀子认为，居住在楚国就具有楚国人的特性；居住在越国就具有越国人的特性；居住在中原就具有中原人的特性。那么，推及人们使用的语言，显然也应具有随环境不同而相异的特点。这种思想和孟子对语言和环境的认识是一致的。

---

① 《荀子·劝学》。
② 《荀子·劝学》。

辩证地看荀子的语言哲学思想,其思想与其他诸子相比,也存在一定的不合理之处。具体来看,主要体现在以下诸方面:

其一,荀子的语言哲学思想带有浓厚的政治色彩。荀子不能像墨家或名家那样,从纯粹的语言哲学出发来研究名实问题、"言意"问题等语言哲学中的核心话题。他在讨论语言哲学问题时,更多的是为了其政治目的服务的。这一点是其语言哲学的一大缺陷。

其二,荀子对诸子的批判带有一定的主观性和片面性,未能展现出思想的客观性和全面性。如荀子对十二子的批判,他认为:

乘借当今的世道,粉饰邪说,美化奸言,来扰乱天下,利用诡诈、虚夸、怪诞、卑琐的手段,使天下人浑然不知是与非、治与乱的根本所在,这样的人大有人在。

放纵性情,肆意妄行,行为如同禽兽,既不合于礼文,也不顺应法治;然而话说得却有根有据,言之有理,足以欺骗迷惑愚昧的民众,它嚣、魏牟就是这种人。

抑制情性,行为孤僻、离世独立,以追求与众不同为高明,不能团结民众,不能彰显等级名分;但是话说得有根有据,言之有理,足以欺骗迷惑愚昧的民众,陈仲、史鳅就是这种人。

不懂得统一天下、建立国家的礼法制度,崇尚功用、重视节俭而轻视等级差别,以至于不能容许人与人之间有差异、君与臣之间有等级;但是话说得有根有据,言之有理,足以欺骗迷惑愚昧的民众,墨翟、宋钘就是这种人。

崇尚法治实际上却不讲礼法,不遵循古人,喜欢另搞一套,对上趋从君王,对下则顺从世俗,终日谈论礼法条文,反复研究考察,却远离实际落不到实处,不能用来治理国家、确定名分;但是话说得有根有据,言之有理,足以欺骗迷惑愚昧的民众,慎到、田骈就是这种人。

不效法先王,不赞成礼义,而喜欢钻研怪诞的学说,玩弄奇异的言辞,明察秋毫却没有用处,能言善辩却不切实际,做事很多但功效很少,不能作为治国的纲领和法则;但是话说得有根有据,言之有理,足以欺骗迷惑愚昧的民众,惠施、邓析就是这种人。

粗略地效法先王却不了解他们的纲领,悠然地一副才高志大、见多识广的样子。按照往古的旧闻编造出新的学说,叫作"五行",非常邪僻而不合礼法,幽深隐微而无法讲说,蔽塞不通而难以理解,却粉饰他们的言辞毕恭毕敬地说:"这才真正是先君子的言论啊!"子思倡导,孟轲应和,世俗间那些愚昧的儒生跟着吵吵嚷嚷却不知道他们的错误,于是接受了他们的学说并传授它,还以为孔子、子弓因为他们的言论而为后世所重,这就是子思和孟轲所犯的错误。①

显而易见,荀子在此对其他诸子展开了无情的批判。这种批判,如果从辩证的视角分析,可以发现其批判总体来说是切中要害的,也是为了澄清当时的名实混乱的一种迫不得已的方法与手段。当然,有些批判带有片面性甚至极端化。

实际上,荀子对诸子的批判立场是仅从"正名以正政"的角

① 方达评注:《荀子》,商务印书馆 2016 年版,第 77—81 页。

度出发,对当时各家基本上都进行了批评。这种批判采取的标准是单一的,即以"礼"作为根据,以能否成功治国为唯一标准。因此,用一个自己定的标准来评判诸子的思想,显然不能让人真正信服,他没有认识到十二子的贡献以及诸子在语言哲学的真正成就。因此,这种思想颇有文化专制主义的色彩。同样,这种做法也不利于文化的传播与发展。

其三,荀子"言意"观的理论深度不够。可以看到,荀子在名实观上作了大量的分析和论述,形成了系统的名称理论。但他在"言意"思想上没有直接进行研究和论述,遑论进行精细的探索。荀子只是就某些问题进行分析和讨论,以及通过对"王者制名""圣人之言""君子之辩"的描述,间接展示其"言尽意"的观点。需要强调的是,荀子的"言意"观有一定的局限性,他对超名言领域未能进行仔细的关注和研究,因而没有意识到"言不尽意"的问题。这一点是其"言意"观的不足之处。

实事求是地说,尽管荀子语言哲学思想存在一些不足,但其在语言哲学上的贡献卓著。这一点是不容置疑的。

就研究结果而言,笔者认为,本书对荀子的语言哲学思想作了相对全面、系统的研究。本书采用现代语言哲学最新的研究方法,以及借用"逻辑行动主义方法论"为工具,对荀子的语言哲学思想作了较为新颖的研究。此外,本书在研究时,作了大量的文献考证工作和文献解读的对比分析,这对忠实地了解和把握荀子的语言哲学思想大有裨益。不过,需要明确的是,虽然笔者着重讨论了荀子的名实观、概念理论以及"言意"观,但荀子在语言哲学中的其他思想,诸如荀子的隐喻思想等,本书没有进行讨论。所以,对荀子隐喻思想的讨论,是我们以后要做的工作。

参 考 文 献

一、中文

（一）专著

[1]白川静:《常用字解》,苏冰译,九州出版社 2010 年版。

[2]北京大学《荀子》注释组:《荀子新注》,中华书局 1979 年版。

[3][美]本杰明·史华兹:《古代中国的思想世界》,程钢译,江苏人民出版社 2008 年版。

[4][英]伯特兰·罗素:《西方哲学史》,何兆武、李约瑟译,商务印书馆 1978 年版。

[5]陈波:《逻辑哲学导论》,中国人民大学出版社 2000 年版。

[6]陈高傭:《公孙龙子·邓析子·尹文子今解》,商务印书馆 2017年版。

[7][美]陈汉生(Chad Hansen):《中国古代的语言和逻辑》,周云之、张清宇、崔清田等译,社会科学文献出版社 1998 年版。

[8]车铭洲:《现代西方语言哲学》,四川人民出版社 1989 年版。

[9]陈光连:《知识与德性:荀子"知性"道德哲学研究》,东南大学出版社 2014 年版。

[10]陈嘉映:《语言哲学》,北京大学出版社 2003 年版。

[11]程俊英译注:《诗经》,上海古籍出版社 1985 年版。

[12]陈宗明:《汉语逻辑概论》,人民出版社 1993 年版。

[13]成中英:《成中英自选集》,山东教育出版社 2005 年版。

[14]褚孝泉:《语言哲学——从语言到思想》,上海三联书店 1991 年版。

[15]崔清田:《名学与辩学》,山西教育出版社 1997 年版。

[16]董英哲:《名家四子研究》,上海古籍出版社 2014 年版。

[17]董志铁:《名辩艺术与思维逻辑》,中国广播电视出版社 1998 年版。

[18]豆文字、豆勇:《汉字字源:当代新说文解字》,吉林文史出版社 2005 年版。

[19]方达评注:《荀子》,商务印书馆 2016 年版。

[20]方尔加:《荀子新论》,中国和平出版社 1993 年版。

[21]方勇:《孟子译注》,中华书局 2010 年版。

[22]方勇:《庄子译注》,中华书局 2015 年版。

[23][瑞士]费迪南·德·索绪尔:《普通语言学教程》,裴文译,江苏教育出版社 2001 年版。

[24]冯契:《人的自由和真善美》,华东师范大学出版社 1996 年版。

[25]冯友兰:《中国哲学史新编》,人民出版社 1963 年版。

[26]冯友兰:《中国哲学史新编》,人民出版社 1984 年版。

[27]冯友兰:《中国哲学史》(上、下册),华东师范大学出版社 2011 年版。

[28][德]弗雷格:《弗雷格哲学论著选辑》,王路译,王炳文校,商务印书馆 1994 年版。

[29]高专诚:《老子通说》,陕西人民出版社 2009 年版。

[30]郭湛波:《先秦辩学史》,上海书店出版社 1992 年版。

[31]郭象注,成玄英疏:《庄子注疏》,曹础基、黄兰发点校,上海书店出版社 1992 年版。

[32]国学整理社辑:《诸子集成·孟子正义》,中华书局 1954 年版。

[33][德]海德格尔:《在通向语言的途中》,孙周兴译,商务印书馆2005年版。

[34][德]海德格尔:《海德格尔文集:路标》,孙周兴译,商务印书馆2014年版。

[35]韩德民:《荀子与儒家的社会理想》,齐鲁书社2001年版。

[36]韩林合:《虚己以游世:〈庄子〉哲学研究》,商务印书馆2014年版。

[37]何光沪:《言有尽》,山东友谊出版社2005年版。

[38]何九盈:《中国古代语言学史(第四版)》,商务印书馆2013年版。

[39]侯外庐、杜守素、纪玄冰:《中国思想通史》第一卷,生活·读书·新知三联书店1949年版。

[40]胡建新等:《诸子精语译释》,济南出版社1992年版。

[41]胡适:《中国哲学史大纲》,上海古籍出版社1997年版。

[42]胡适:《先秦名学史》,安徽教育出版社2006年版。

[43]黄朝阳:《中国古代的类比》,社会科学文献出版社2006年版。

[44]黄华新、陈宗明:《符号学导论》,河南人民出版社2004年版。

[45]惠吉星:《荀子与中国文化》,贵州人民出版社1996年版。

[46]姜宝昌:《墨经训释》,齐鲁书社2009年版。

[47]江心力:《20世纪前期的荀学研究》,中国社会科学出版社2005年版。

[48]蒋南华、罗书勤、杨寒清:《荀子全译》,贵州人民出版社1995年版。

[49]蒋玉斌、辛志凤:《墨子译注》,黑龙江人民出版社2003年版。

[50]晋荣东:《逻辑何为——当代中国逻辑的现代性反思》,上海古籍出版社2005年版。

[51][挪]奎纳尔·希尔贝克、尼尔斯·吉列尔:《西方哲学史:从古希腊到当下》,童世骏、郁振华、刘进译,上海译文出版社2016年版。

［52］孔繁:《荀子评传》,南京大学出版社1997年版。

［53］李敏生:《汉字哲学初探》,社会科学文献出版社1997年版。

［54］李恕豪:《中国古代语言学简史》,巴蜀书社2003年版。

［55］李泽厚:《论语今读》,天津社会科学出版社2007年版。

［56］李志强:《先秦和古希腊语言观研究》,学苑出版社2008年版。

［57］李中生:《荀子校诂丛稿》,广东高等教育出版社2001年版。

［58］林铭钧、曾祥云:《名辩学新探》,中山大学出版社2000年版。

［59］刘高岑:《从语言分析到语境重建》,山西科学技术出版社2003年版。

［60］刘利民:《在语言中盘旋——先秦名家"诡辩"命题的纯语言思辨理性研究》,四川大学出版社2007年版。

［61］刘福增:《老子哲学新论》,东大图书股份有限公司2000年版。

［62］骆瑞鹤:《荀子补正》,武汉大学出版社1997年版。

［63］马积高:《荀学源流》,上海古籍出版社2000年版。

［64］马恒君:《庄子正宗》,华夏出版社2007年版。

［65］马玉珂:《西方逻辑史》,中国人民大学出版社1985年版。

［66］毛子水:《论语注译》,重庆出版集团2009年版。

［67］苗力田、李毓章:《西方哲学史新编》,人民出版社2005年版。

［68］潘恩富:《中国哲学名著提要(哲学卷)》,复旦大学出版社1992年版。

［69］任继愈:《老子新译》,上海古籍出版社1978年版。

［70］任继愈:《老子绎读》,北京图书馆出版社2006年版。

［71］[美]撒穆尔·伊诺克·斯通普夫、詹姆斯·菲泽:《西方哲学史:从苏格拉底到萨特及其后》,匡宏、邓晓芒等译,世界图书出版公司北京公司2009年版。

［72］申小龙:《普通语言学教程精读》,复旦大学出版社2005年版。

[73]宋易麟:《说文解字今注》,江西教育出版社 2004 年版。

[74]孙彬:《西周的哲学译词与中国传统哲学范畴》,清华大学出版社 2015 年版。

[75]孙诒让:《荀子间诂》,孙以楷点校,中华书局 1986 年版。

[76]孙中原:《中国逻辑研究》,商务印书馆 2006 年版。

[77]孙中原:《逻辑哲学讲演录》,广西师范大学出版社 2009 年版。

[78][美]索尔·克里普克:《命名与必然性》,梅文译、涂纪亮、朱水林校,上海译文出版社 2001 年版。

[79]谭戒甫:《公孙龙子形名发微》,武汉大学出版社 2006 年版。

[80]唐君毅:《中国哲学原论(导论篇)》,中国社会科学出版社 2005 年版。

[81]汤用彤:《汤用彤学术论文集》,中华书局 1983 年版。

[82]汤用彤:《魏晋玄学论稿》,上海古籍出版社 2001 年版。

[83]田汝康:《现代西方史学流派文选》,上海人民出版社 1982 年版。

[84]涂纪亮主编:《语言哲学名著选辑(英美部分)》,生活·读书·新知三联书店 1988 年版。

[85]涂纪亮:《英美语言哲学概论》,人民出版社 1988 年版。

[86][德]瓦尔特·本雅明:《本雅明文选》,陈永国、马海良译,中国社会科学出版社 1999 年版。

[87]王葆玹:《正始玄学》,齐鲁书社 1987 年版。

[88]汪奠基:《中国逻辑思想史》,武汉大学出版社 2012 年版。

[89]王夫之:《庄子解》,中华书局 1981 年版。

[90]王克喜:《古代汉语与中国古代逻辑》,天津人民出版社 2000 年版。

[91]王力:《中国语言学史》,复旦大学出版社 2007 年版。

[92]王天海:《荀子校释》,上海古籍出版社 2005 年版。

[93]王延洽:《荀子答客问》,上海人民出版社 1997 年版。

[94]王维贤、李先焜、陈宗明:《语言逻辑引论》,湖北教育出版社 1989 年版。

[95]王先谦:《荀子集解》,沈啸寰、王星贤校,中华书局 1988 年版。

[96]王讚源:《墨经正读》,上海科学技术文献出版社 2011 年版。

[97]魏承思:《荀子解读:人生修养的儒家宝典》,上海人民出版社 2019 年版。

[98]魏义霞:《七子世界——先秦哲学研究》,中国社会科学出版社 2005 年版。

[99]温公颐:《先秦逻辑史》,上海人民出版社 1983 年版。

[100]温公颐、崔清田主编:《中国逻辑学史教程》,南开大学出版社 2001 年版。

[101]邬恩波、吴文亮:《荀子全译》,三环出版社 1991 年版。

[102]伍非百:《中国古名家言》,四川大学出版社 2009 年版。

[103][德]雅斯贝思:《历史的起源和目标》,魏楚雄、俞新天译,华夏出版社 1989 年版。

[104]夏甄陶:《论荀子的哲学思想》,上海人民出版社 1979 年版。

[105]熊公哲:《荀子今著今译》(上、下卷),重庆出版集团 2009 年版。

[106]许抗生:《先秦名家研究》,湖南人民出版社 1986 年版。

[107]严遵:《老子指归译注》,王德有译注,商务印书馆 2004 年版。

[108]徐克谦:《庄子哲学新探——道·言·自由与美》,中华书局 2005 年版。

[109][德]雅斯贝尔斯:《历史的起源和目标》,魏楚雄、俞新天译,华夏出版社 1989 年版。

[110]杨伯峻:《论语译注》,中华书局 2006 年版。

[111]杨国荣:《心学之思——王阳明哲学的阐释》,生活·读书·新知三联书店 1997 年版。

[112]杨柳桥:《庄子译诂》,上海古籍出版社 1991 年版。

[113]杨沛荪主编:《中国逻辑思想史教程》,甘肃人民出版社 1988 年版。

[114]杨荣国:《中国古代思想史》,四川人民出版社 1954 年版。

[115]杨树达:《论语疏证》,江西人民出版社 2007 年版。

[116]殷海光著,贺照田编:《思想与方法:殷海光选集》,上海三联书店 2004 年版。

[117]郁慕镛、俞瑾主编:《形式逻辑纲要》,江苏科学技术出版社 1997 年版。

[118]袁行霈:《中国诗歌艺术研究》,北京大学出版社 1998 年版。

[119][美]约翰·塞尔:《心灵、语言和社会》,李步楼译,上海译文出版社 2006 年版。

[120]詹剑峰:《老子其人其书及其道论》,华中师范大学出版社 2006 年版。

[121]翟锦程:《先秦名学研究》,天津古籍出版社 2006 年版。

[122]张家龙主编:《逻辑学思想史》,湖南教育出版社 2004 年版。

[123]张觉:《荀子校注》,岳麓书社 2006 年版。

[124]张晴:《20 世纪的中国逻辑史研究》,中国社会科学出版社 2007 年版。

[125]张岱年:《中国哲学大纲》,中国社会科学出版社 1982 年版。

[126]张岱年:《中国古典哲学概念范畴要论》,中华书局 2017 年版。

[127]章诗同:《荀子简注》,上海人民出版社 1974 年版。

[128]张晓芒:《先秦辩学法则史论》,中国人民大学出版社 1996 年版。

[129]张小木:《庄子解说》,华夏出版社 2008 年版。

[130]曾祥云、刘志生:《中国名学》,海风出版社 2000 年版。

[131]赵俪生:《日知录导读》,巴蜀书社 1992 年版。

[132]赵书廉:《魏晋玄学探微》,河南人民出版社 1992 年版。

[133]中国逻辑史研究会资料编选组编:《中国逻辑史资料选(先秦卷)》,甘肃人民出版社 1985 年版。

[134]中国逻辑与语言研究会编:《逻辑与语言新论》,语文出版社1989 年版。

[135]周昌忠:《先秦名辩学及其科学思想》,科学出版社 2005年版。

[136]周建设:《语义逻辑与语言哲学》,学苑出版社 2006 年版。

[137]周礼全:《周礼全集》,中国社会科学出版社 2000 年版。

[138]周山:《智慧的欢歌——先秦名辨思潮》,生活·读书·新知三联书店 1994 年版。

[139]周云之:《名辩学论》,辽宁教育出版社 1996 年版。

[140]朱立元:《言意之间——先秦时代的言意观》,沈阳出版社1997 年版。

[141]朱晓鹏:《老子哲学研究》,商务印书馆 2009 年版。

(二)论文

[1][叙]波菲利:《范畴篇导论》,王路译,《哲学译丛》1994 年第6 期。

[2]陈波:《言意之辩:诠释与评论》,《江海学刊》2005 年第 3 期。

[3]陈波:《荀子的政治化和伦理化的语言哲学》,《台大文史哲学报》2008 年第 69 期。

[4]陈孟麟:《从类概念的发生发展看中国古代逻辑思想的萌芽和逻辑科学的建立——兼与吴建国同志商榷》,《中国社会科学》1985 年第 4 期。

[5]陈晓勤、薛小英:《从老庄语哲思想的言意观看中国古诗的言意之困》,《湘潭大学学报(哲学社会科学版)》2018 年第 2 期。

[6]成中英:《中国古代哲学的逻辑、语言和本体论批评》,郭桥译,《洛阳师范学院学报》2005 年第 1 期。

[7]崔应贤:《从荀子的〈正名〉看中国的传统语言文化定位》,2009年北京大学修辞传播学前沿论坛论文集。

[8]杜辛可:《关于"异形离心交喻,异物名实玄纽"注释的探讨——读荀况〈正名〉札记》,《陕西师大学报(哲学社会科学版)》1984年第1期。

[9]高文强:《"言不尽意"论的现代诠释》,《武汉职业技术学院学报》2003年第1期。

[10]冯耀明:《中国哲学中的语言哲学问题——物质名词理论的商榷》,《自然辩证法通讯》1991年第3期。

[11]葛晋荣:《先秦"名实"概念的历史演变》,《江淮论坛》1990年第5期。

[12]宫哲兵:《唯道论的创立》,《哲学研究》2004年第7期。

[13]郭贵春、刘高岑:《指称理论的演变及其语境重建》,《山西大学学报(哲学社会科学版)》2003年第3期。

[14]韩东晖:《先秦时期的语言哲学问题》,《中国社会科学》2001年第5期。

[15]何建安:《略论庄子哲学的辩证法思想》,《哲学研究》1983年第5期。

[16]晋荣东:《孔子哲学的语言之维》,《华东师范大学学报(哲学社会科学版)》2000年第2期。

[17]黄伟明:《〈荀子〉的"类"观念》,《逻辑学研究》2009年第3期。

[18]李葆嘉:《荀子的王者制名论与约定俗成说》,《徐州师范学院学报(哲学社会科学版)》1986年第4期。

[19]李瑾:《荀子的正名论与符号学》,《聊城大学学报(社会科学版)》2008年第2期。

[20]李开:《中国哲学史的再开拓:语言哲学》,《哲学研究》2007年第4期。

[21]李先焜:《名辩学、逻辑学与符号学》,《哲学研究》1998年增刊。

[22]李先焜:《墨经中的符号学思想》,《湖北大学学报(哲学社会

科学版)》2007 年第 3 期。

［23］刘利民:《纯语言性反思与分析理性思想的端倪——先秦哲学的语言关涉与名家思想取向》,《外语学刊》2007 年第 1 期。

［24］刘利民:《先秦"辩者二十一事"的语言哲学解读》,《哲学研究》2009 年第 9 期。

［25］刘培育:《名辩学与中国古代逻辑》,《哲学研究》1998 年增刊。

［26］刘文英:《中国古代的言意问题(上)》,《兰州大学学报》1984 年第 1 期。

［27］苗东升:《"言意之辨"新辨》,《贵州大学学报(社会科学版)》2003 年第 5 期。

［28］苗东升:《论信息载体》,《重庆教育学院学报》2006 年第 1 期。

［29］彭传华:《孟子语言哲学思想发微》,《武汉大学学报(人文科学版)》2008 年第 6 期。

［30］彭传华、宋喻:《孔子语言哲学思想探微》,《武汉大学学报(人文科学版)》2008 年第 1 期。

［31］史宁中:《中国古代哲学中的命题、定义和推理(上)》,《哲学研究》2009 年第 3 期。

［32］史宁中:《中国古代哲学中的命题、定义和推理(下)》,《哲学研究》2009 年第 4 期。

［33］宋志明:《中国哲学的本体论思路》,《船山学刊》2004 年第 1 期。

［34］孙中原:《中国逻辑史研究百年玄览》,《光明日报》2000 年 6 月 6 日。

［35］王寅:《荀子论语言的体验认知辩证观——语言哲学再思考:语言的体验性(之五)》,《外语学刊》2006 年第 5 期。

［36］王义娜、齐振海:《语言认知思想追述——由名、实之争谈起》,《四川外语学院学报》2005 年第 5 期。

［37］魏义霞：《中西语言哲学的不同特征——兼论先秦语言哲学的盛行》，《北京大学学报（哲学社会科学版）》2006 年第 5 期。

［38］吴福友、吴根友：《论老庄道家语言哲学思想》，《安徽大学学报（哲学社会科学版）》2009 年第 4 期。

［39］吴建国：《中国逻辑思想史上类概念的发生、发展与逻辑科学的形成》，《中国社会科学》1980 年第 2 期。

［40］余多星：《荀子名称分类思想评析》，《云南社会科学》2011 年第 1 期。

［41］余多星：《荀子的名称约定俗成说思想评析》，《理论界》2011 年第 7 期。

［42］余多星：《荀子关于名实乱象的批判观——从语言哲学的视角》，《云南社会科学》2012 年第 2 期。

［43］余多星：《老子道概念的三重意蕴及其相互关系评析》，《贵州工程应用技术学院学报》2016 年第 5 期。

［44］余多星：《言·意·实：荀子的言意观及其现代诠释》，《学术探索》2021 年第 8 期。

［45］张岱年：《论中国古代哲学的范畴体系》，《中国社会科学》2008 年第 6 期。

［46］张恩普：《儒道言意之辩与中古文论言意理论》，《东北师大学报（哲学社会科学版）》1985 年第 2 期。

［47］张建军：《逻辑行动主义方法论构图》，《学术月刊》2008 年第 8 期。

［48］张雁：《从"正名"看荀子的语言思想》，《东岳论丛》2007 年第 3 期。

［49］周光庆：《荀子语言哲学思想发微》，《孔子研究》2007 年第 3 期。

［50］周济、兰毅辉：《中国古代分类思想的共性和个性》，《科学技术与辩证法》2007 年第 3 期。

［51］朱立元：《先秦儒家的言意观初探》，《复旦学报（社会科学

版）》1994 年第 4 期。

二、英文

［1］Davidson，D.（1980）.*Essays on Actions and Events*，Oxford University Press.

［2］Haack，S.（1978）. *Philosophy of Logics*，Cambridge University Press.

［3］Kripke，S.A.（1980）.*Naming and Necessity*，Basil Black · Oxford.

［4］Kripke，S. A.（1993）."Identity and Necessity"，in A. W. Moore（ed.），*Meaning and Reference*，Oxford University Press.

［5］Makeham，J.（1994）. *Name and Actuality in Early Chinese Thought*，State University of New York Press.

［6］Mill，J.S.（1910）.*System of Logic*，Longman，Green，and Co.

［7］Putnan，H.（1975）.*Mind，Language and Reality*，Cambridge University Press.

［8］Putnan，H.（2001）."Meaning and Reference"，Reprinted in A.P. Martinich（ed.），*The Philosophy of Language*，Oxford University Press.

［9］Quine，W.V.（1953）.*From a Logical Point of View*，Harvard University Press.

［10］Quine，W.V.（1960）.*Word and Object*，The MIT Press.

［11］Quine，W.V.（1970）.*Philosophy of Logic*，Prentice Hall，INC.

［12］Quine，W.V.（1976）.*The Ways of Paradox and Other Essays*，Harvard University Press.

［13］Quine，W.V.（1992）.*Pursuit of Truth*，Harvard University Press.

［14］Russell，B.（2001）."On Denoting"，in A.P.Martinich（ed.），*The Philosophy of Language*，Oxford University Press.

［15］Russell，B.（2001）."Descriptions"，in A.P.Martinich（ed.），*The Philosophy of Language*，Oxford University Press.

[16] Russell, B. (2001). "Mr. Strawson on Referring", in A. P. Martinich(ed.), *The Philosophy of Language*, Oxford University Press.

[17] Searle, J.R. (1983). *Intentionnality: An essay in the philosophy of mind*, Cambridge University Press.

[18] Searle, J.R. (2002). *Consciousness and Language*, Cambridge University Press.

[19] Tarski, A. (2001). "The Semantic Conception of Truth and the Foundations of Semantics", in A.P.Martinich(ed.), *The Philosophy of Language*, Oxford University Press.

后　记

　　在当代语言哲学与逻辑哲学获得长足发展的大背景下，重新观照与研究人类文化"轴心"时代主要学者的有关思想，无疑是一项必要和重要的工作。作为我国先秦哲学思想的集大成者，荀子的语言哲学与逻辑哲学思想尚未得到全面系统研究与把握。这是亟待改变的。带着这样的使命感与责任感，笔者在导师潘天群和张建军两位教授的启发下，以"荀子语言哲学思想"作为研究主题，从先秦诸子关于名实关系和"言意"关系的争辩入手，围绕荀子的名称理论、概念理论和"言意"理论，比较全面系统地阐发和讨论了荀子的语言哲学思想。

　　客观而言，荀子的语言哲学思想离不开先秦哲学发展的背景。因此，拙作将荀子的语言哲学思想置于先秦诸子思想发展的历史脉络之中，深入考察了其与先秦道家、儒家、墨家和名家有关思想的历史关联及其批判继承关系，从而为系统论述荀子的语言哲学思想奠定了重要的基础。此外，拙作始终将荀子的文本分析与当代语言哲学有关成果的观照相结合，同时注意各种竞争性观点之间的比较研究。其中，关于荀子的名称理论的约定俗成说与当代因果历史命名理论的比较研究，关于明确区分荀子之"名"的语词之义与概念之义在荀子语言哲学研究中至关重要,运用学界语言哲学中的方法与逻辑哲学中"逻辑行动主义方法论"等新工具对荀子的"言意"关系理论进行了新探索。限于篇幅原因,拙作未能对荀子隐喻思想等进行勾勒与概述,这为本课题的研究预留了可为的空间。

2011年6月,笔者从南京大学博士毕业来到山东政法学院从事教学科研工作,先后承担了本科与研究生的6门课程。繁重的教学任务和较为烦琐的教研室主任工作,占用了笔者大量的时间和精力。不过,笔者也在尽力挤出时间继续关注和思考语言哲学的前沿问题与先秦时期语言哲学的最新研究动态。在此基础上,笔者在专业期刊发表了围绕荀子语言哲学为主题的多篇学术论文,也获得了山东省社会科学规划基金和山东省教育厅教研教改面上项目等科研立项。基于这些研究,客观而言,这是一个饶有兴味的学术话题。

如今,在拙作即将付梓之际,需要感谢的人实在太多。年迈的父母和岳父母一直给予支持和帮助,妻子总是在后面默默地支持着、鼓励着,为笔者提供精神、物质等多方面的帮助;儿子在笔者困难的时候,总是带来欢乐和希望。衷心感谢两位导师潘天群教授和张建军教授,承蒙两位先生的厚爱,将笔者领进"南逻人"的大家庭,攻读逻辑学专业。两位恩师激发和培养了笔者的学术兴趣,并为笔者把握和确立学术研究的方向。毕业后,两位恩师一如既往地关心、鞭策、鼓励,给笔者信心和力量。师恩如山,没齿难忘。特别感谢王习胜教授二十年来的帮助和关怀。王师是我逻辑学的领路人,也是笔者博士后的合作导师,在拙作的研究中倾注了大量心血。感谢山东政法学院的诸位领导、老师和同学的关心和支持。

拙作在写作过程中参考并引用了国内外许多学者的相关学术观点,在此一并感谢。此外,拙作中的部分内容,作为课题研究的阶段性成果在《云南社会科学》《理论界》《理论学刊》《学术探索》等期刊公开发表,在此向相关期刊的编辑老师致以诚挚的谢意,向杂志社的授权使用表示感谢!

最后,感谢人民出版社为本书的编辑出版做出的大量工作。本书的出版得到山东政法学院出版基金的资助,在此亦表示感谢!

余多星

2023 年 2 月于济南·现代逸城

责任编辑：刘　伟
封面设计：王欢欢

图书在版编目（CIP）数据

荀子语言哲学思想研究/余多星 著. —北京：人民出版社，2024.2
ISBN 978－7－01－025961－1

Ⅰ.①荀…　Ⅱ.①余…　Ⅲ.①荀况（前313-前238）-语言
哲学-哲学思想-研究　Ⅳ.①B222.65

中国国家版本馆 CIP 数据核字（2023）第 180379 号

荀子语言哲学思想研究
XUNZI YUYAN ZHEXUE SIXIANG YANJIU

余多星　著

人 民 出 版 社 出版发行
（100706　北京市东城区隆福寺街 99 号）

北京九州迅驰传媒文化有限公司印刷　新华书店经销

2024 年 2 月第 1 版　2024 年 2 月北京第 1 次印刷
开本：880 毫米×1230 毫米 1/32　印张：10
字数：225 千字

ISBN 978－7－01－025961－1　定价：69.00 元

邮购地址 100706　北京市东城区隆福寺街 99 号
人民东方图书销售中心　电话 （010）65250042　65289539